Klaus Wolfsperger · Annette Miehle-Wolfsperger

El Hierro

44 ausgewählte Wanderungen
auf der kleinsten der Kanarischen Inseln

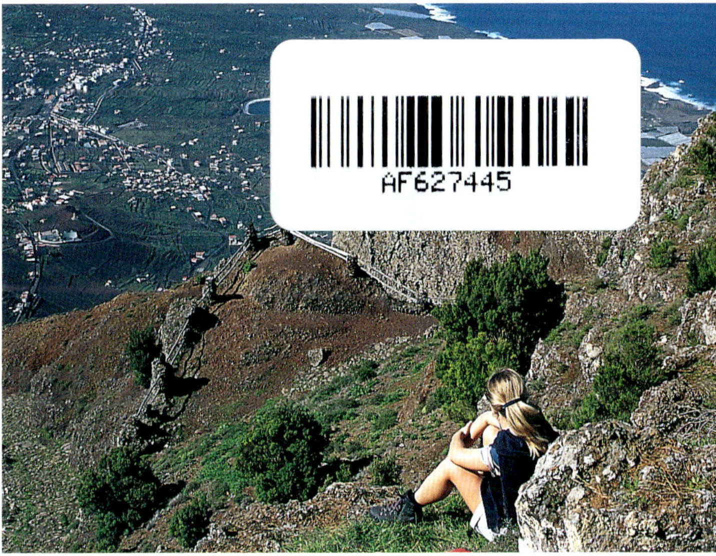

ROTHER
BERGVERLAG

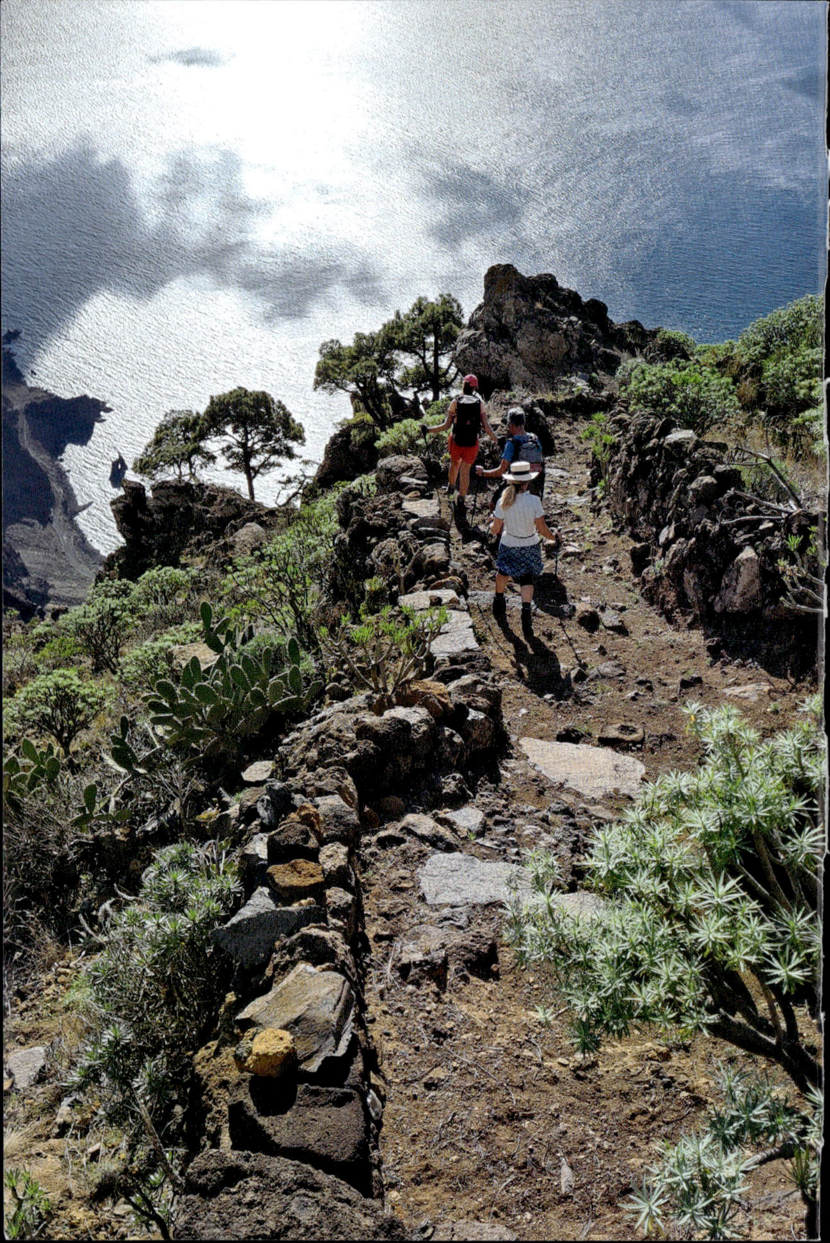

VORWORT

El Hierro, die (abgesehen von La Graciosa) kleinste und westlichste Insel des Kanarischen Archipels, wird gerne als »vergessene« Insel bezeichnet. Sie markierte einst das westliche Ende der Welt und wartet auch heute noch auf ihre Entdeckung. Zu verdanken ist dies in erster Linie dem Mangel an Badestränden. So ist die ursprünglichste Kanaren-Insel, die im Jahr 2000 zum UNESCO-Biosphärenreservat erklärt wurde, von Auswüchsen des Massentourismus bisher verschont geblieben. Sie gilt nach wie vor als Geheimtipp für alle Kanaren-Liebhaber, Naturfreunde und Wanderer, die in ihrem Urlaub vor allem Ruhe und Erholung suchen. Trotz der geringen Größe und der bescheidenen Höhe – die höchste Erhebung misst gerade einmal 1500 m – bietet El Hierro aufgrund des guten Wegenetzes und der dünnen Besiedlung hervorragende Wandermöglichkeiten, die allen Ansprüchen gerecht werden. Typisch für die schroffe Vulkaninsel sind die grünen Hochebenen und die eindrucksvollen, von gewaltigen Felswänden eingefassten Buchten von El Golfo und von Las Playas. Während im sonnigen Süden faszinierende Lavalandschaften dominieren, ist die häufig wolkenverhangene Cumbre von verträumten Kiefern- und Nebelwäldern überzogen, die zu den schönsten des Archipels gehören.
Dieser Wanderführer präsentiert Ihnen eine breite Palette unterhaltsamer Tourenvorschläge. Der Bogen spannt sich von gemütlichen Küstenwanderungen bis zu aussichtsreichen Gipfelanstiegen. Wanderwege durch die märchenhaften Nebelurwälder wurden ebenso berücksichtigt wie die teils steingepflasterten Caminos, die einmal die Hauptverbindungswege zwischen den Dörfern darstellten. Außerdem locken verschwiegene Buchten, bizarre Vulkanlandschaften, immergrüne Weidehochflächen und ausgedehnte Kiefernwälder. Prähistorische Felsgravierungen sind ebenso ein Ziel wie der legendäre Wacholderwald El Sabinar. Absoluter Höhepunkt aber sind die atemberaubenden Wege durch die Steilwände von El Golfo und von Las Playas sowie der berühmte Camino de la Virgen. Viele Tourenvorschläge eignen sich hervorragend für weniger geübte Wanderer. Erfahrene Bergwanderer, die einen Schuss Abenteuer und Nervenkitzel vertragen, finden ebenfalls ein reiches Tourenangebot vor.
Die vorliegende Auflage wurde gründlich aktualisiert und um eine Tour erweitert. Durch das stete Werk der Natur, vor allem aber auch durch die Eingriffe des Menschen, können sich dennoch immer wieder Veränderungen bei den Wanderwegen ergeben. Wir bitten Sie daher, dem Verlag alle Veränderungen mitzuteilen.
Wir wünschen Ihnen schöne und erlebnisreiche Urlaubstage auf El Hierro.

Deisenhofen bei München, April 2023 Klaus und Annette Wolfsperger

Einer der großartigsten Wege der Insel – der Abstieg von Isora nach Las Playas.

INHALTSVERZEICHNIS

El Golfo und La Dehesa

Inseldurchquerung

SYMBOLE

Symbole im Tourenkopf
- mit Bahn/Bus erreichbar
- Einkehrmöglichkeit unterwegs
- für Kinder geeignet

Symbole im Höhenprofil
- Ort mit Einkehrmöglichkeit
- Gasthaus / unbewirtsch. Hütte
- Gipfel / Oratorium, Wegkreuz
- Kirche, Kapelle, Kloster / Höhle
- Picknickplatz / Aussichtsplatz
- Felstor / Petroglyphen
- Leuchtturm / Gatter
- Abzweig
- Besucherzentrum / Parkplatz
- markanter Baum
- Bademöglichkeit / Quelle

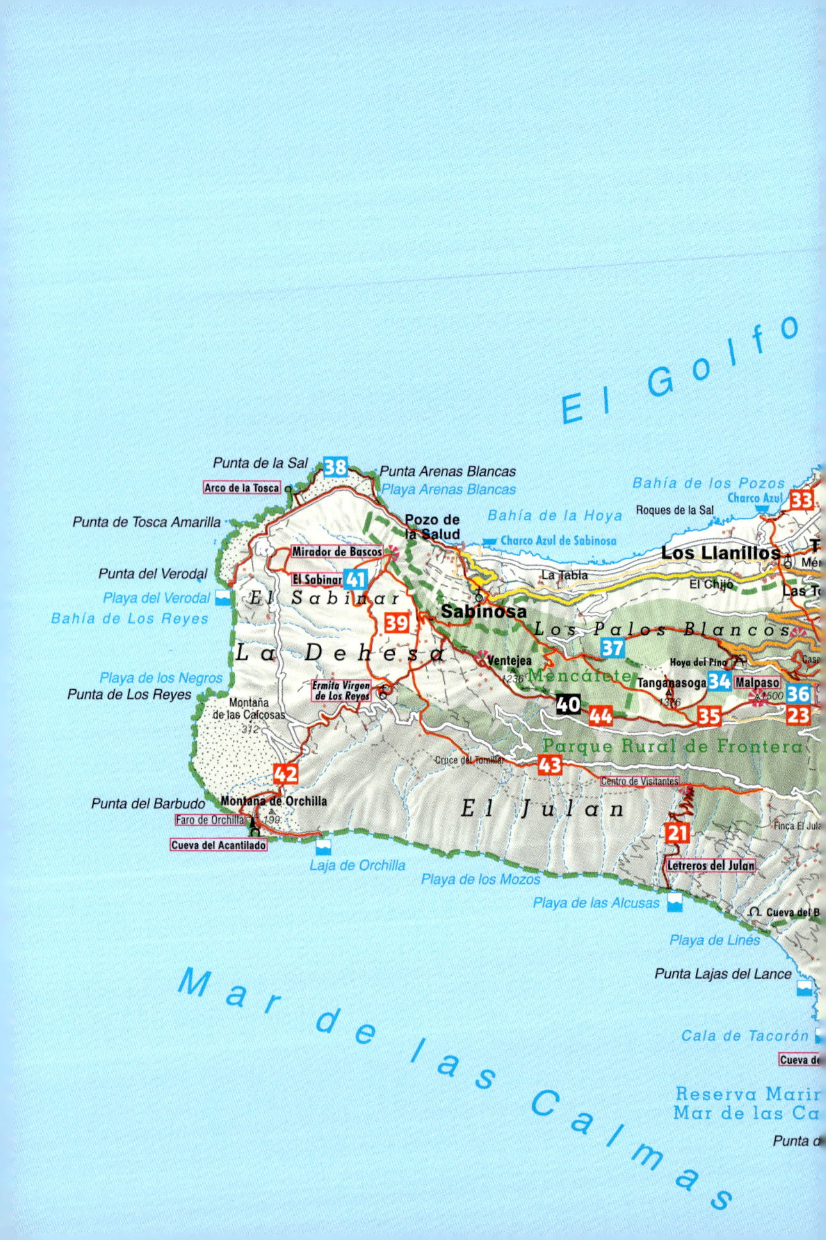
El Golfo
Punta de la Sal
38
Arco de la Tosca
Punta Arenas Blancas
Playa Arenas Blancas
Bahía de los Pozos
Charco Azul
33
Roques de la Sal
Punta de Tosca Amarilla
Pozo de la Salud
Bahía de la Hoya
Charco Azul de Sabinosa
Mirador de Bascos
Los Llanillos
La Tabla
El Chijo
El Sabinar
41
Punta del Verodal
Playa del Verodal
Bahía de Los Reyes
El Sabinar
39
Sabinosa
Los Palos Blancos
La Dehesa
37
Ventejea
1236
Hoya del Pino
Mencáfete
Tanganasoga
34
Malpaso
1500
36
Playa de los Negros
Punta de Los Reyes
Ermita Virgen de Los Reyes
1376
40
44
35
23
Montaña de las Calcosas
312
Parque Rural de Frontera
Cruce del Tomillar
43
42
Centro de Visitantes
Punta del Barbudo
Montaña de Orchilla
199
Faro de Orchilla
El Julan
21
Finca El Julan
Cueva del Acantilado
Laja de Orchilla
Playa de los Mozos
Letreros del Julan
Playa de las Alcusas
Playa de Linés
Punta Lajas del Lance
Cala de Tacorón
Mar de las Calmas

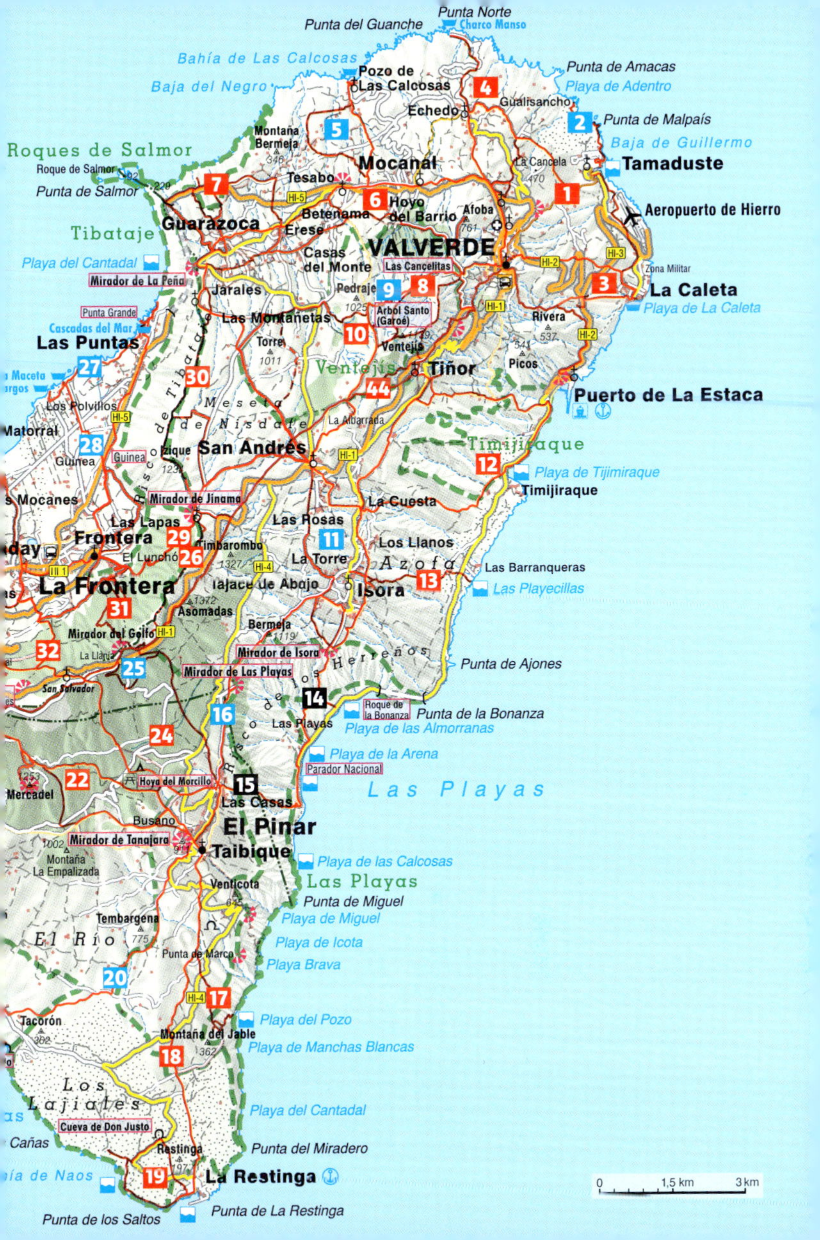
Punta Norte
Charco Manso
Punta del Guanche
Bahía de Las Calcosas
Baja del Negro
Pozo de Las Calcosas
Punta de Amacas
Playa de Adentro
Guarisancho
Echedo
Punta de Malpaís
Baja de Guillermo
Roques de Salmor
Roque de Salmor
Punta de Salmor
Montaña Bermeja
Mocanal
Tesabo
La Cancela
Tamaduste
Aeropuerto de Hierro
Guarazoca
Hoyo del Barrio
Betenama
Erese
Afoba
Tibataje
VALVERDE
Playa del Cantadal
Casas del Monte
Las Cancelitas
Zona Militar
Mirador de La Peña
Jarales
Pedraje
La Caleta
Playa de La Caleta
Punta Grande
Árbol Santo (Garoé)
Las Montañetas
Rivera
Cascadas del Mar
Torre
Ventejís
Las Puntas
Picos
Tiñor
Puerto de La Estaca
Meseta de Nisdafe
Los Polvillos
La Albarrada
Matorral
Timijiraque
San Andrés
Guinea
Izique
Playa de Tijimiraque
Risco de Tibataje
Mocanes
Mirador de Jinama
La Cuesta
Las Lapas
Las Rosas
Frontera
Los Llanos
El Lunchón
Timbarombo
La Torre
Azofa
Las Barranqueras
La Frontera
Tajace de Abajo
Isora
Las Playecillas
Asomadas
Bermeja
Mirador del Golfo
Mirador de Isora
Herreños
La Llanía
Punta de Ajones
Mirador de Las Playas
San Salvador
Riscos de los Herreños
Roque de la Bonanza
Punta de la Bonanza
Las Playas
Playa de las Almorranas
Playa de la Arena
Parador Nacional
Hoya del Morcillo
Mercadel
Las Casas
Las Playas
Busano
El Pinar
Mirador de Tanajara
Taibique
Montaña La Empalizada
Playa de las Calcosas
Venticota
Las Playas
Punta de Miguel
Playa de Miguel
Tembargena
El Río
Playa de Icota
Punta de Marco
Playa Brava
Tacorón
Playa del Pozo
Montaña del Jable
Playa de Manchas Blancas
Los Lajiales
Playa del Cantadal
Cueva de Don Justo
Cañas
Restinga
Punta del Miradero
La Restinga
Punta de La Restinga
Punta de los Saltos
0 1,5 km 3 km

TOP-TOUREN

Camino de la Virgen
Inseldurchquerung auf dem berühmten Pilgerweg *(Tour 44; 8 Std.).*

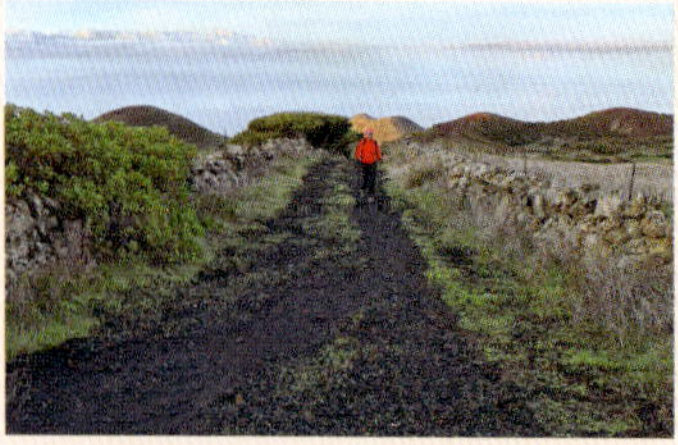

Von Sabinosa zum Tanganasoga
Grandiose Rundtour zum größten Vulkan El Hierros *(Tour 40; 6.40 Std.).*

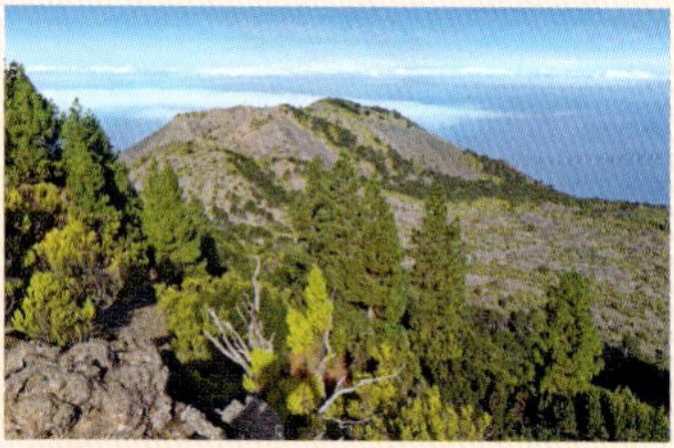

Camino de Jinama
Eine Wanderung wie aus dem Bilderbuch *(Tour 29, evtl. in Kombination mit Tour 30; 4.15–4.45 Std.).*

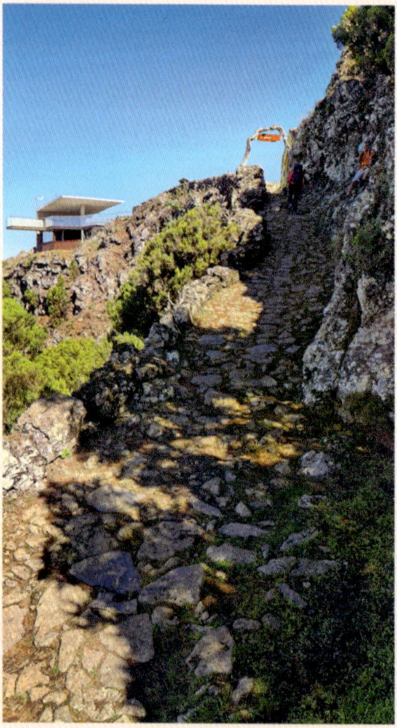

Von El Pinar auf den Malpaso
Schöne Waldwege zum höchsten Gipfel *(Tour 23, evtl. in Kombination mit Tour 22; 4.30 Std.).*

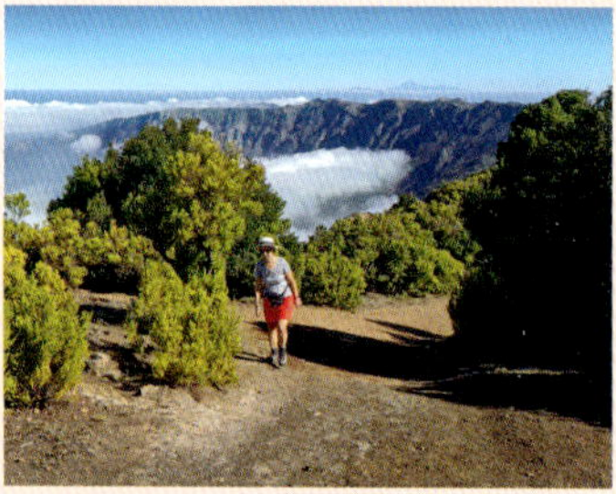

Von Isora nach Las Playas
Spektakulärer Abstieg durch die Steilwand *(Tour 14, evtl. in Kombination mit den Touren 15 und 16; 4.30–6 Std.).*

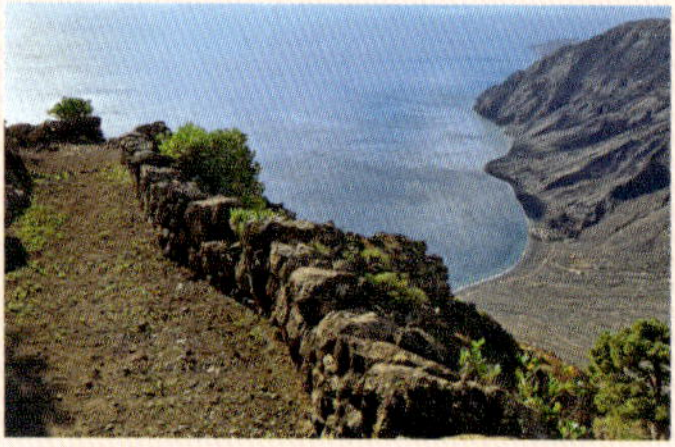

Los Letreros del Julan
Zu den berühmtesten Felsgravuren der Kanaren *(Tour 21; 4.10 Std.)*.

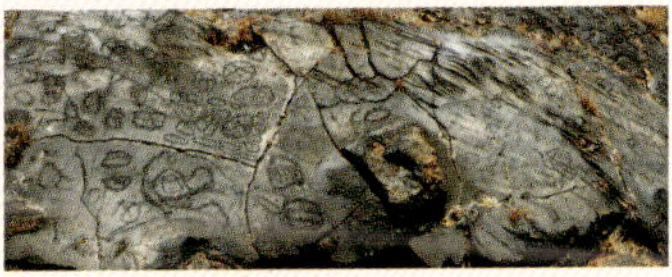

Hoya de Fireba – Mirador de Jinama
Kammwanderung mit fantastischen Ausblicken *(Tour 26, evtl. in Kombination mit Tour 29 und 31; 2.30–6 Std.)*.

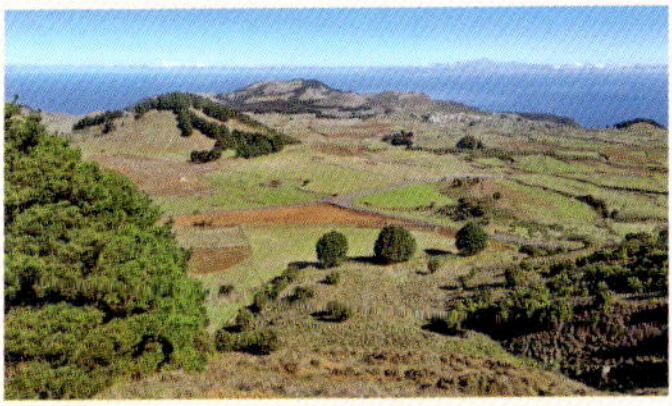

Camino de San Salvador
Der alte Weg bezaubert durch herrliche Ausblicke und Eindrücke vom Nebelwald in der Steilwand *(Tour 32; 4.30 Std.)*.

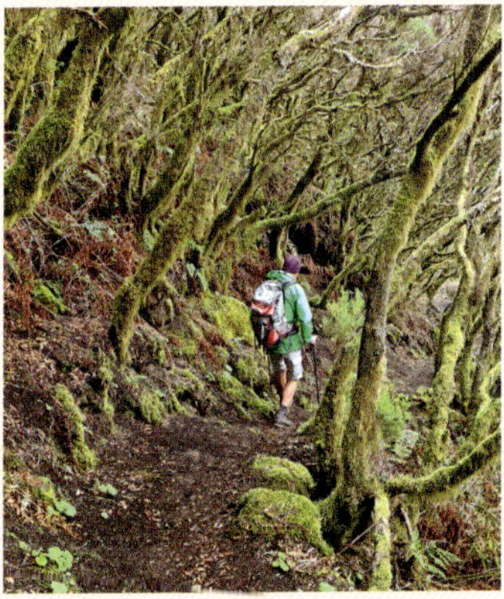

Ermita de San Salvador – Malpaso
Lustwandeln auf dem Inselrücken *(Tour 36; 3.15 Std.)*.

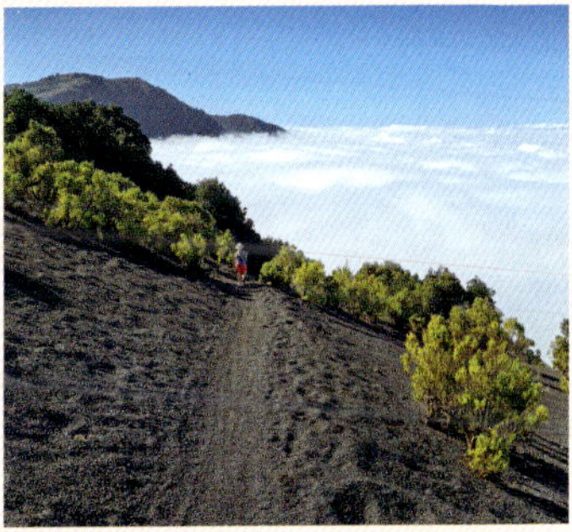

Von Valverde auf den Ventejís
Aussichtsreiche Kammwanderung auf den Hauptgipfel des Nordens *(Tour 8; 3.10 Std.)*.

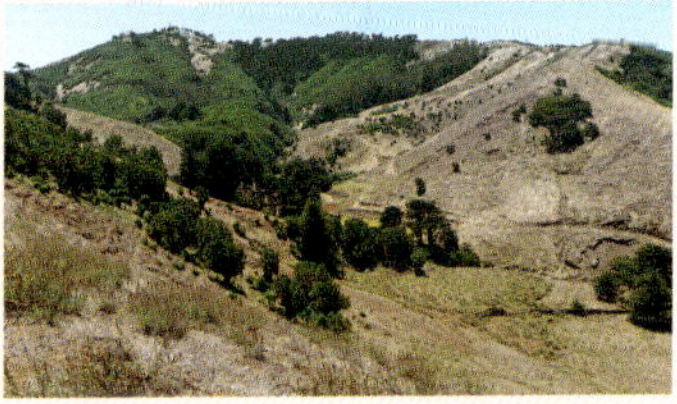

Von Valverde zum Mirador de la Peña
Großzügige Durchquerung des Inselnordens *(Tour 6; 5 Std.)*.

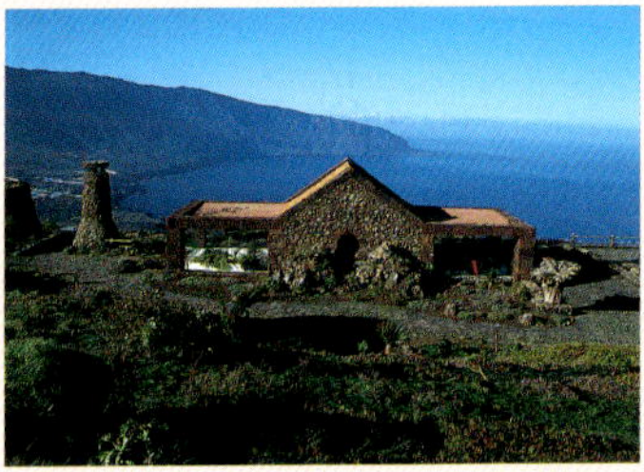

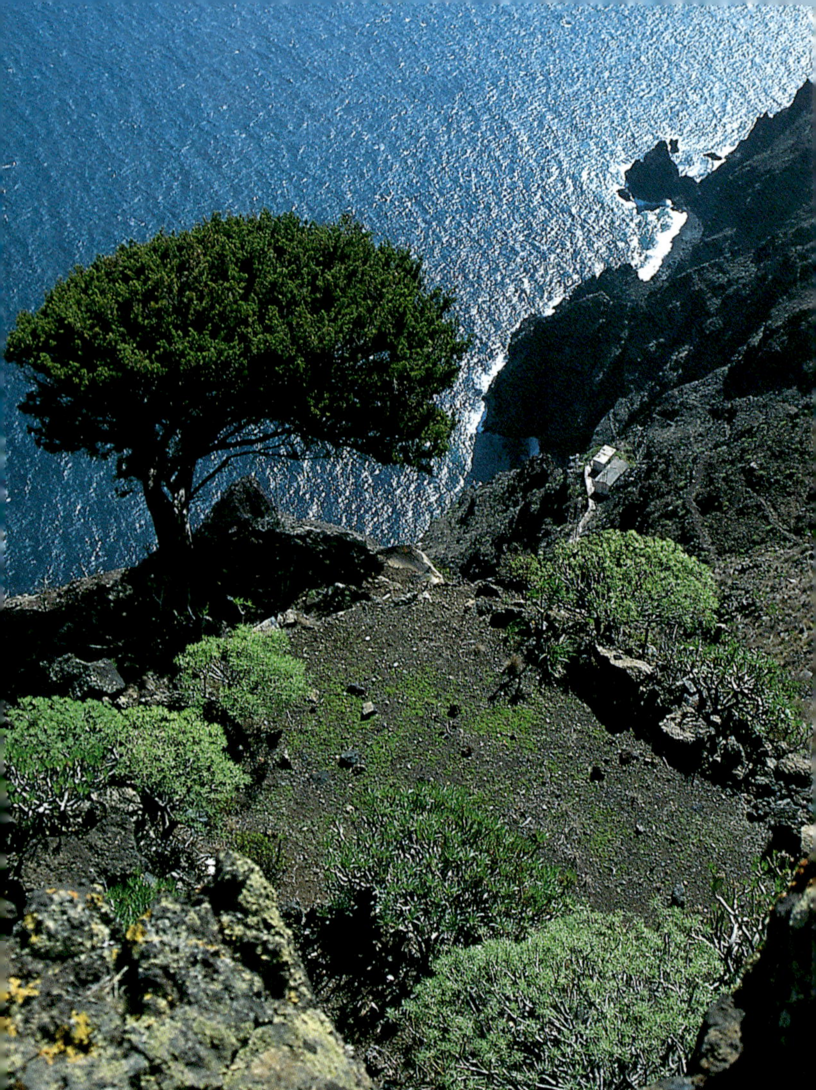

Tiefblick zur Playa de Icota – leider ist der Weg zu dem einsamen Strand verfallen.

TOURISTISCHE HINWEISE

Anforderungen

Die meisten Wanderungen verlaufen auf deutlichen Pfaden und Wegen. Dies sollte jedoch nicht darüber hinwegtäuschen, dass einige Touren eine gute Kondition, Trittsicherheit, Schwindelfreiheit und Orientierungssinn erfordern. Man sollte beachten, dass sich die Schwierigkeiten bei ungünstiger Witterung erheblich erhöhen können. Um die jeweiligen Anforderungen besser einschätzen zu können, wurden die Tourenvorschläge (Tourennummern) mit verschiedenen Farben markiert. Diese erklären sich wie folgt:

SCHWIERIGKEITSKATEGORIEN

■ = Leicht

Diese Wege sind überwiegend ausreichend breit und nur mäßig steil, daher auch bei Schlechtwetter relativ gefahrlos zu begehen. Sie können auch von Kindern und älteren Leuten ohne große Gefahr begangen werden.

■ = Mittel

Diese Pfade und Steige sind häufig schmal und können über kurze Abschnitte bereits etwas ausgesetzt sein. Deshalb sollten sie nur von trittsicheren Bergwanderern begangen werden. Kürzere Passagen können bereits erhöhte Anforderungen an das Orientierungsvermögen stellen.

■ = Schwierig

Diese Steige sind häufig schmal und steil angelegt. Stellenweise können sie sehr ausgesetzt bzw. bei Hangquerungen abrutschgefährdet sein, manchmal wird auch die Zuhilfenahme der Hände notwendig sein. Dies bedeutet, dass diese Wege nur von trittsicheren, schwindelfreien, konditionsstarken und alpin erfahrenen Bergwanderern angegangen werden sollten, die ein gutes Orientierungsvermögen mitbringen.

Gehzeiten

Die Zeitangaben enthalten nur die reine Gehzeit – ohne Rast- oder Fotopausen!

Ausrüstung

Festes Schuhwerk mit griffiger Sohle, strapazierfähige Hose, Sonnencreme, evtl. Sonnenhut, Regen-, Wind- und Kälteschutz sowie ein Tourenproviant (ausreichend Flüssigkeit!) werden empfohlen.

Gefahren

Die meisten Touren folgen guten, deutlichen Wegen. Bei besonderer Ausgesetztheit oder anspruchsvoller Wegführung wird im Text darauf hingewiesen. An den Berghängen und auf den Kammhöhen muss wegen der Passatwolken mit dichtem Nebel gerechnet werden, der den Bergwanderer vor erhebliche Orientierungsprobleme stellen kann. Auf den Kammhöhen entwickelt sich außerdem manchmal ein starker, böiger Wind. Bei unsicherem Wetter bzw. nach starken Regenfällen sollten Barrancos und steile, abrutsch- und steinschlaggefährdete Berghänge gemieden werden.

Beste Jahreszeit

El Hierro ist ein Ganzjahres-Wanderziel – in den Wintermonaten (November bis April) ist das Wetter jedoch nicht so stabil wie im Sommer, starke Regengüsse sind dann keine Seltenheit. Dafür erlebt man etwa ab Ende Dezember die Vegetation in voller Pracht. In den warmen, zeitweise gar heißen Sommermonaten empfiehlt es sich, Aufstiege an Südhängen und küstennahe Wanderungen zu meiden.

Einkehr und Unterkunft

Es gibt keine bewirtschafteten Hütten, aber es gibt einfache Schutzhütten (Albergues) am Mercadel, Llano de Binto und nahe der Ermita de Los Reyes. Dafür bestehen unterwegs häufiger Einkehrmöglichkeiten in Bars und Restaurants.

Karten

Sehr empfehlenswert ist die vom Autor bearbeitete Freytag&Berndt-Karte im Ideal-Maßstab 1:30.000, die über den Buchhandel – auch vor Ort – bezogen werden kann. Sie ist sehr detailliert, auf aktuellem Stand, bietet eine gute Geländedarstellung und verzeichnet alle wichtigen Wanderwege. Hervorragend ist auch die 2-teilige Karte 1:25.000 von Editorial Alpina (aktuell und detailliert).

GPS-TRACKS UND KOORDINATEN DER AUSGANGSPUNKTE

Auf **gps.rother.de** stehen zu diesem Wanderführer GPS-Tracks und die Koordinaten der Ausgangspunkte zum kostenlosen Download bereit. Dieser QR-Code führt direkt zum Download.
6. Auflage, Passwort: **407206wmz**
Die GPS-Tracks können in die **Rother App** importiert werden. In der App kann man unterwegs stets sehen, wo man gerade ist und wo es langgeht. **Anleitungen dazu: rother.de/gps**
Trotz sorgfältiger Prüfung können wir Fehler und zwischenzeitliche Veränderungen nicht ausschließen. Verlassen Sie sich für die Orientierung niemals einzig und allein auf die GPS-Daten, sondern beurteilen Sie die Verhältnisse vor Ort.

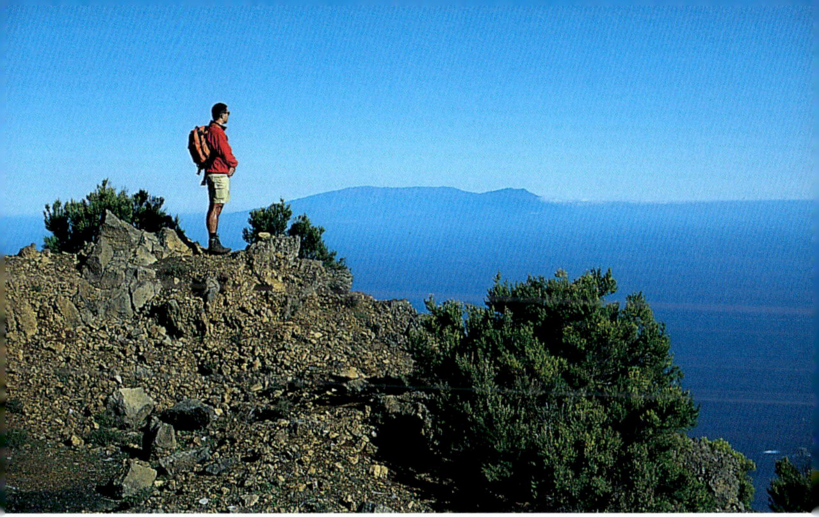

Wanderhöhepunkt: Blick vom Malpaso nach La Palma.

Markierungen und Wegenetz

Die offiziellen Wanderwege El Hierros sind systematisch markiert nach den Normen der Europäischen Wandervereinigung (ERA). Es wird unterschieden zwischen großen (GR), kleinen (PR) und lokalen Wanderwegen (SL):
GR (*Sendero de Gran Recorrido*): Diese Weitwanderwege sind weiß-rot markiert. Neben dem bereits bestehenden GR 131 (Kammweg) ist ein Küsten-Rundweg ausgeschildert.
PR (*Sendero de Pequeño Recorrido*): Diese in der Regel ganztägigen Wanderwege sind weiß-gelb markiert.
SL (*Senderos Locales*): Die lokalen, maximal 10 km langen Wanderwege sind weiß-grün markiert.

Tipps für Strecken- und Weitwanderer

Die meisten Tourenvorschläge dieses Wanderführers sind als Rund- oder Stichtouren konzipiert, die wieder am Ausgangspunkt enden. Dank des engmaschigen Wegenetzes bestehen allerdings zahlreiche Kombinationsmöglichkeiten, auf die unter diesem Stichwort hingewiesen wird. Großzügigen Streckenwanderungen und mehrtägigen Unternehmungen steht also nichts im Wege. Bei Streckenwanderungen empfiehlt es sich, entweder die öffentlichen Verkehrsmittel

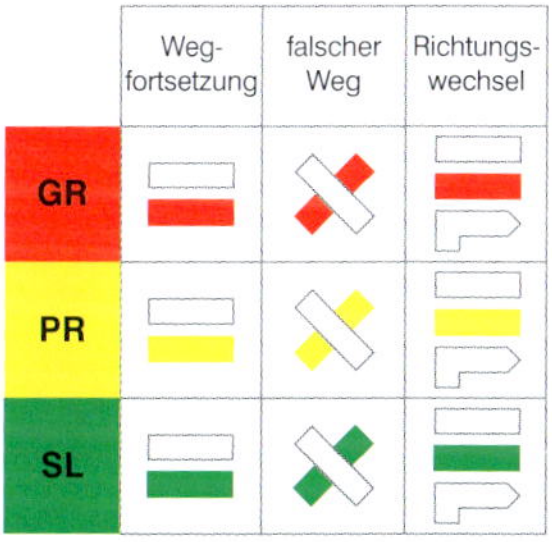

(Bus, Taxi) in Anspruch zu nehmen, sich einem organisierten Wanderausflug anzuschließen, oder aber man tut sich mit einem anderen Pkw-Wanderer zusammen und stellt noch vor der Wanderung einen Wagen am Endpunkt ab. Weitwanderer sollten zumindest einen Schlaf- und Biwaksack mitnehmen, da abseits der Hauptorte in der Regel nur wenige Unterkunftsmöglichkeiten bestehen. Auch die Einkaufsmöglichkeiten unterwegs sind mancherorts sehr eingeschränkt.

Natur- und Umweltschutz

Respektieren Sie bitte alle Pflanzen und Tiere, lassen Sie keine Abfälle zurück (auch kein Toilettenpapier oder Tempos, bitte alles mitnehmen z. B. in einer Tüte und im Müll entsorgen), werfen Sie keine Zigarettenkippen weg und machen Sie kein offenes Feuer (Waldbrandgefahr!).

Der Camino de Sabinosa führt durch wunderschönen Nebelurwald.

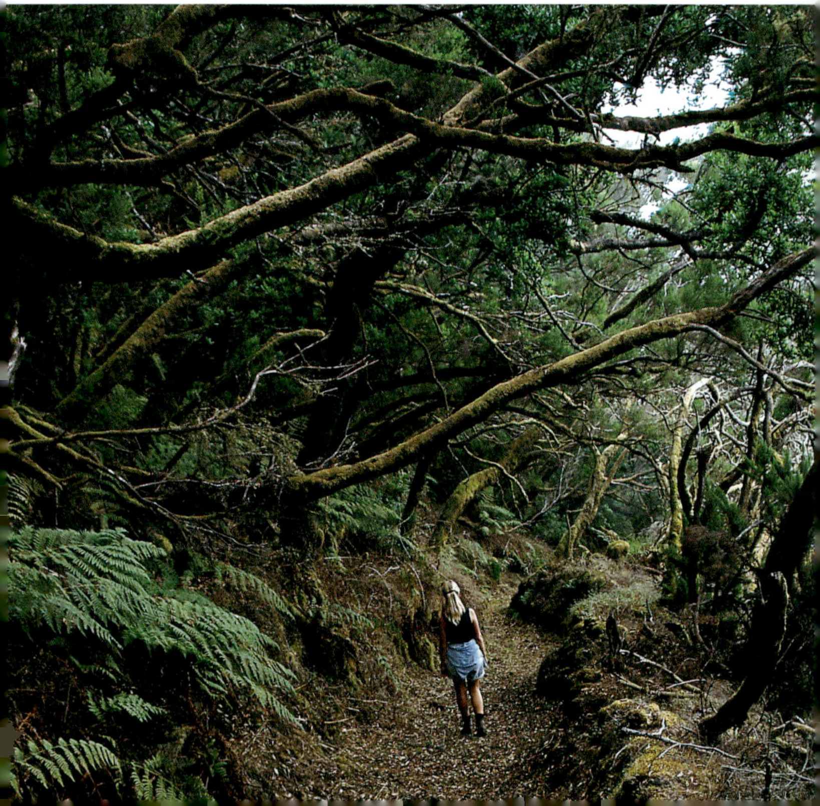

Der Umwelt zuliebe ...

Auch beim Wandern hinterlassen wir einen ökologischen Fußabdruck, aber im Einklang mit der Natur unterwegs zu sein, ist gar nicht so schwer!

VORBEREITUNG UND ANFAHRT

- Sich vorab informieren, worauf in Bezug auf Natur und Umwelt in der jeweiligen Wanderregion besonders zu achten ist.
- Soweit möglich mit Bahn und Bus anreisen, Wander- und Rufbusse nutzen.
- Ist eine Anfahrt mit dem Auto nötig, Fahrgemeinschaften bilden.
- Bei weiten Anfahrten Mehrtagestouren planen oder von einem Quartier vor Ort aus mehrere Touren absolvieren.
- Flugreisen möglichst reduzieren und durch Beiträge zu Klimaschutzprojekten kompensieren.

KLEIDUNG UND AUSRÜSTUNG

- Beim Kauf von Outdoor-Kleidung auf umweltfreundliche und faire Herstellung achten und Kleidungsstücke möglichst viele Jahre nutzen.
- Ausrüstung kann man eventuell auch gebraucht kaufen oder ausleihen.
- Reparieren statt neu kaufen.

VERPFLEGUNG

- Beim Einkauf Bio-Ware, regionale und saisonale Erzeugnisse bevorzugen.
- Hütten und Gasthäuser auswählen, die regionale Produkte verwenden.
- Auf Einwegflaschen und Plastikverpackungen verzichten, stattdessen wiederverwendbare Trinkflaschen und Brotzeitboxen benutzen.

ÜBERNACHTUNG

- Bei lokalen Anbietern buchen, damit Menschen vor Ort profitieren.
- Auf Hütten und in anderen Unterkünften Strom und Wasser sparen.

UNTERWEGS

- Wege benutzen und Abkürzer vermeiden.
- Sperrungen von Wegen und Schutzgebieten respektieren.
- Keine Blumen pflücken und keine Pflanzen entnehmen.
- Waldbrandgefahr beachten.
- Müll wieder mit nach Hause nehmen und dort entsorgen.
- Toilettengänge in freier Natur möglichst vermeiden.
- Lärm vermeiden.
- Hunde an die Leine nehmen.

ROTHER
BERGVERLAG

WANDERN AUF EL HIERRO

Die kleinste Kanaren-Insel

Wie alle anderen Inseln des Kanarischen Archipels ist auch El Hierro vulkanischen Ursprungs. Trotz ihrer geringen Fläche (278 km^2) und ihrer vergleichsweise niedrigen Höhe (1500 m) vereint die (nach La Graciosa) kleinste kanarische Insel zahlreiche verschiedene Landschaftsformen auf engstem Raum, die vom wüstenhaft-trockenen Süden bis zu den feuchten, von Nebel- und Kiefernwäldern überzogenen Berghängen an der Cumbre reichen. Charakteristisch für El Hierro sind die im Winterhalbjahr grünen, beinahe irisch anmutenden Weidehochflächen im zentralen Hochland, die Cumbre mit ihren weiten Kiefern- und Nebelwäldern und die beiden sichelförmigen, von gewaltigen Steilwänden eingefassten Buchten El Golfo und Las Playas. Über die ganze Insel verteilt erheben sich zahllose kleine Vulkankuppen, der Süden und der äußerste Westen sind überzogen von weiten Lavafeldern. Da El Hierro noch vergleichsweise jung ist (2–3 Mio. Jahre, zum Vergleich: La Gomera ist 20 Mio. Jahre alt), haben sich nur im Nordosten einige tiefer eingekerbte Schluchten (Barrancos) ausgebildet.

Vegetation und Tierwelt

El Hierro besitzt mehrere, völlig unterschiedliche Vegetationszonen, die von der Höhenlage wie von den klimatischen Bedingungen abhängen. Entsprechend vielseitig ist die Flora, die zahlreiche Endemiten (ausschließlich auf der Insel vorkommende Pflanzen) hervorgebracht hat. In den Küstenregionen gedeihen vor allem genügsame Trockenpflanzen (Sukkulenten),

Basaltblume an der Playa del Azufre (El Julan).

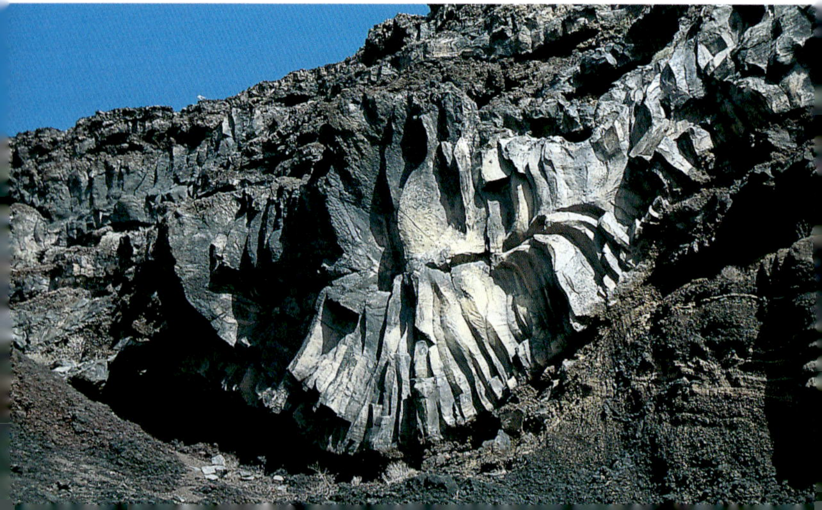

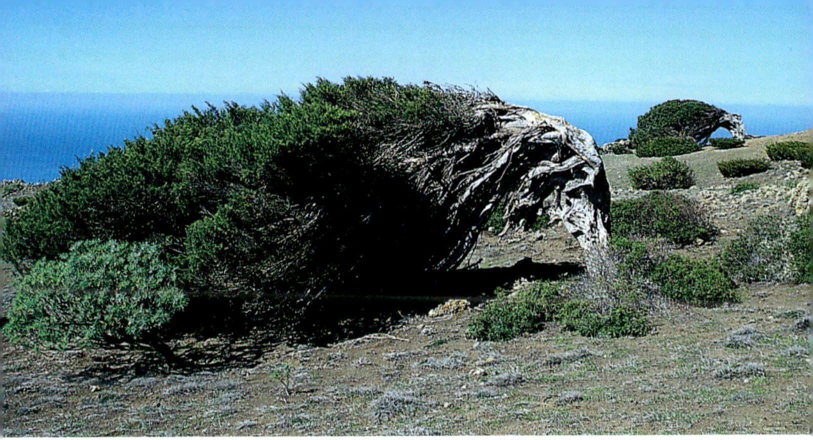

Die windgeformten Wacholderbäume von El Sabinar sind ein Wahrzeichen El Hierros.

insbesondere Wolfsmilchgewächse (Euphorbien bzw. Tabaibas), die mancherorts eine Höhe von über zwei Metern erreichen. Sukkulenten prägen auch die etwas höheren Lagen bis zur Waldgrenze – hier gesellen sich zu den Euphorbien diverse Dickblattgewächse (wie die endemische El-Hierro-Rose), Kakteen (Opuntien) und Agaven hinzu. Im Norden und im Golftal sieht man vereinzelt Dattelpalmen und Drachenbäume (Dragos). Eine Besonderheit sind die Sabinas (Phönizischer Wacholder), das Wahrzeichen El Hierros. Sie siedeln zwar nahezu überall auf der Insel, doch nirgendwo sind die knorrigen Wacholderbäume so alt wie im Sabinar auf der Dehesa. Die Cumbre ist von ausgedehnten Wäldern überzogen. Während die feuchten Nord- und Osthänge von dichtem Lorbeer- und Fayal-Brezal-Wald (Nebelurwald) bedeckt sind, herrschen auf der trockeneren Südseite Kiefernwälder vor. Der Lorbeerwald ist nur noch in Restbeständen erhalten, der Fayal-Brezal-Wald (Baumheide und Gagelbäume) gedeiht auch in höheren bzw. trockeneren Lagen. Die weiten Kiefernwälder gehören zu den schönsten der Kanaren – die Kanarenkiefer ist übrigens sehr feuerresistent und übersteht selbst schwere Waldbrände. Wenig verbreitet sind die ginsterähnlichen, im Frühsommer gelb blühenden Codeso-Büsche. Nach Regenperioden im Winter sprießen in den Wäldern an der Cumbre zahlreiche Pilze, darunter auch die wohlschmeckenden Maronen und vor allem die gelblichen trüffel- bzw. kartoffelähnlichen Nacidas, die häufig in kleinen Kolonien anzutreffen sind.

Die einzigen Säugetiere, die uns des Öfteren begegnen, sind Kaninchen – abgesehen natürlich von Kühen, Schafen, Ziegen, Eseln und Pferden, die vor allem auf den Viehweiden der Meseta de Nisdafe und der Dehesa anzutreffen sind. Berühmt ist El Hierro für seine Rieseneidechsen (Lagarto Gigante). Sie galten bereits als ausgestorben, bevor ein Ziegenhirte in der

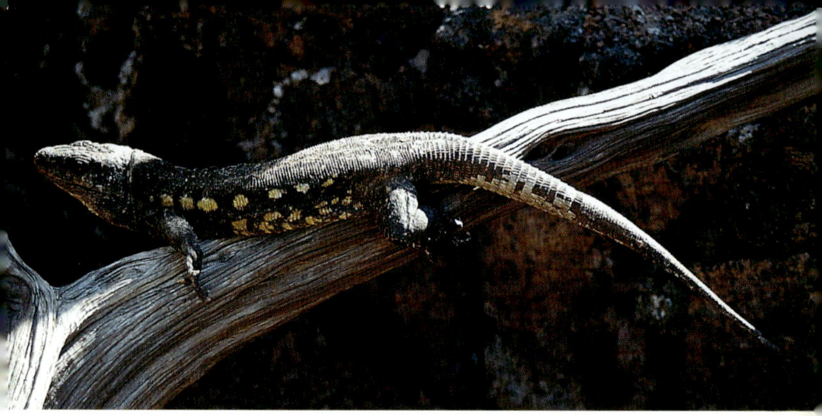

Rieseneidechse im Lagartario von Guinea.

Steilwand der Fuga de Gorreta eine Unterart dieser Riesenechsen entdeckte. Seither stehen die bis zu 75 cm langen Echsen unter strengstem Naturschutz. Im Lagartario von Guinea, in dem die Lagartos erfolgreich gezüchtet werden, können die Echsen besichtigt werden (mittlerweile wurden bereits wieder viele der Rieseneidechsen ausgewildert).

Petroglyphen

El Hierro besitzt zahlreiche Fundstätten prähistorischer Felsgravierungen – Inschriften und Zeichnungen der Ureinwohner (Bimbaches), die mit spitzem Stein in den Fels geklopft bzw. geritzt und bis heute noch nicht eindeutig entziffert sind. Besondere Berühmheit erlangt haben die Symbolzeichen (u.a. Kreise, Spiralen) und Felsbilder von Los Letreros, die sich über eine Länge von fast 500 m erstrecken, und von Los Números. In unmittelbarer Nähe befinden sich auch ein Versammlungsplatz (Tagoror) und Kultstätten der Ur-Herreños (→Tour 21). Weitere Petroglyphen können unter anderem in der Umgebung von La Caleta entdeckt werden – bei diesen Felsgravierungen handelt es sich um alphabetische Inschriften, die den Inschriften Nordafrikas ähneln (→Tour 3).

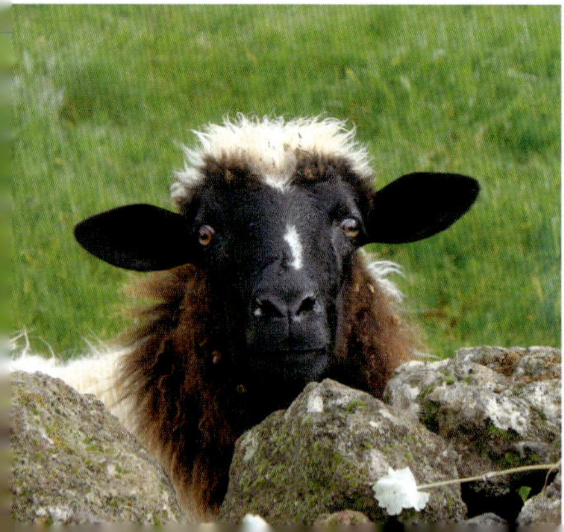

Naturschutzgebiete

El Hierro besitzt zwar keinen Nationalpark wie die Nachbarinseln La Gomera, La Palma und

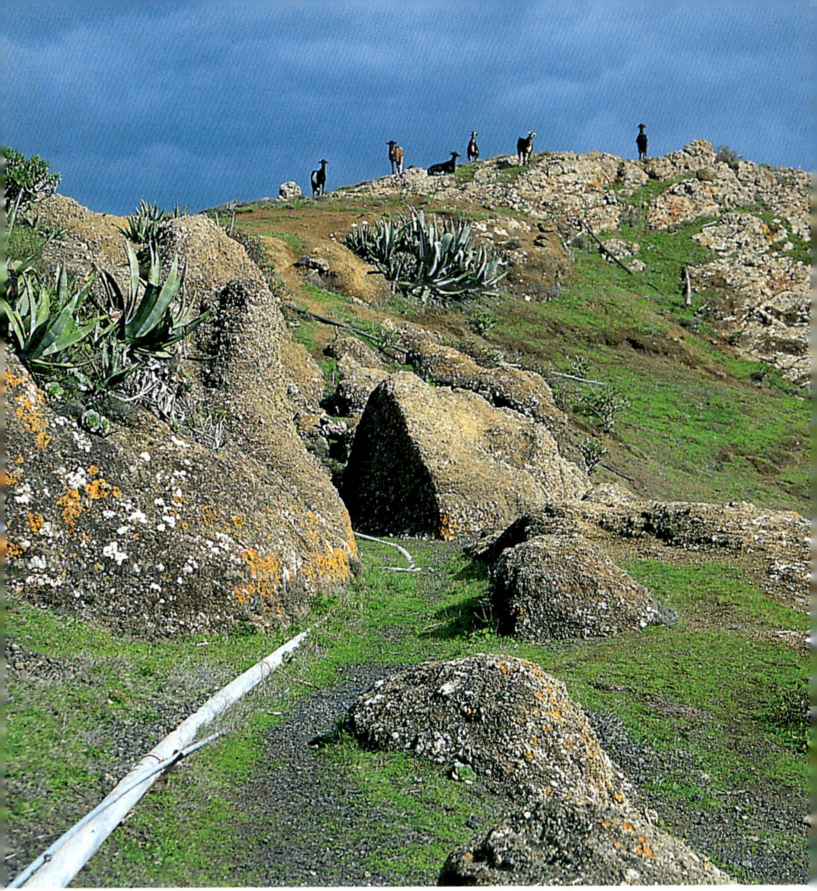

Ziegenherde am Camino de la Virgen, bei der Caldereta.

Teneriffa, dafür ist mehr als die Hälfte der Inselfläche als Naturschutz- bzw. Landschaftsschutzgebiet ausgewiesen. Unter besonderem Naturschutz stehen die Roques de Salmor, der Risco de Tibataje, das Mencáfete-Gebiet und die Steilwand von Las Playas. Geschützt sind außerdem die Dehesa mit dem Sabinar, El Julan, die Kiefern- und Nebelwälder beiderseits der Cumbre, die Lavafelder von Los Lajiales, das Venetejís-Massiv und die Berghänge oberhalb von Timijiraque. Seit dem 20. Januar 2000 ist zudem die ganze Insel als UNESCO-Biosphärenreservat ausgewiesen. 1996 wurde außerdem zwischen La Restinga und Tacorón ein Meeresreservat eingerichtet.

LANDSCHAFTEN, ORTE, SEHENSWÜRDIGKEITEN

Valverde

Das knapp 2000 Einwohner zählende Städtchen ist zwar das Verwaltungs- und Geschäftszentrum El Hierros, erweckt aber eher den Eindruck eines verschlafenen Provinznestes – vor allem wenn die Bruma, der Passatnebel, den 600 m hoch gelegenen Ort heimsucht, und das ist insbesondere im Winter häufig der Fall. Nur die untere Durchgangsstraße vermittelt ein wenig das Flair einer Hauptstadt. Dies gilt auch für die großzügige Plaza Principal, an der sich die dreischiffige Pfarrkirche Santa María de la Concepción (18. Jh.) und das im altkanarischen Stil erbaute Rathaus befinden. Abgesehen von der Casa del Conde und von der Ermita de Santiago, der ältesten Kirche der Insel, hat Valverde auch keine weiteren Sehenswürdigkeiten zu bieten. Dafür besticht der beschauliche Ort durch seine schmucken, steilen Gässchen und seine aussichtsreiche Lage hoch über dem Meer. Wanderer finden hier ein reichhaltiges, abwechslungsreiches Tourenangebot vor, das praktisch den ganzen Nordteil der Insel erschließt.

Die Plaza Principal von Valverde mit der Pfarrkirche Santa María de la Concepción. Im Hintergrund spitzt der schneebedeckte Teide aus dem Meer.

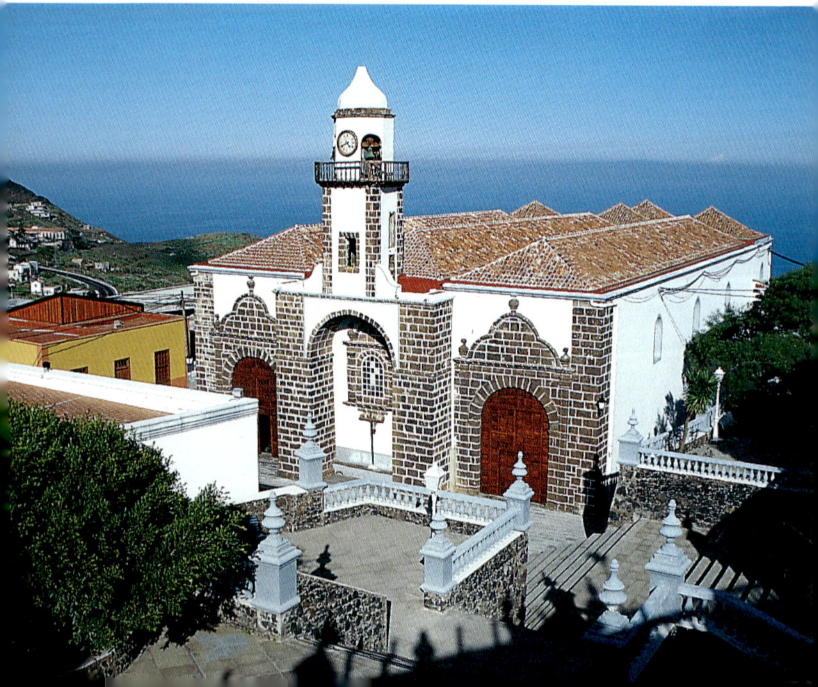

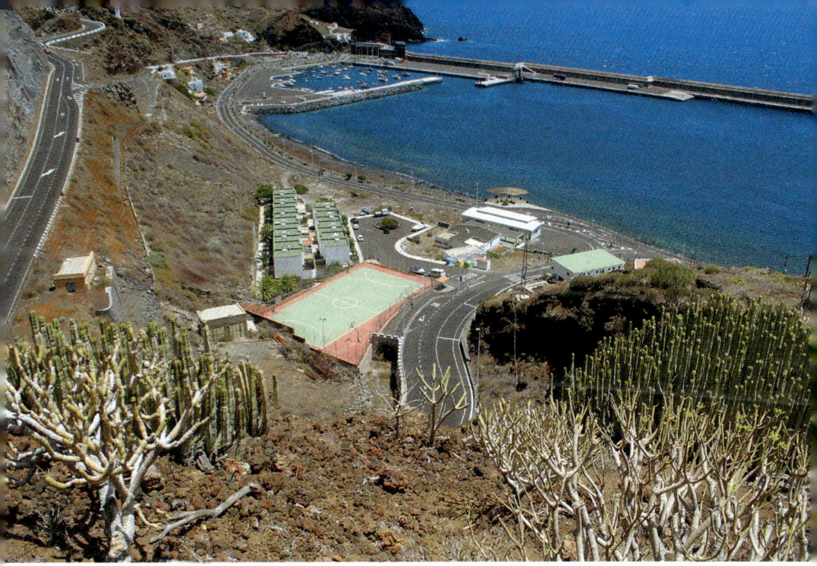

Der Hafen von Puerto de La Estaca.

Die Ostküste

Ein besonders schöner Wanderweg führt von Valverde hinab zum bedeutendsten Badeort des Inselnordens, *Tamaduste*. Die Häuser und die bescheidenen Appartementanlagen des hübschen, gepflegten Ortes gruppieren sich um ein großes Naturschwimmbecken mit gemütlichen Sonnenterrassen, das selbst bei höherer Brandung noch zum Baden geeignet ist. Am Charco befindet sich auch die Cueva de los Barcos, in der die Boote gelagert werden – hin und wieder wird die große Höhle zudem als Disco oder als Konzertsaal genutzt. Überragt wird der Ort vom 470 m hohen Vulkan La Cancela. Südlich des Inselflughafens liegt *La Caleta*, das ein hübsch gestaltetes Meeresschwimmbad besitzt. An der Felsküste östlich der Pools kann man einige Petroglyphen entdecken. Weitere Felsgravierungen der Bimbaches sind im Barranco del Cuervo, im Barranco de Tejeleita sowie im Barranco de Candía nahe Tamaduste erhalten.

Puerto de La Estaca, der nächste Küstenort, schmiegt sich in eine schöne, geschützte Bucht mit einem langen Kiesstrand. Im Hafen legen die Fährschiffe von den Nachbarinseln an. Auf dem rötlich schimmernden Felsen über dem Hafenbecken steht eine winzige Kapelle, die Ermita de San Telmo, zu der ein Weg hinaufführt. Außerdem lohnt ein Abstecher zur versteckten Cueva del Diablo: Man erreicht sie über eine schmale Treppe gleich neben dem Hafengebäude, dann durch die Felsen weiter zu der farbenprächtigen Höhle an der Steilküste.

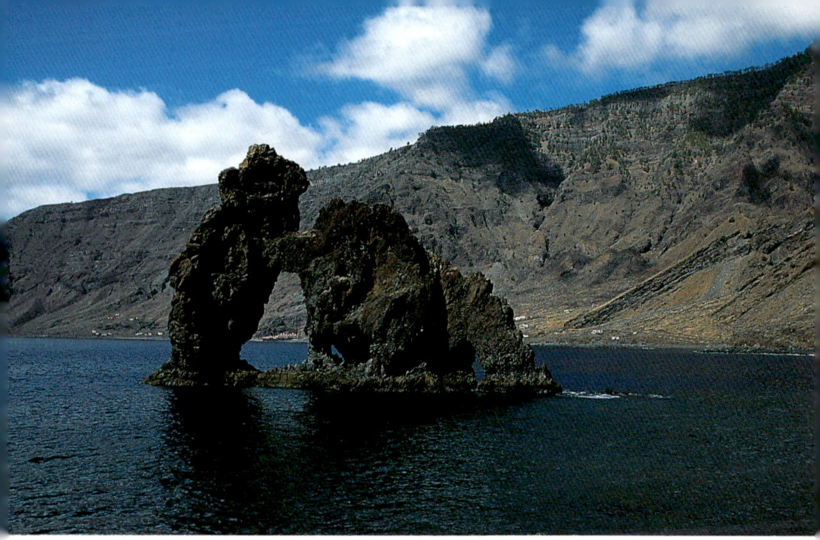

Las Playas – Blick durch den Roque de la Bonanza zum Parador.

Folgt man der Küstenstraße, so erreicht man als nächsten Ort den Weiler *Timijiraque*. Er liegt an einem für herrenische Verhältnisse sehr großzügigen Strand, an dem sich ein schattiger Picknickplatz befindet. Ein paar Kilometer weiter führt die Straße zwischen den verstreuten Häusern von *Las Barranqueras* hindurch, das ebenfalls einen kleinen, teilweise sandigen Strand zu bieten hat. Durch einen Einbahn-Tunnel gelangt man schließlich in die großartige, kaum besiedelte Bucht von *Las Playas*. Das etwa vier Kilometer lange, sichelförmige Tal ist durch die eindrucksvolle, bis über 1000 m hohe Steilwand des Risco de los Herreños von der Außenwelt abgeschirmt und steht weitgehend unter Naturschutz. Fast am Ende das Tales befindet sich der Parador Nacional, das schönste und komfortabelste Hotel El Hierros. Es liegt direkt am langen, grobkiesigen Strand, der bei ruhiger See gut zum Baden geeignet ist. Die besten Bade- und Schnorchelplätze allerdings befinden sich am Nordende der Bucht beim Wahrzeichen von Las Playas, dem Roque de la Bonanza, und am Südende mit der Playa de las Calcosas, die nur über einen Pfad erreichbar ist.

Die Barrios im Norden

Drei Kilometer nördlich von Valverde, vorbei am Mirador del Tamaduste, befindet sich das hübsche Dorf *Echedo*, das noch zahlreiche altkanarische Häuser aufweist. Von hier windet sich eine Straße hinab nach Las Salinas mit dem wohl schönsten Badeplatz des Inselnordens, dem Charco Manso. Auf Streifzügen entlang der wild zerklüfteten Lavaküste kann man Felstore

und Felslöcher entdecken, aus denen bei stürmischer See gewaltige Wasserfontänen in den Himmel steigen. Etwas westlich des Meerwasserpools liegt die Punta Norte, die den nördlichsten Punkt El Hierros markiert.
Verlässt man Valverde in nordwestlicher Richtung, so gelangt man in die »Barrios«, die Dörfer des Nordens. Sie liegen alle in 500 bis 700 m Höhe wie an einer Perlenschnur aneinandergereiht. Der erste Ort, zugleich auch der Hauptort der Region, ist *Mocanal*. Er erstreckt sich entlang der Durchgangsstraße und der parallel dazu verlaufenden Dorfstraße bis zur Ermita San Pedro. Zum Ort gehört auch das etwas oberhalb gelegene Dorf Hoyo del Barrio. Von Mocanal führt eine Straße hinab nach *Pozo de Las Calcosas*. Das alte Dorf liegt inmitten einer spektakulären, von gewaltigen Felswänden eingeschlossenen Bucht, die nur über einen breiten, steilen Fußweg erreichbar ist. Im Winter sind die überwiegend einfachen Wochenendhäuschen nahezu verlassen, im Sommer hingegen kommen die Einwohner der Barrios gerne hierher zum Planschen oder Baden in einem der beiden Meerwasserpools auf der Lavazunge.
Erese und *Guarazoca*, die nächsten Dörfer, sind eingebettet in eine wildromantische Landschaft – über Gärten und Terrassenfelder blickt man hinab zur Küste, an der sich einige formschöne Vulkankegel erheben. In den

Der Parador Nacional mit der eindrucksvollen Steilwand von Las Playas.

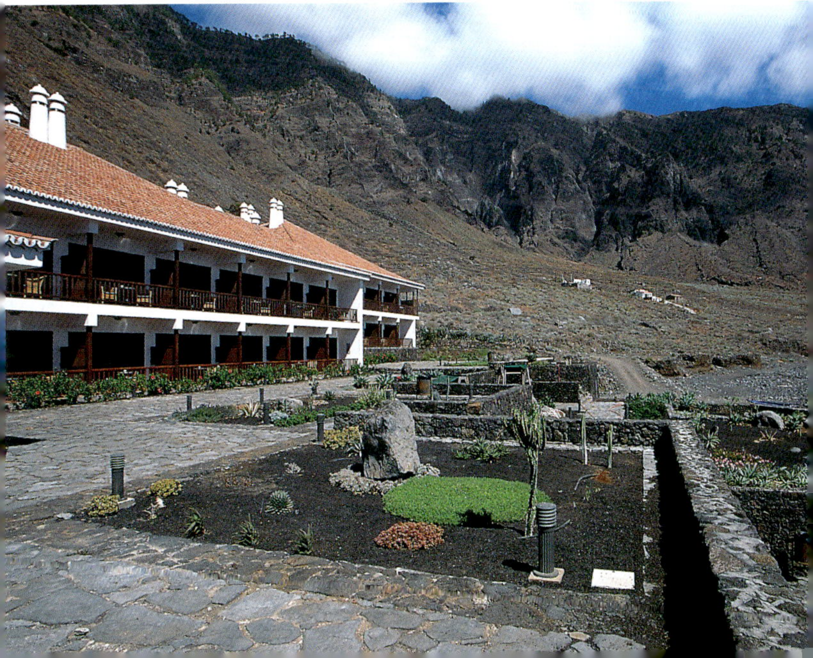

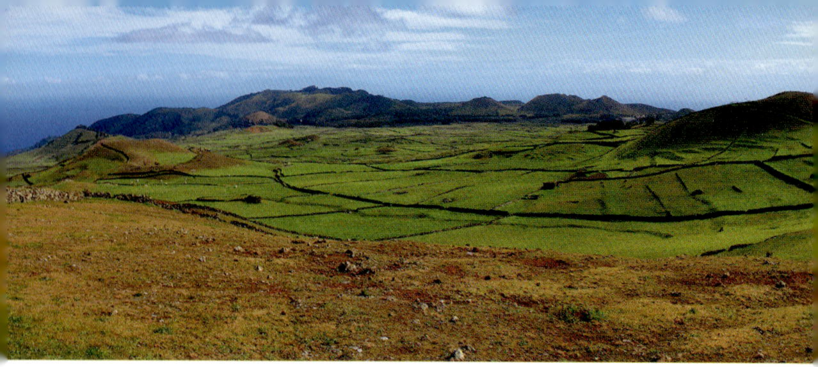

Blick vom Izique auf die Meseta de Nisdafe – links Ventejís, rechts Mirador de Jinama.

höher gelegenen Weilern Tesabo, Betenama, Casas del Monte und Jarales kann man versteckt zwischen Feigenkakteen und Agaven noch einige uralte Häuser entdecken. Kurz nach Guarazoca passiert die Straße den *Mirador de La Peña*, an dem sich ein vom berühmten kanarischen Künstler und Architekten César Manrique gestaltetes Aussichtsrestaurant befindet. Von der Terrasse ergibt sich ein fantastischer Blick auf den Golfo und die Roques de Salmor. Der letzte Weiler an der Straße ist Las Montañetas – eine der ältesten Siedlungen El Hierros, aber aufgrund des kühlen, feuchten Klimas nahezu verlassen.

Der Camino de La Peña – ehemals einer der schönsten Inselwege – ist wegen permanenter Steinschlaggefahr seit Jahren gesperrt und wird nicht mehr instand gesetzt.

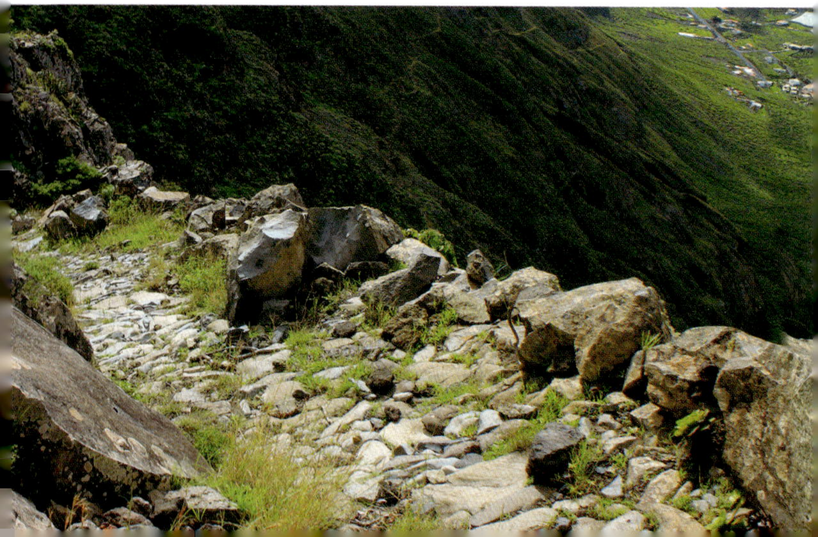

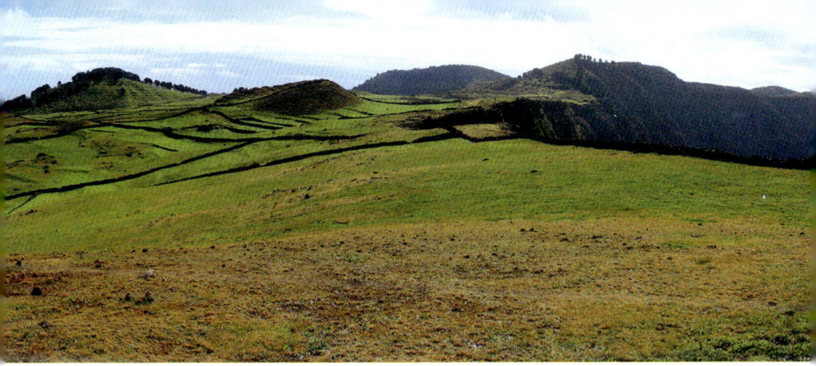

Das zentrale Hochland – Meseta de Nisdafe und Azofa

Das zentrale, von Wiesen, Weideflächen und sanften Vulkankuppen geprägte Hochland zwischen dem Steilabfall des Golftals im Westen und der Ladera de Azofa im Osten ist eine der stimmungsvollsten Regionen El Hierros. Auf der weiten, häufig wolkenverhangenen Hochebene fühlt man sich im Winter fast schon nach Irland versetzt, so grün präsentiert sich dann die mit einem Muster aus Lesesteinmauern überzogene Bilderbuchlandschaft. Traditionell ist hier die Viehwirtschaft zu Hause, außerdem wird auf den fruchtbaren Böden Ackerbau und Obstanbau betrieben.

Von Valverde kommend, passiert man zunächst den malerisch am Fuß des Ventejís gelegenen Ort *Tiñor*. Er zählt zu den ältesten Dörfern der Insel, genau wie das Nachbardorf *La Albarrada*, das jedoch bereits seit Mitte des 18. Jahrhunderts verlassen und dem Verfall preisgegeben ist. Früher kamen die Leute wegen des Wassers hierher, das in Wasserlöchern (Charcas bzw. Albescas oder Abbercas) und in Zisternen an den Hängen des Ventejís-Massivs gesammelt wurde – heute ziehen die meisten Einwohner die sonnigeren Küstenregionen dem unwirtlichen Klima in der Passatnebelzone vor. In der Nähe von Tiñor, auf der Rückseite des Ventejís, steht in einem kleinen Talschluss der berühmteste Baum der Insel, der *Árbol Garoé*. Der heilige Regenbaum soll angeblich

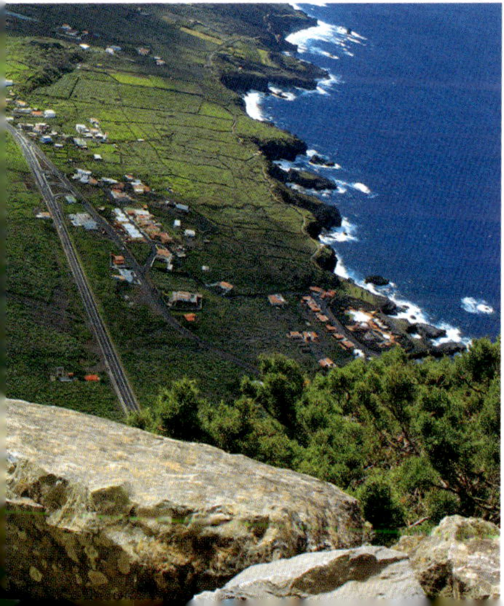

hunderte Liter Wasser am Tag aus den Wolken »gemolken« haben. 1610 fiel der legendäre Lorbeerbaum, der auch das Wappen El Hierros ziert, einem Sturm zum Opfer – an seiner Stelle wurde 1957 ein Stinklorbeerbaum gepflanzt.

Beim Hauptort der Region, *San Andrés*, tritt die Hauptstraße ein in die weitläufige, sanft nach Norden hin abdachende Hochebene der Meseta de Nisdafe. San Andrés ist mit 1045 m Höhe der höchstgelegene Ort El Hierros und das Zentrum der Viehwirtschaft. Südlich von San Andrés schließt sich das schöne, abseits der Hauptstraße teilweise noch sehr ursprüngliche Dorf Isora an. Hier lohnt ein Abstecher zum Mirador de Isora, der – ähnlich wie der grandiose Mirador de Las Playas unweit der Straße nach El Pinar – dem Betrachter die Bucht von Las Playas zu Füßen legt. Westlich von San Andrés befindet sich ein weiterer Aussichtsplatz, der *Mirador de Jinama*. Er eröffnet einen großartigen Panoramablick auf den Golfo und auf die Cumbre.

El Pinar und der Süden

El Pinar, der Hauptort des südlichen Hochlandes, ist umgeben von einer sanft hügeligen Landschaft, die im Frühjahr ihren ganz besonderen Reiz entfaltet – zu dieser Zeit blühen die zahllosen Mandel- und Obstbäume in den Gärten der Piñeros. Das Dorf ist prädestiniert als Ausgangspunkt für Wanderungen, denn direkt oberhalb erstreckt sich einer der größten und schönsten Kiefernwälder der Kanaren, der Pinar. Aber auch nach Süden, zur Bucht von Las Playas und zu einigen verschwiegenen Buchten ergeben sich sehr schöne Wandermöglichkeiten. Wer sich einen Überblick über das Dorf mit seinen beiden Ortsteilen, Taibique und Las Casas, verschaffen will, sollte dem 911 m hohen Tanajara seine Aufwartung machen. Er erhebt sich direkt über Taibique und vermittelt einen weiten Rundumblick zur dicht bewaldeten Cumbre, zum Steilhang von El Julan und zur kargen Vulkanlandschaft des Südens. Etwas oberhalb von El Pinar liegt inmitten des herrlichen Kiefernwaldes der Rastplatz *Hoya del Morcillo*. Das weitläufige Freizeitgelände mit Fußballplatz, Spielplatz, Grill- und

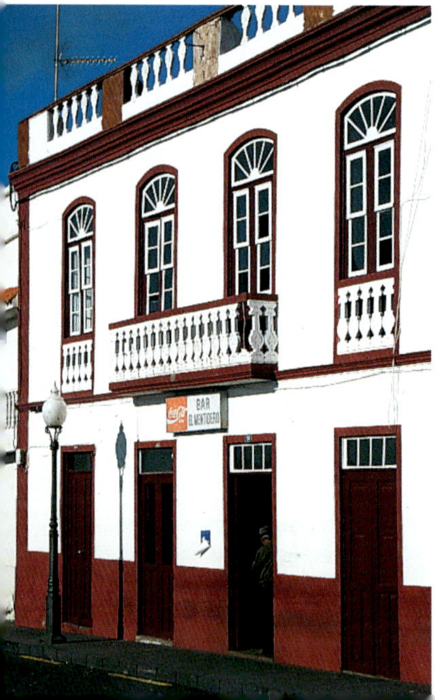

In Taibique.

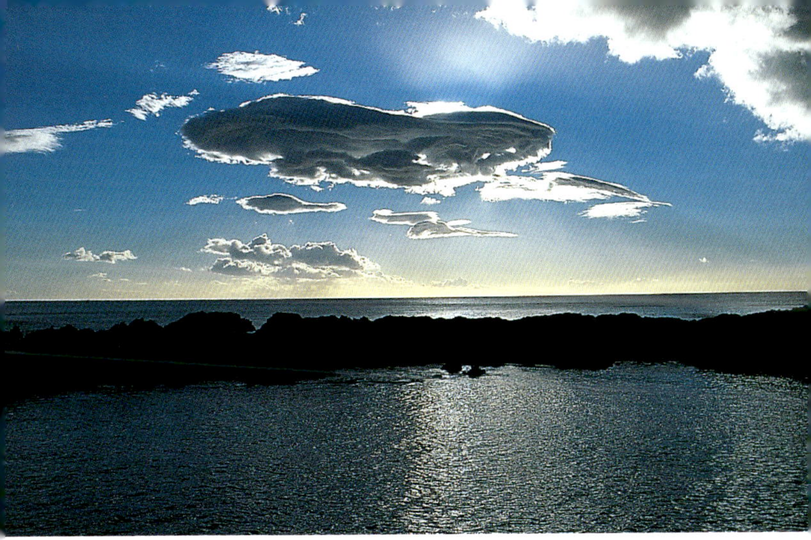

Faszinierende Wolkenstimmung an der Badebucht von Tacorón.

Wasserstellen und mit angeschlossenem Zeltplatz ist an schönen Wochenenden ein sehr beliebtes Ausflugsziel der Herreños.
Im Süden wartet El Hierro mit einem völlig anderen Landschaftsbild auf: Weite Lavafelder und dunkle Vulkankegel prägen diese Region, in der nur einige Tabaibas und Kakteen grüne Farbtupfer setzen. Einziger Ort ist das am Südzipfel gelegene Fischerdorf *La Restinga*. Das jüngste, sonnensicherste Dorf der Insel wurde um 1980 vom Tourismus entdeckt – seither wurden zahlreiche Appartementbauten hochgezogen. Trotz mancher Auswüchse bezaubert das Dorf durch seinen heiteren, südländischen Charme. Gemütliche Fischlokale und eine hübsche Promenade laden zum Verweilen ein, im Hafenbecken, in dem zahlreiche Fischerboote vor Anker liegen, hat La Restinga einen winzigen, geschützten Sandstrand zu bieten. Für weltweites Aufsehen sorgte im Jahr 2011/12 eine Vulkaneruption vor der Küste, bei der neben Gasen auch Lava ausgetreten ist – im Museo Restingolita können ein paar schöne Exemplare besichtigt werden. Faszinierend sind auch die fantastischen Lavaformationen (v.a. Stricklava) in der Umgebung, insbesondere westlich und nördlich des Ortes im weiten Lavafeld von Los Lajiales. Am Fuß der Montaña del Prim, gleich neben der Hauptstraße, befindet sich zudem die größte Lavahöhle der Insel, die *Cueva de Don Justo* – das Tunnelsystem soll eine Gesamtlänge von etwa sechs Kilometern haben. Ein weiteres Highlight des Südens schließlich ist der herrliche Lavapool von *Tacorón*, einer der schönsten, gemütlichsten Badeplätze El Hierros. In seiner Nähe lädt die riesige Cueva del Diablo zu einem Ausflug ein.

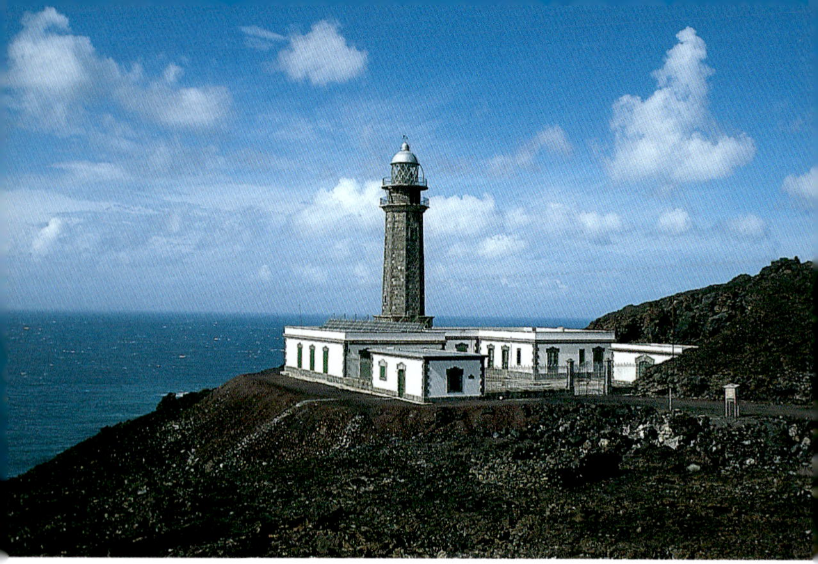

Der Leuchtturm von Orchilla – hier verlief einst der Nullmeridian.

El Julan und La Dehesa

Der Südwesten mit dem gewaltigen Steilhang von El Julan und mit der vegetationsarmen Hochfläche der Dehesa ist zweifellos die urtümlichste, abgeschiedenste Region der Insel. Außer ein paar einsamen Fincas und einigen Hirten, die im Winter und im Frühjahr mit ihren Herden hierher ziehen, ist der archaische Landstrich weitgehend menschenleer. El Julan war früher, als die Hänge am Südfuß der Cumbre noch von dichten Wäldern überzogen waren, einer der Hauptsiedlungsräume der Bimbaches, der Ureinwohner – an diese Zeit erinnern zahlreiche Wohn- und Begräbnishöhlen, Concheros (Schalenhaufen), Opferstätten und der Tagoror (Versammlungsplatz), vor allem aber die hervorragend erhaltenen Petroglyphen (Felsgravierungen) von Los Letreros und Los Números.

Ähnlich karg wie El Julan präsentiert sich das weite, nach Westen abfallende Weidehochland der Dehesa. Außer einigen knorrigen, windgebeugten Sabinas – eines der Wahrzeichen El Hierros – sieht man auf der von Lesesteinmauern parzellierten Hochfläche kaum einen Baum. Einzig im Norden, in der Nähe des spektakulären, häufig von Wolken eingehüllten Mirador de Bascos, ist ein größerer Wacholderwald erhalten, der *Sabinar*. Er ist der größte zusammenhängende Wacholderwald der Kanaren – ein märchenhafter Platz mit uralten Sabinas, die auf ein Alter von mehreren hundert Jahren geschätzt werden. Auf der Dehesa befindet sich auch das religiöse Zentrum der Insel, die *Ermita Virgen de Los Reyes*. Die schlichte, blendend

weiße Kapelle beherbergt das Inselheiligtum, die Heilige Jungfrau der Drei Könige, die vor dem Bau der Ermita in der benachbarten Cueva del Caracol untergebracht war. Alle vier Jahre zur Bajada wird die Madonnenfigur in einem langen Festzug über die Cumbre nach Valverde getragen.
An der Südwestspitze markiert das *Faro de Orchilla* den südwestlichsten Punkt der historischen Welt, denn hier verlief bis 1884 der Nullmeridian der Kartografen. Der 1930 errichtete Leuchtturm, von dem man einen herrlichen Blick zur Cumbre und über den Steilhang von El Julan bis zur Südspitze genießt, ist auch so etwas wie das Land's End von El Hierro. In der bizarren Landschaft rund um den Leuchtturm kann man auf abenteuerlichen Streifzügen Miniatur-Vulkane und Vulkanschlote, fantastisch ausgeformte Lavarinnen, abstrakte Lavamuster, wilde Lavaströme und unzählige Höhlen und Tunnel entdecken. Einer davon ist sogar begehbar: Der Einstieg der Cueva del Acantilado befindet sich etwa 50 m südlich vom Parkplatz, direkt am Fußweg zum Kreuz auf dem Plateau vor der Steilküste. Mit einer leuchtstarken Taschenlampe ausgerüstet, kann man den etwa 300 m langen Lavatunnel bis zum Aussichtsbalkon in der Steilküste begehen. Mit dem Anlegeplatz Laja de Orchilla hat die Gegend auch einen guten Badeplatz zu bieten.

Die Cumbre

Der häufig wolkenverhangene Bergkamm im Inselzentrum bildet so etwas wie eine Wetterscheide. Diese ist zwar aufgrund der West-Ost-Ausrichtung

Der Glockenturm der Pfarrkirche von Frontera, das Wahrzeichen des Golftals.

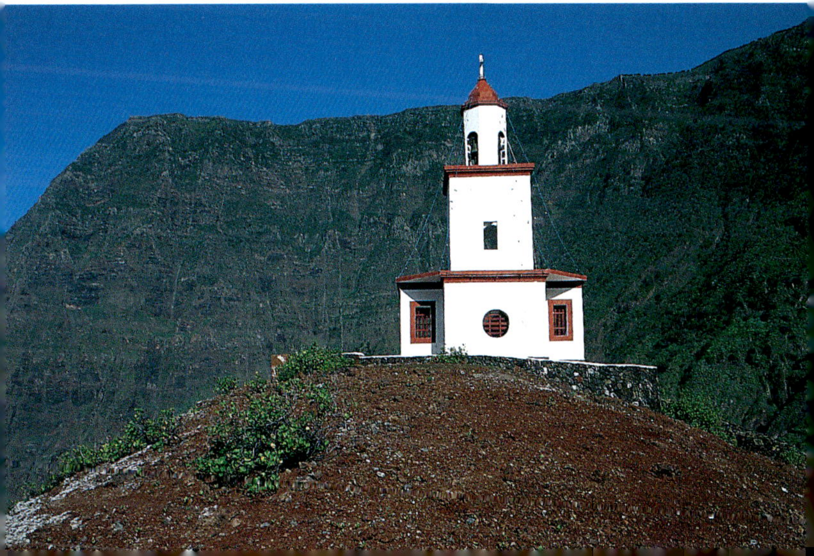

nicht ganz so ausgeprägt wie zum Beispiel auf der Nachbarinsel La Palma, aber dennoch weisen die Nord- und die Südseite eine völlig unterschiedliche Vegetation auf. Während auf der steil abfallenden Nordseite dichte Fayal-Brezal- und Lorbeerwälder das Landschaftsbild bestimmen, sind die Hänge auf der etwas sanfter abdachenden, niederschlagsärmeren Südseite von weiten Kiefernwäldern überzogen. Die Cumbre ist hervorragend erschlossen durch eine teilweise asphaltierte Höhenstraße, von der es meist nur ein Katzensprung hinauf ist zu den höchsten Erhebungen und zu den schönsten Aussichtsplätzen. Unbestrittener Höhepunkt – nicht nur wegen seiner Höhe, sondern vor allem auch wegen seiner großartigen Aussicht – ist der 1501 m hohe Malpaso. Aber auch die vorgelagerten Gipfel des Mercadel auf der Südseite und des größten Vulkans der Insel, des Tanganasoga auf der Nordseite, sind exzellente Aussichtswarten.

El Golfo

Nördlich der Cumbre breitet sich eines der schönsten und spektakulärsten Täler der Kanaren aus, das Valle del Golfo. Es ist heute das landwirtschaftliche Zentrum der Insel und zieht sich in einem weiten Bogen von der Punta de La Dehesa im Westen bis zur Punta de Salmor im Norden. Nach Süden und Osten ist das Tal durch gewaltige, bis über 1000 m hohe Steilwände von den anderen Inselregionen abgeschirmt. Hauptort des Golfo ist das Städtchen *La Frontera*. Von der Cumbre kommend, passiert man zunächst den herrlich gelegenen Ortsteil Frontera mit der Pfarrkirche Nuestra Señora de la Candelaria – ihr weithin sichtbarer, viel fotografierter Glockenturm steht auf dem Lavakegel des Joapira hinter der Kirche. Tigaday, der größere und für herrenische Verhältnisse durchaus betriebsame Ortsteil, ist das Verwaltungs- und Geschäftszentrum des Tales. Noch vor der großen Plaza gabelt sich die Hauptstraße. Ein Ast zieht hinüber nach Sabinosa, der andere führt hinab nach Las Puntas. Auf halber Strecke dorthin lohnt ein Besuch des Ecomuseo de Guinea und des Lagartario. Während das Museumsdorf einen Einblick in die Lebensweise der Einwohner in den letzten Jahrhunderten gewährt, können im benachbarten Terrarium die legendären Rieseneidechsen, die Lagartos gigantes, besichtigt werden.
Am Nordende der weit geschwungenen Bucht liegt *Las Puntas*, neben La Frontera das touristische Zentrum des Golftals. Hauptattraktion des kleinen, zwischen der mächtigen Felswand des Risco de Tibataje und den Klippen eingeklemmten Ortes sind das Meerschwimmbad (Cascadas del Mar, nur im Sommer) und das Hotel Puntagrande. Das ehemals »kleinste Hotel der Welt« krallt sich auf eine schmale, vom Meer umtoste Lavalandzunge und bietet einen grandiosen Blick zu den Roques de Salmor. Südwestlich von Las Puntas schließt sich die Küstenebene von El Matorral an – sie ist geprägt von riesigen Plantagen, in denen vor allem Ananas, Bananen und

Las Puntas mit der eindrucksvollen Steilwand des Risco de Tibataje.

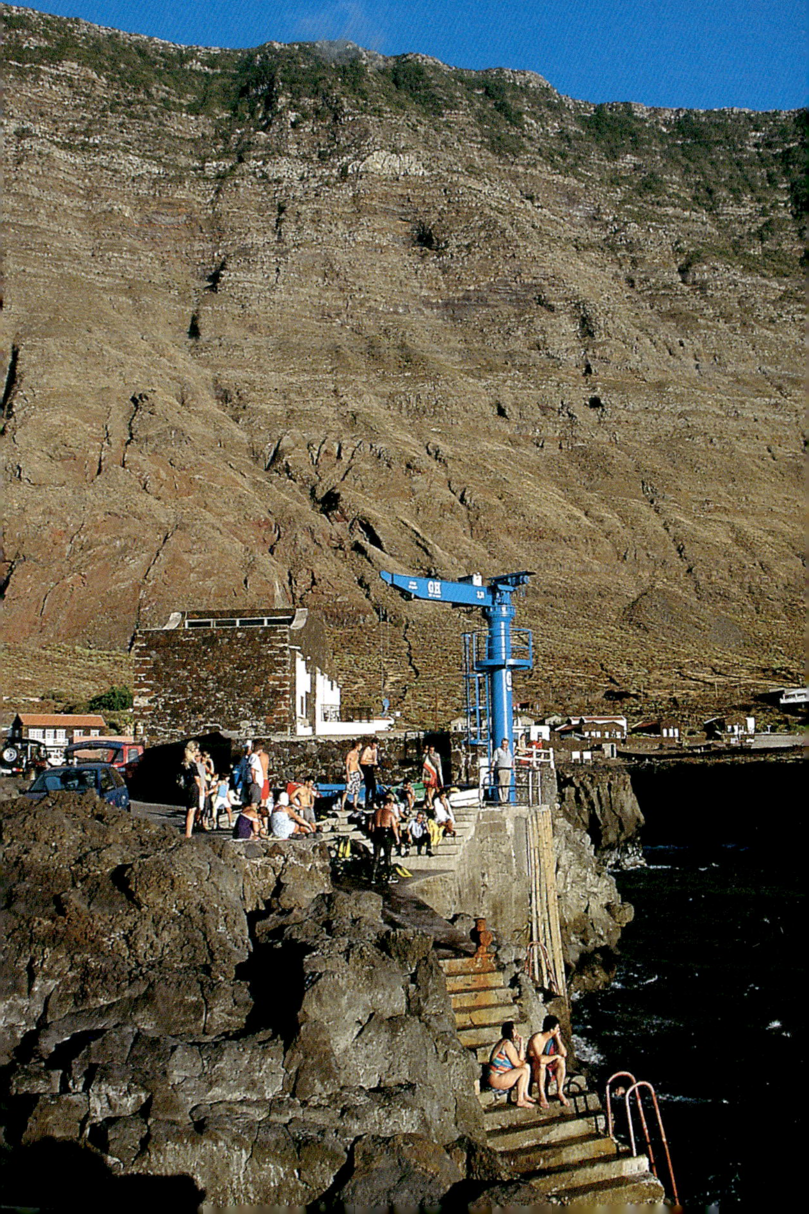
GH

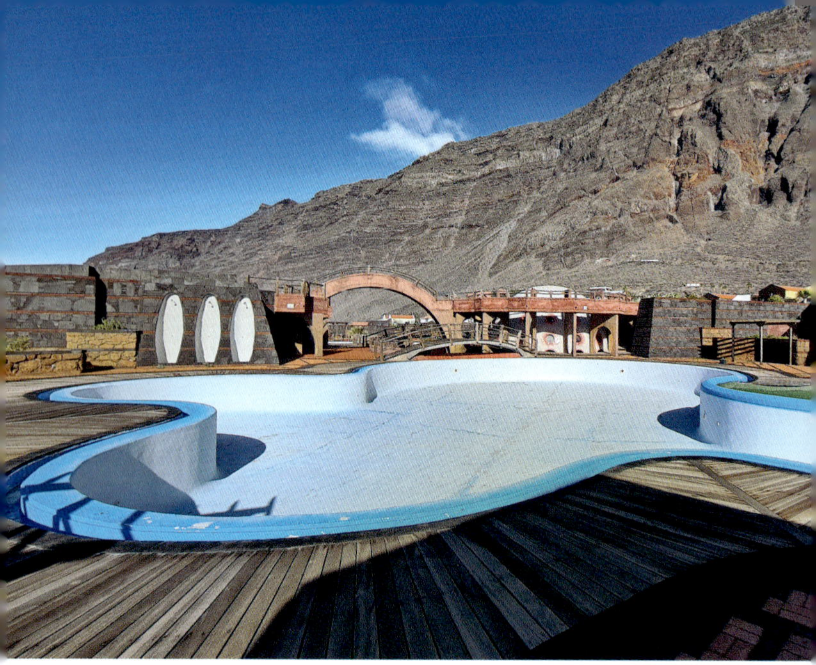

Das Meeresschwimmbad in Las Puntas ist nur im Sommer in Betrieb.

andere exotische Früchte angebaut werden. Hier befindet sich auch der beste Badeplatz des Golfo, das Meeresschwimmbecken La Maceta. Sehr reizvoll, aber weniger gut zum Baden geeignet, sind außerdem die benachbarte Badestelle Los Sargos und der Charco Azul unterhalb des Dorfes Los Llanillos.

Am westlichen Ende des Golftals schmiegt sich *Sabinosa* an den Steilhang am Fuß der Cumbre. Das Dorf zählt wegen seiner Lage und seiner malerischen Gassen zu den schönsten und ursprünglichsten der Insel. 300 Höhenmeter unterhalb von Sabinosa schließlich liegt die letzte Ansiedlung des Golfo, der winzige Bade- und Kurort *Pozo de la Salud*. Hier befindet sich der zwölf Meter tiefe »Gesundbrunnen«, östlich des Weilers lädt der Charco Azul de Sabinosa zu einer Erfrischung ein. Bei ruhiger See allerdings macht man sich besser auf zur Playa Arenas Blancas auf der Landzunge der Punta de La Dehesa oder zur großartigen, feinsandigen Playa del Verodal. Aber nicht alleine die Strände lohnen einen Abstecher in diese abgelegene Küstenregion – bizarre, vegetationslose Lavalandschaften, Ebenen mit riesigen Felsblöcken und das größte Felstor der Insel, der Arco de la Tosca, geben auch einen Einblick in die jüngste Erdgeschichte.

FREIZEIT AUF EL HIERRO

Bademöglichkeiten
El Hierro besitzt nur wenige Strände: Am schönsten ist die sandige Playa del Verodal an der Punta de La Dehesa (nur bei ruhiger See!). Gute Bademöglichkeiten bestehen außerdem an den überwiegend steinigen Stränden der Südküste. Darüber hinaus verfügt El Hierro über zahlreiche Meeresschwimmbecken, von denen vor allem die herrliche Cala de Tacorón nordwestlich von La Restinga, die Bucht von Tamaduste, La Caleta und La Maceta im Golftal hervorzuheben sind.

Besucherzentren (Centro de Visitantes)
El Julan (Tour 21, 43), Árbol Garoé (Tour 9, 10), Geoparque (an der HI-4 nach La Restinga).

Felstore (Arcos)
An den Felsküsten kann man zahlreiche natürliche Felstore bewundern – am berühmtesten sind der Roque de la Bonanza in der Bucht von Las Playas und der Arco le la Tosca an der Punta de La Dehesa.

Gleitschirmfliegen
Startplätze sind u.a. der Jable de Mequena, der Malpaso, die Golfo-Kante beim Mirador de la Peña und die Hauptstraße Frontera – Cumbre.

Höhlen
Die Cueva de Don Justo bei La Restinga ist mit etwa 6 km Gesamtlänge einer der längsten Lavatunnel der Welt. Ohne Gefahr begehbar ist die 300 m lange Cueva del Acantilado beim Faro de Orchilla (→Tour 42). Interessant sind auch die Cuevas del Diablo bei Tacorón und in Puerto de La Estaca sowie der 90 m lange Lavatunnel des Tubo Volcánico de Guinea (beim Ecomuseo de Guinea).

Lucha Canaria
Jeder größere Ort der Insel besitzt eine Ringkampfarena (Campo de Lucha).

Mercadillo (Bauernmarkt)
Samstag (8–14 Uhr) in Valverde, Sonntag (8–14 Uhr) in Frontera.

Miradores (Aussichtsplätze)
Der berühmteste ist der Mirador de La Peña, der uns das Golftal zu Füßen legt, wie auch der Mirador de Jinama und der Mirador de Bascos. Nicht minder spektakulär sind der Mirador de Isora und der Mirador de Las Playas über dem Tal von Las Playas.

Mountainbike- und Radfahren
Die Pisten im Hochland und beiderseits der Cumbre sowie die überwiegend nur wenig befahrenen Straßen eignen sich hervorragend für berggewohnte Rad- und Mountainbike-Fahrer.

Museen
Ecomuseo de Guinea (liebevoll rekonstruiertes Golfo-Dorf), daneben Lagartario (Terrarium mit Rieseneidechsen). Ethnografisches Museum Casa de las Quinteras in Valverde.

Picknickplätze (Zona recreativa)
Die Picknickplätze sind ein beliebtes Ausflugsziel der Herreños. Die größten sind Hoya del Morcillo und Hoya del Pino.

Reiten
Pferdefreunde können beim Reitclub R.Q.R. in San Andrés Ausflüge in die Meseta de Nisdafe unternehmen.

Tauchen
El Hierro – insbesondere der Süden (Schutzzone) – gilt als eines der besten Tauchreviere Europas. Tauchclubs vor allem in La Restinga.

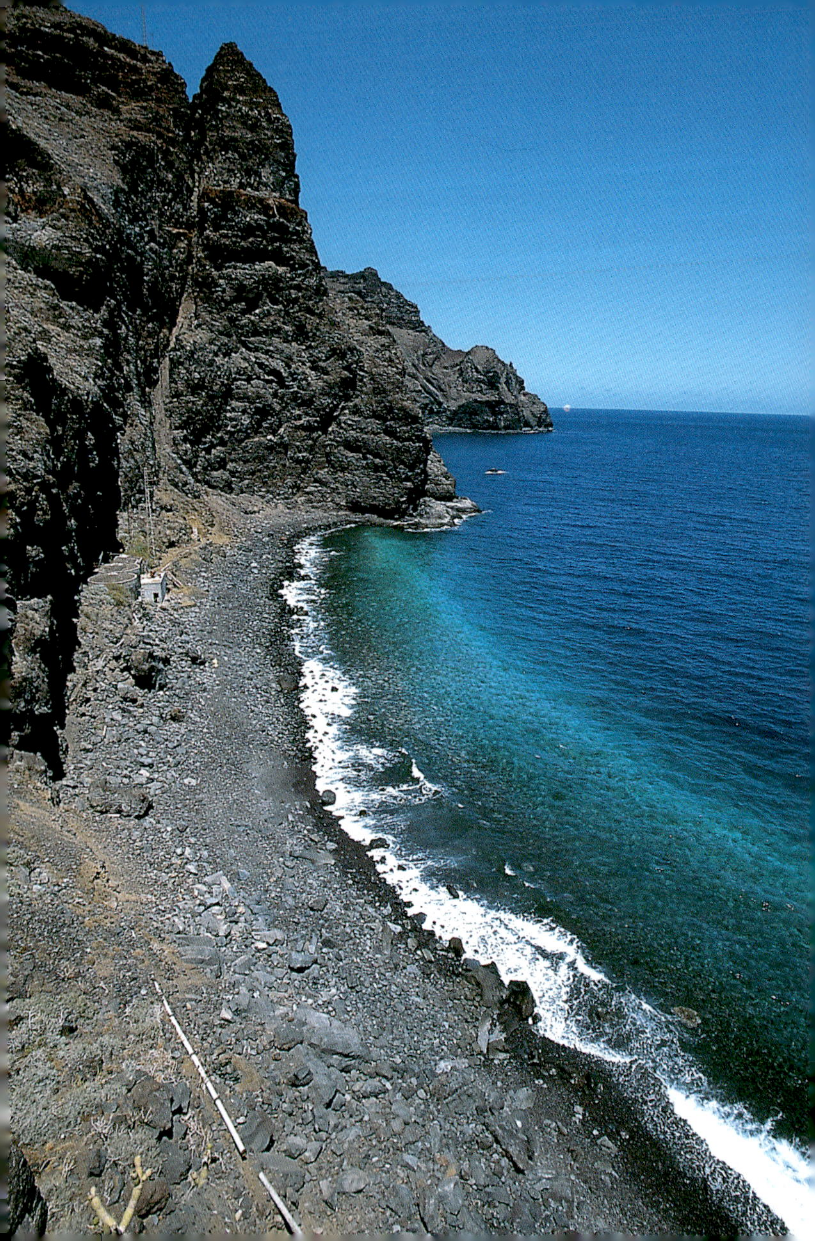

INFORMATIONEN UND ADRESSEN

Anreise

Mit dem Flugzeug: El Hierro besitzt nur einen Regionalflughafen, d.h. der Flughafen kann nicht von internationalen Linien z.B. aus Mitteleuropa angeflogen werden. Es bestehen regelmäßige Flugverbindungen nach Teneriffa-Nord (mehrmals täglich, eine Bus- oder Taxi-Stunde vom internationalen Flughafen in Teneriffa-Süd) und nach Gran Canaria.
Mit dem Schiff: Es besteht eine Fährverbindung nach Teneriffa/Los Cristianos (Fahrzeit 2¼ Stunden, täglich außer Samstag).

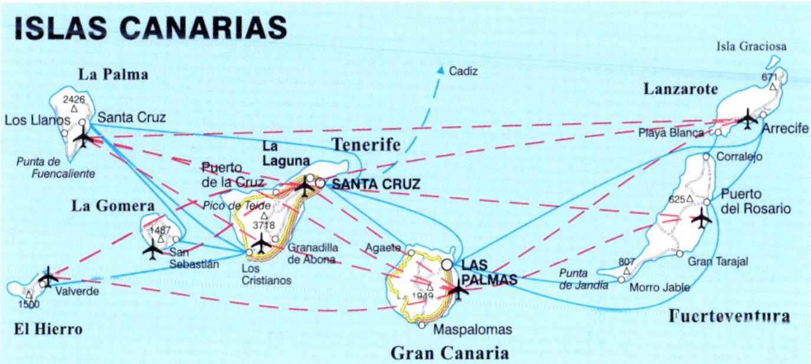

Auskunft

Patronato de Turismo · Cabildo Insular, C/Dr. Quintero Magdaleno 4, E-38900 Valverde, ✆ +34 922 55 03-02/-26, turismo@el-hierro.org, www.elhierro.travel (Mo–Fr 8–15 Uhr).

Diebstahl

Die Kriminalitätsrate ist niedrig. Dennoch sollte man niemals Wertgegenstände im Auto oder anderswo unbeaufsichtigt zurücklassen.

Feste

Das größte und bekannteste Inselfest ist die alle vier Jahre (2025, 2029, ...) Anfang Juli stattfindende Bajada de la Virgen de Los Reyes. Die Prozession führt von der Ermita Virgen de Los Reyes quer über die Insel nach Valverde (Tour 44). Hervorzuheben sind außerdem folgende Festtage und Fiestas: Los Reyes (6. Januar), San Antonio Abad in Taibique (17. Januar), Los Llanillos (2. Februar), Karneval, Semana Santa (Osterwoche), Los Pastores bei der Ermita Virgen de Los Reyes (Schäferfest, 25. April), San Isidro in Valverde

Die Playa de Icota an der Südostküste.

(15. Mai), La Apañada in San Andrés (Viehmarkt, 1. Junisonntag), San Juan in Tamaduste und in La Restinga (24. Juni), La Restinga (16. Juli), San Simón in Sabinosa (28. Oktober), San Andrés (30. November), Virgen de La Concepción in Valverde (8. Dezember).

Klima

El Hierro ist geprägt von einem subtropischen Klima mit geringen Temperaturschwankungen zwischen Sommer und Winter. Wetterbestimmend ist der Passat, der von Nordosten feuchtwarme Luftmassen heranbringt, die an den Bergen aufsteigen und im Tagesverlauf weite Teile der Insel, besonders den Nordosten und die Cumbre, in eine dicke Wolkendecke einhüllen.

KLIMATABELLE

		Jan	Feb	Mrz	Apr	Mai	Jun	Jul	Aug	Sep	Okt	Nov	Dez	Ø
Maximal-Temperatur	**°C**	21	21	21	21	22	24	25	26	26	25	23	22	23
Minimal-Temperatur	**°C**	16	15	15	16	17	18	19	20	21	20	18	17	18
Wassertemperatur	**°C**	18	18	19	19	20	21	22	23	23	22	21	20	21
Sonnenstunden	**h**	4	5	5	6	7	7	6	8	7	6	5	4	6
Regentage		13	5	6	6	4	2	1	1	3	4	7	12	5

Notruf

Guardia Civil in Valverde, C/Dacio Darias, ✆ +34 922 55 01 05, Erste Hilfe (Centro de Salud): Valverde ✆ +34 922 55 04 02 bzw. ✆ +34 922 55 00 79, Frontera ✆ +34 922 55 90 04, El Pinar ✆ 922 55 80 76, Internationaler Notruf ✆ 112.

Telefon

Vorwahl nach Spanien 0034. Vorwahl von den Kanarischen Inseln nach Deutschland 0049, nach Österreich 0043, in die Schweiz 0041.

Unterkunft

Größere, komfortablere Hotels sind – abgesehen vom staatlichen Parador in Las Playas und vom (kleineren) Hotel Pozo de la Salud – Mangelware. Dafür gibt es ein recht großes Angebot an überwiegend einfachen Hotels, Pensionen und Appartements sowie an Bungalows und Fincas. Am schönsten wohnt man zweifellos im Golfo. Auch La Restinga im sonnensicheren Süden und Tamaduste verfügen über Appartementanlagen. Reizvoll für Wanderer ist das Dorf El Pinar. Allerdings ist hier das Unterkunftsangebot nur sehr bescheiden, genau wie in Isora und im Norden. Selbst Valverde hat nur wenige Unterkünfte zu bieten. Wer campen will, findet beim Picknickplatz Hoya del Morcillo einen Zeltplatz. Ansonsten gibt es bisher keinen Campingplatz. Wildcampen ist offiziell nicht erlaubt.

Verkehr

Bus: El Hierro verfügt über ein gut ausgebautes Busnetz, allerdings orientieren sich die Verbindungen eher an den Bedürfnissen der Einheimischen und sind vor allem auf die Inselhauptstadt Valverde ausgerichtet – Querverbindungen fehlen, der Südwesten wird gar nicht angefahren. Häufig ist daher die Anfahrt mit dem Pkw oder Taxi unumgänglich.
Taxi: Nur in den Hauptorten findet sich ein Taxistand. Es gelten Fixpreise, am besten legt man daher vor der Fahrt den Preis zum Zielort fest. Taxiruf Valverde ✆ +34 922 55 07 29, La Frontera ✆ +34 922 55 91 29.
Mietwagen: Leihwagen sind verhältnismäßig günstig und können am Flughafen oder in größeren Orten angemietet werden. Zur Hochsaison empfiehlt es sich, schon von der Heimat aus einen Wagen zu buchen. Die Inselstraßen sind teilweise sehr kurvenreich, Nebenstraßen häufig sehr schmal, teilweise auch ruppig (Schlaglöcher) und steil. Nach Regenfällen besteht z.T. eine beträchtliche Steinschlaggefahr, an der Cumbre herrscht oft dichter Nebel.

FAHRPLÄNE DER BUSLINIEN

Linie	Von	Über	Nach
01		**Rundkurs Valverde**	
		Mo–Fr 8.00–18.00, Sa 8.00–12.40	
02	**El Pinar –**	**San Andrés**	**– Valverde**
	7.10, 9.30, 12.00, 14.40, #17.00, #19.30, *20.00		8.00, 10.30, 13.10, #15.30, #18.00, *18.30, 21.30
03	**Frontera –**	**Mocanal**	**– Valverde**
	7.00, 9.15, 12.00, 14.45, #16.00, #17.00, 18.00, 21.00		7.50, 10.30, 13.10, 15.30, #16.30, 18.00, #20.00, 21.30
04		**Rundkurs Frontera**	
		Mo–Fr 7.30–17.30, Sa 7.30–13.00	
05	**Isora –**	**San Andrés – Guarazoca – Mocanal**	**– Valverde**
	7.00, 9.00, 11.00, #14.00, 16.00, 20.30		8.00, 10.00, 13.10, #15.00, #18.00, *18.30, 21.30
06	**Valverde –**	**Tamaduste** (15 Min. später)	**– La Caleta**
	7.15, 10.10, 13.10, 15.30, 17.20, 20.40		7.40, 10.35, 13.35, 15.55, 17.45, 21.05
07	**Valverde –**	**Puerto Estaca**	**– Parador**
	7.00, 9.30, 11.30, 13.00, #15.30, 17.00		7.30, 10.00, 12.00, 13.30, *16.00, 17.30
08	**La Restinga –**		**– El Pinar**
	6.40, 9.00, 11.30, 14.10, #19.00, *19.30		8.30, 11.00, 13.40, #16.00, #18.30, *19.00, 22.00
09	**Valverde –**	**Echedo**	**– Las Calcosas**
	7.00, 11.00, #16.00, #17.30		7.20, 11.20, #16.20, #17.50
10	**Valverde –**		**– Aeropuerto**
	7.45, 10.00, 14.00, 15.45, 16.45		9.00, 11.30, 15.15, 16.30, 17.45
12	**Pozo de la Salud –**	**Sabinosa**	**– Frontera**
	6.30, 9.00, 11.30, 14.10, #15.45, #19.00, *19.30		8.30, 11.00, 13.40, #15.15, #18.30, *19.00, 22.00

nur Mo–Fr * nur Sa/So ** nur Mo–Sa *** nur Sa

Besorgen Sie sich vor Ort in der Tourist-Info oder am Busbahnhof den aktuellen Busfahrplan!
Für Vielfahrer empfiehlt sich das Bono Cliente 10 Ticket. Internet: www.transhierro.com

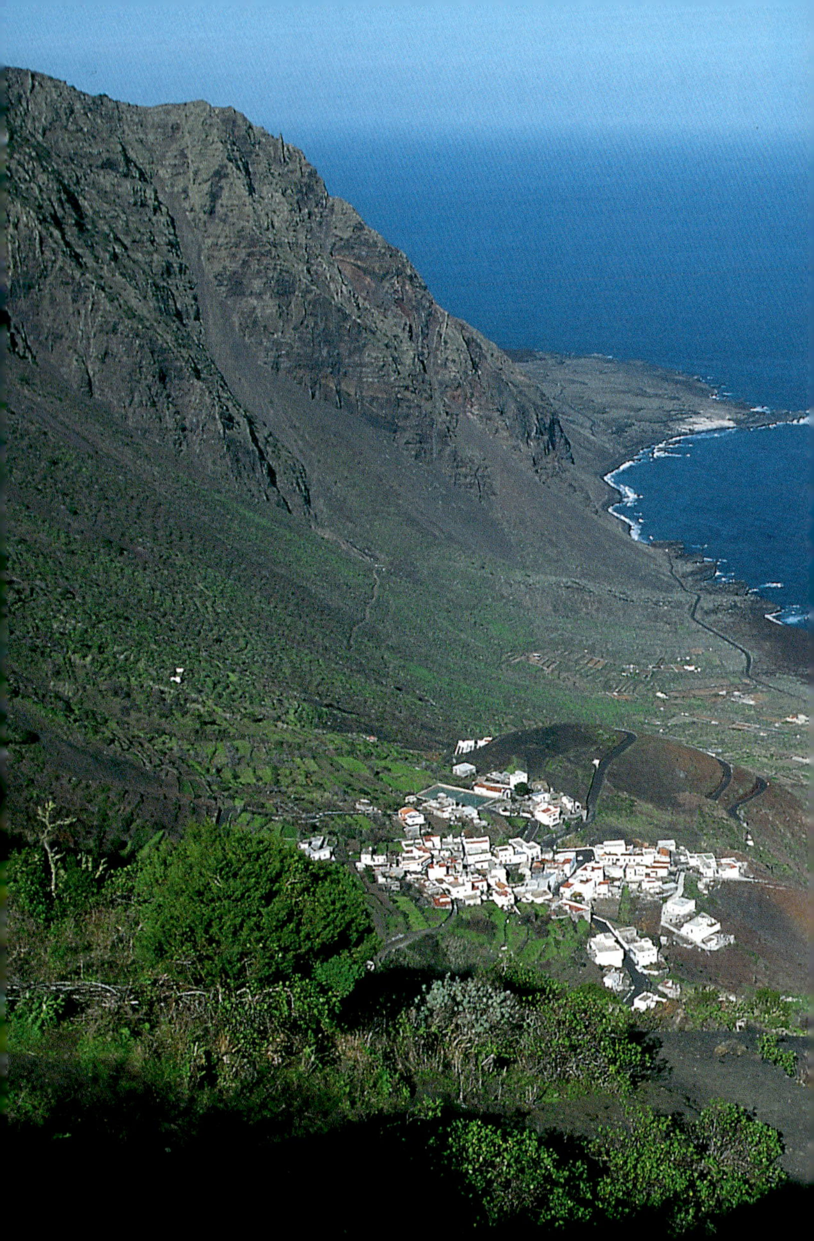

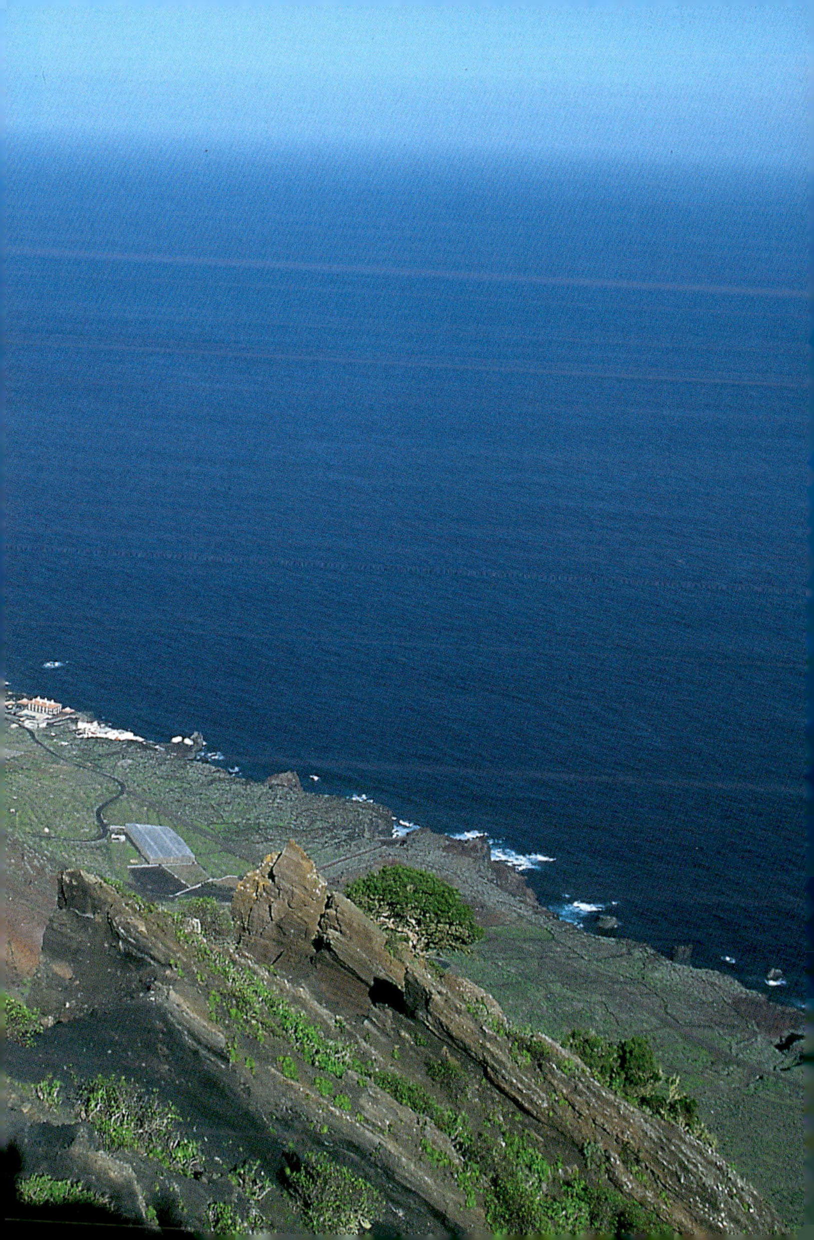

↗ 600 m | ↘ 600 m | 7.5 km

1 Von Valverde nach Tamaduste

2.45 h

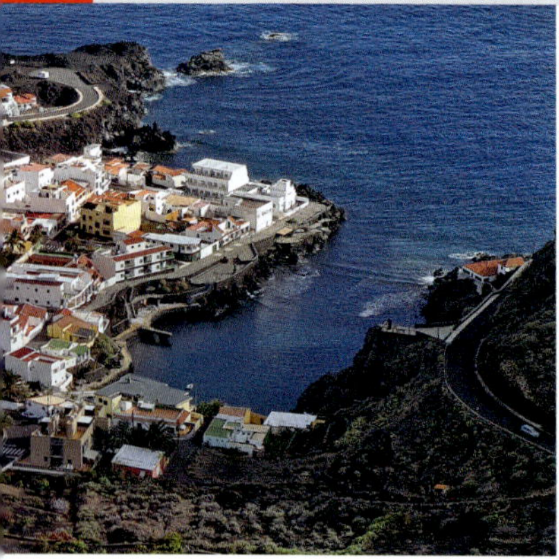

Auf altem Verbindungsweg von der Hauptstadt nach Tamaduste

Wandern und Baden lassen sich bei dieser Wanderung ideal verbinden, denn der Río del Tamaduste zählt zu den besten, sichersten Badeplätzen El Hierros. Vergessen Sie also nicht Ihr Badezeug, selbst wenn das Wetter in Valverde wenig einladend erscheint. Ein Nachteil mag sein, dass nach dem Bad im schön angelegten Meerespool wieder der schweißtreibende Rückweg durch die schwarzsandigen Lavahänge nach Valverde ansteht.

Ausgangspunkt: Plaza Principal mit Pfarrkirche und Rathaus (Ayuntamiento) in Valverde, 595 m (Buslinien 1–3, 5–7, 9).
Anforderungen: Insgesamt leichte, kurze Wanderung. Der Rückweg auf dem teilweise etwas steilen, sandigen Weg ist mühsam, besonders bei Hitze.
Einkehr: In Valverde und in Tamaduste Bars/Restaurants.
Varianten: Von Tamaduste nach La Caleta (45 Min. einfach): Man folgt der wenig befahrenen Hauptstraße und biegt kurz nach dem Ortsausgang halb links auf den Camino Circular ab. Er kreuzt oberhalb des Flughafens die Hauptstraße und vereint sich bei den ersten Häusern von La Caleta mit dem Wanderweg PR EH 5.2. Mit diesem hinab zur Hauptstraße und rechts zum Meeresschwimmbecken. Von La Caleta Rückkehrmöglichkeit mit →Tour 3 nach Valverde.
Von Tamaduste über Echedo nach Valverde: Auf dem Hinweg zurück bis zum Abzweig des Wanderweges PR EH 6.2 am Steilabbruch oberhalb von Tamaduste (s.u.). Der weiß-gelb markierte Weg steigt zunächst entlang der Kan-

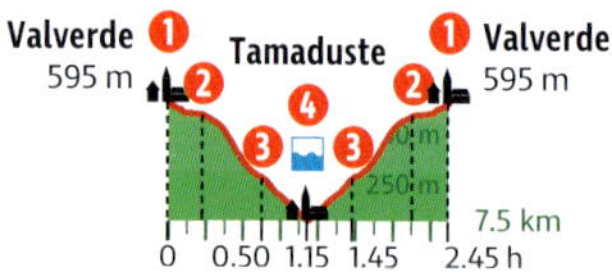

te, dann durch die Lavagrushänge des Vulkans La Cancela an, dessen Hang er schließlich quert (herrlicher Tiefblick auf Tamaduste!). Nach Passieren einer ehemaligen Müllrinne geht es durch ein wildromantisches, flechtenüberwuchertes Lavafeld, dann verläuft der Wanderweg durch Weinberge, um bei der Finca Dorada II in eine Straße einzumünden. Hier mit →Tour 4 entweder links oder geradeaus über Echedo zurück nach Valverde.
Kombinationsmöglichkeit: Tour 2.

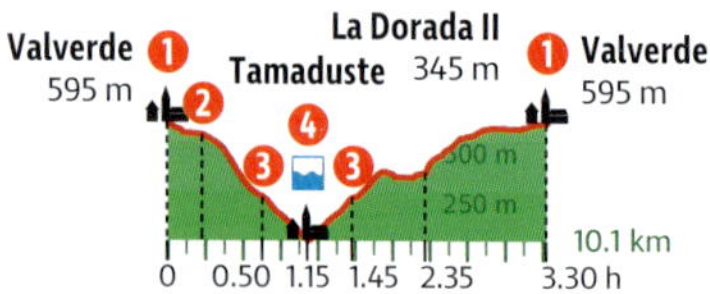

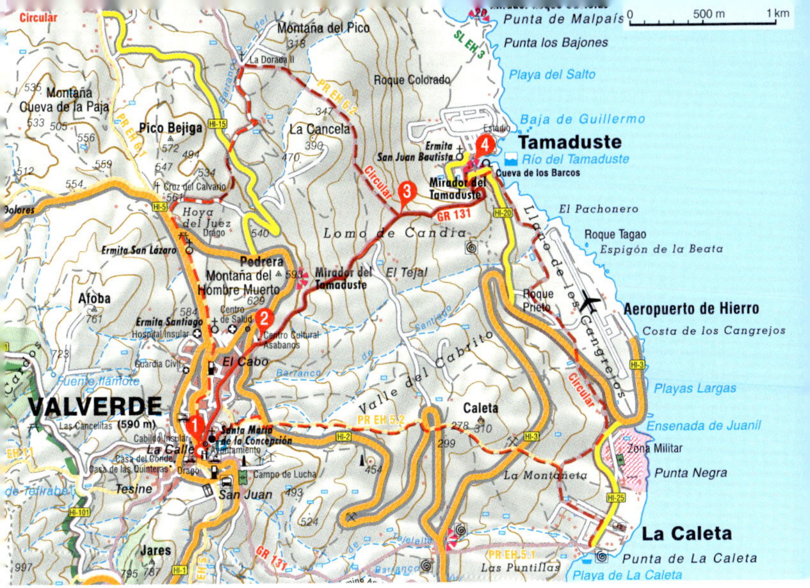

Am linken Rand der Plaza von **Valverde** ❶ führt das Sträßchen Calle Doctor Gost hinab, das wir geradeaus verfolgen (*GR 131, weiß-rot*, nach 5 Minuten halb links auf der Calle La Carrera weiter). Nach insgesamt 10 Minuten mündet unsere Straße direkt unterhalb des Colegio Público de Valverde (Schule) in die Hauptstraße. Auf der anderen Straßenseite geht es weiter auf der Straße bis zum **Centro Cultural Asabanos** ❷.

Vor dem lang gestreckten Gebäude des Kulturzentrums biegen wir mit dem *GR 131* rechts und gleich danach links auf eine abwärtsführende Straße ab, der wir nun immer geradeaus folgen. Sie bietet einen schönen Blick hinab zum Flughafen und nach Tamaduste und geht nach einigen Minuten in einen dunkelsandigen, ausgewaschenen Camino über (teilweise gestuft). Nach einer Viertelstunde (ab Kulturzentrum) geht unser Camino in eine Straße über. Linker Hand sehen wir den Vulkan La Cancela. Tamaduste verschwindet nun aus dem Blickfeld. Nach einigen Minuten Steilabstieg erreichen wir eine kleine Hochfläche, wo in der Rechtskurve der Straße geradeaus (halb links) eine schwarze Sandpiste abzweigt. Sie trifft nach 5 Minuten auf einen Fußweg ❸ (links zweigt PR EH 6.2 nach Echedo ab, siehe Variante), dem wir rechts, am Rand des Steilabbruchs nach Tamaduste entlang, hinabfolgen. Am Ende des Bergrückens schwenkt unser Weg schließlich links ab, links vorbei an einer Felskanzel, und erreicht bald darauf die Hauptstraße bei **Tamaduste** (Buslinie 6). Schräg gegenüber gelangen wir auf dem Camino hinab zum Ort und zum Naturschwimmbecken ❹.

↗ 100 m | ↘ 100 m | 4.6 km

2 Von Tamaduste zur Fortaleza

1.35 h

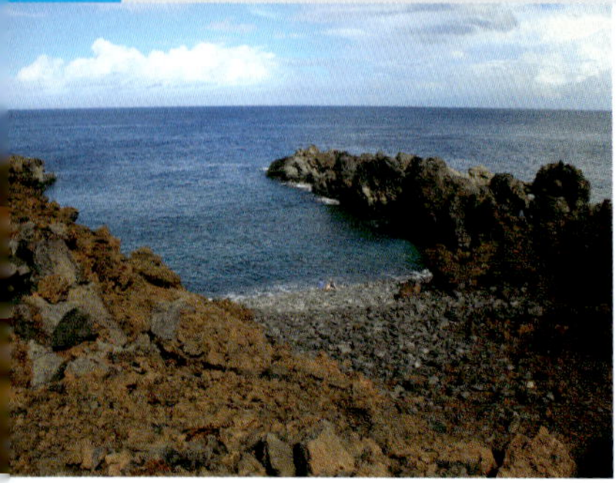

Kurzweiliger Ausflug entlang der Lavaküste von Tamaduste

Wem der Sinn nach einer netten, gemütlichen Küstenwanderung ist, der ist mit dieser Tour entlang der eindrucksvollen Lavaküste bei Tamaduste bestens beraten. Am Ende der Wanderung erwartet uns zudem ein kleiner einsamer Steinstrand, garniert mit fantastischen Felstoren, der bei ruhiger See (aber nur dann!) zu einem Bad einlädt.

Ausgangspunkt: Meerwasserpool in Tamaduste (Buslinie 6).
Anforderungen: Leichte, kurze Wanderung auf Lavawegen.
Einkehr: In Tamaduste Bar-Restaurants.
Kombinationsmöglichkeit: Tour 1.

Am Ende des Naturschwimmbeckens von **Tamaduste** ❶ biegen wir von der Promenade auf die Calle El Cantil ab und gehen dann am Stadion vorbei hinauf zur nächsten Querstraße, der wir nach rechts folgen. An ihrem Ende (kleiner Parkplatz) beginnt der von Steinreihen eingefasste Wanderweg (Tafel »La Fortaleza«, *weiß-grün*). Er verläuft stets entlang der eindrucksvollen Steilküste und passiert sogleich einen kleinen Steinstrand. Anschließend überschreitet er einen Schuttwall und gelangt zu einer Landspitze

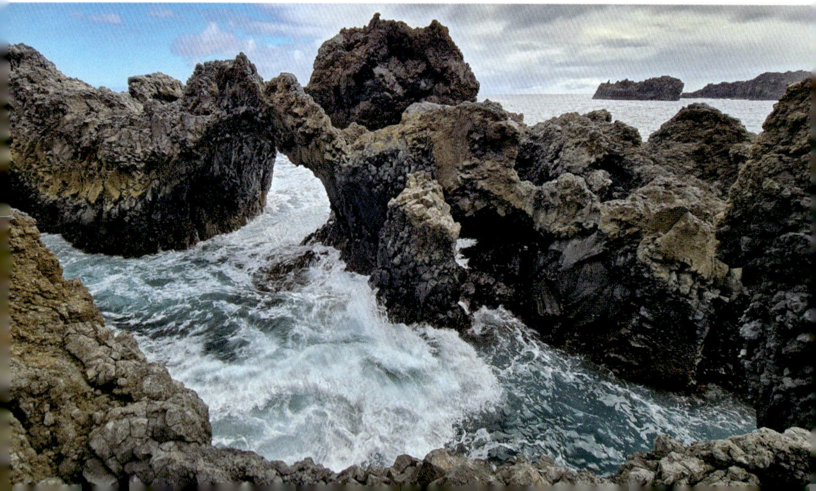

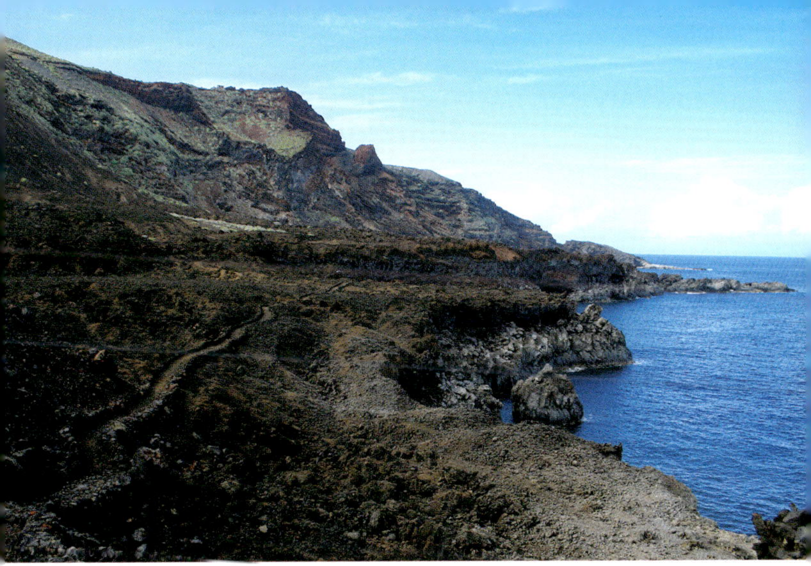

Der Wanderweg verläuft stets entlang der eindrucksvollen Lavuküste.

mit ein paar Kreuzen. Wenige Minuten später kommen wir an einem kleinen **Mirador** ❷ vorbei, der direkt gegenüber einer von Möwen besiedelten Felsinsel angelegt wurde (Roque de las Gaviotas). Gleich danach kann man an der Steilklippe schöne Basaltsäulen bewundern (La Fortaleza). Durch wild aufgebäumte, dann zahmere Lavafelder geht es weiter auf einen farbenprächtigen Felssporn zu. Der Weg verläuft jetzt etwas abseits der Küste und kehrt erst kurz vor der herrlichen Felsbucht der **Los Puentes** ❸ wieder dorthin zurück. Am Steinstrand, der bei ruhiger See gut zum Baden und Schnorcheln geeignet ist, finden sich hübsche Rastplätze, in der Umgebung kann man zahlreiche Felstore entdecken.

Entlang der Küste setzt sich ein Pfad fort, aber der sei den Abenteurern überlassen ... Außerdem kann man am Rückweg auf Pfade abseits der Küste ausweichen, die allerdings nicht so schön sind wie der Küstenweg.

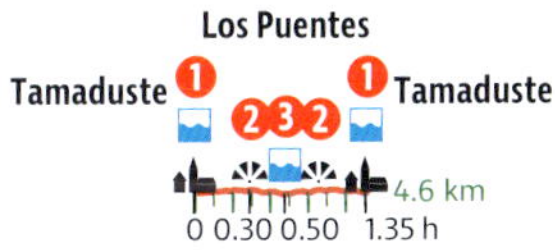

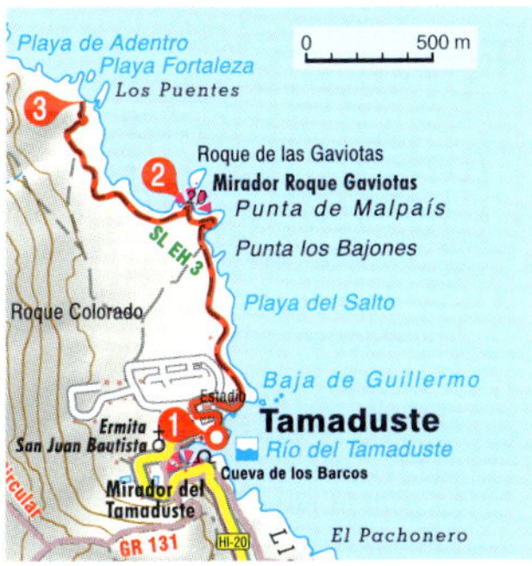

↗ 600 m | ↘ 600 m | 9.1 km

3 Von Valverde nach La Caleta

3.20 h

Rundtour zu drei Petroglyphen-Fundstätten – mit Badeeinlage

Schöne alte Caminos, ein hübscher Pool und ein steter Blick auf die Nachbarinseln La Gomera und Teneriffa – was will man mehr? Wenn dann noch Abstecher zu versteckten Felsgravierungen der Ureinwohner winken, dann ist der Tourentag perfekt.

Ausgangspunkt: Südlicher Ortsausgang von Valverde beim Fußballplatz, 605 m (Buslinien 1–3, 5–7, 9).
Anforderungen: Leichte Wanderung auf meist guten Caminos. Nichts für heiße Tage!
Einkehr: Bars/Restaurants in La Caleta und in Valverde.

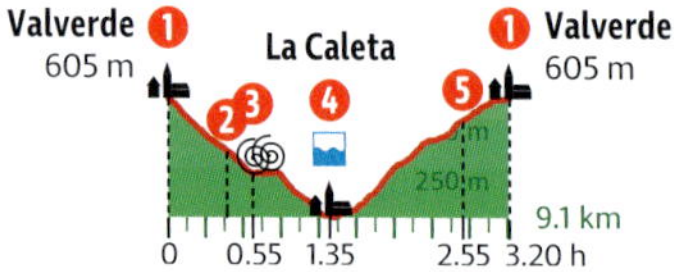

Variante: Abstecher mit *PR EH 5* nach La Estaca.

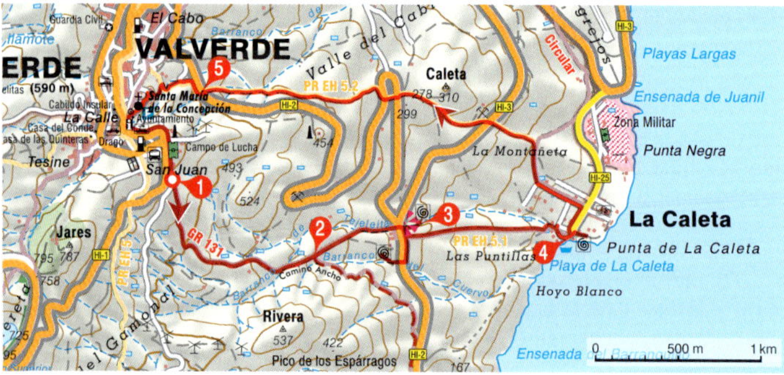

Am südlichen Ortsausgang von **Valverde** ❶ wenden wir uns gleich nach dem Fußballplatz der links hinabführenden Straße zu, von der nach 50 m links ein *weiß-rot-gelb* markierter Camino abzweigt (*PR EH 5*). Der breite, von Steinmäuerchen eingefasste Pflasterweg senkt sich gemütlich in Richtung La Caleta bergab, mit Blick auf die Windräder des Pumpspeicherkraftwerks. Nach 25 Minuten quert unser Camino den Barranco de Tejeleita (links eine »Fuente«), knapp 5 Minuten danach gabelt er sich. Wir entscheiden uns für den geraden, schmaleren Weg nach La Caleta ❷ (*PR EH 5.1, weiß-gelb*; der weiß-rot-gelb markierte Hauptweg [Camino Ancho] führt rechts in Richtung Puerto de La Estaca und mündet nach 20 Min. in die Hauptstraße). Er senkt sich in direkter Linie nach La Caleta hinab. Nach einer Viertelstunde mündet er unmittelbar neben dem Barranco de Tejeleita

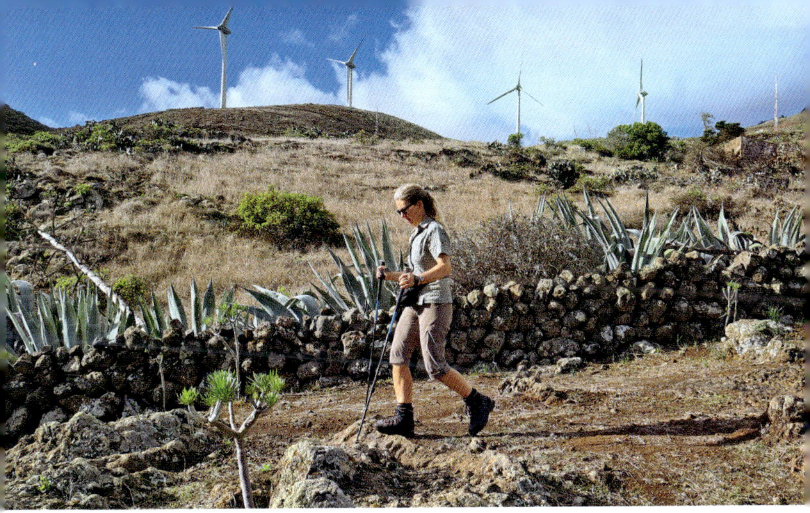

Von Valverde führen schöne alte Caminos hinab nach La Caleta.

und 20 m abseits der Kreuzung Valverde–Flughafen–Estaca in die Hauptstraße nach Puerto de La Estaca.
Etwa 50 m unterhalb, am linken Barrancorand, sehen wir ein kleines Felstor und gleich links darüber eine größere, ockerfarbene Basaltwand mit Petroglyphen. Wir gelangen dorthin am besten, wenn wir (wenige Meter abseits der Straßenleitplanke) auf dem Pfad am rechten Barrancorand bis unmittelbar auf Höhe des Felstores hinabgehen und von dort in den **Barranco de Tejeleita** hinabklettern ❸ (10 Min. hin/zurück; auf dem Rücken, ein kleines Stück weiter hinab, übrigens ein weiteres, wesentlich größeres Felstor/Höhle). Nun jenseits, vorbei am Felstor (Durchblick nach La Caleta!), hinauf zur Basaltwand, an deren oberem Ende, in der etwas dunkleren Wandpartie, die alphabet-ähnlichen Schriftzeichen zu entdecken sind.

Petroglyphen-Wand im Barranco de Tejeleita.

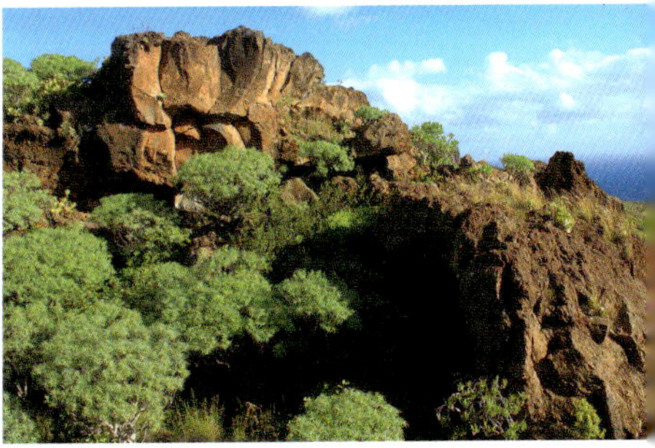

Nach diesem Abstecher gehen wir auf der Hauptstraße gut 100 m hinab in Richtung Puerto de La Estaca, bis zum nächsten Barrancoeinschnitt. Hier rechts auf der alten Straße (nach wenigen Metern) kurz taleinwärts, bis rechts eine Trittspur zu einer etwa 50 m entfernten Ba-

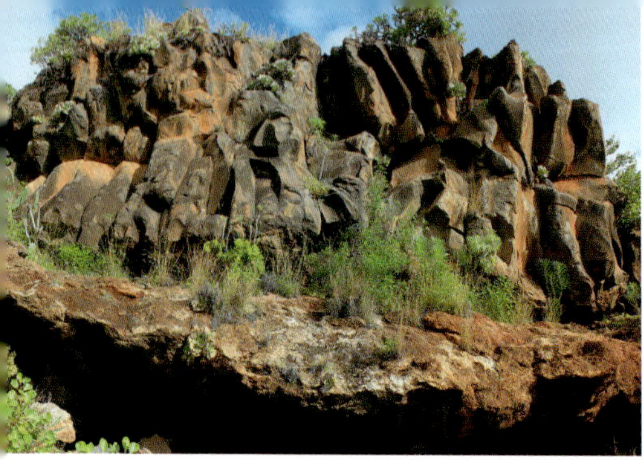

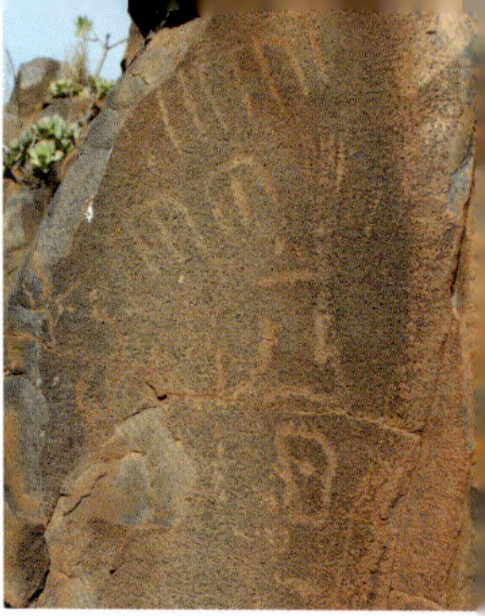

Petroglyphen-Basaltwand im Barranco del Cuervo.

saltwand am rechten Rand des **Barranco del Cuervo** hinaufführt (15 Min. hin/zurück). Die Felswand ist überzogen von zahlreichen, sehr deutlichen Petroglyphen.

Nun wieder auf der Hauptstraße zurück bis knapp 50 m vor der Kreuzung. Hier zweigt rechts beim Leitungsmast ein schmaler, von Steinmauern eingefasster Camino ab. Nach 10 Minuten knickt der Weg rechts ab. Er verläuft kurz am Rand eines schwach ausgeprägten Taleinschnittes, entfernt sich aber wieder von diesem. Bei den ersten Häusern treffen wir auf eine Straße, die rechts hinab zum Meeresschwimmbad von **La Caleta** führt 4 (Buslinie 6). Bei ruhiger See kann man auch im Meer baden.

Versäumen Sie es nicht, den Petroglyphen von La Caleta einen Besuch abzustatten: Beim Haus am Straßenende neben dem Meeresschwimmbad gehen wir links den Küstenweg hinein und folgen kurz nach dem Haus rechts dem Treppenweg – die senkrecht angeordneten Felsinschriften finden sich rechts an den Küstenfelsen. Anschließend gehen wir die Hauptstraße hinauf und biegen nach 3 Minuten beim Restaurant Yesimar auf die links an-

Auf dem Abstieg nach La Caleta. – Foto rechts: Im Aufstieg nach Valverde.

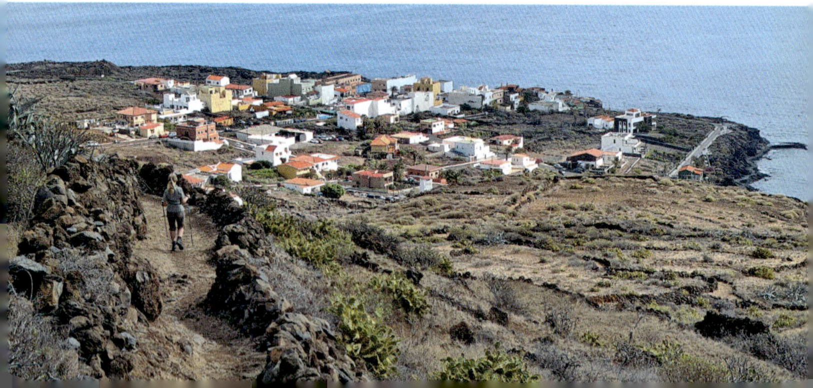

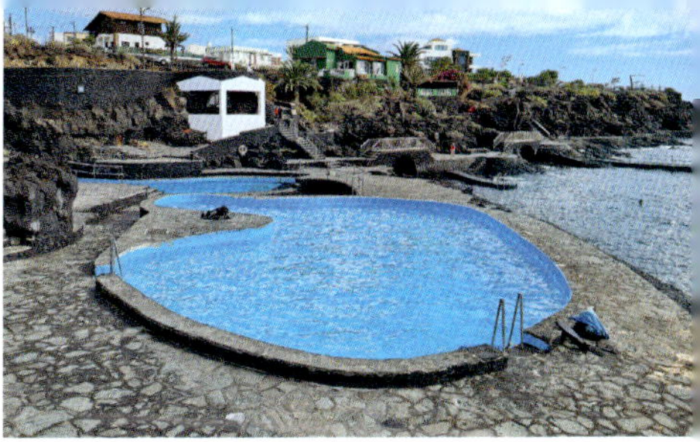

steigende Straße ab (Telefon; *PR EH 5.2, weiß-gelb*). Nach 5 Minuten setzt sich geradeaus, nach einem letzten Haus, ein breiter, von Steinmauern eingefasster Camino fort. Er führt nach einigen Minuten an einen schwach ausgeprägten Taleinschnitt heran und steigt an diesem weiter an zur Hauptstraße nach Valverde (zuletzt steingepflastert). Auf der anderen Straßenseite setzt sich der Camino fort (rechts ein Steinbruch). In einem Sattel (rechts parallel ein Fahrweg) beim schwach ausgeprägten Caleta-Gipfel kommt erstmals Valverde in Sicht. Kurz nach dem Sattel kreuzt unser Wanderweg noch zweimal die Hauptstraße. Der steingepflasterte Camino lässt die Hauptstraße nun weit links liegen und führt alsbald direkt auf die Antennen und Windräder von Valverdes Ortsteil San Juan zu. Rückblickend sehen wir den Flughafen. Nach einer knappen Stunde (ab La Caleta) kreuzt unser Weg eine große Wasserleitung – hier nicht links hinauf, sondern geradeaus über die Rohrleitung hinweg! Der Weg hält in direkter Linie auf die Inselhauptstadt zu, kreuzt nach etwa 20 Minuten neben einer Kläranlage eine hier endende Straße und trifft bald darauf wieder auf die Hauptstraße 5. Dieser folgen wir etwa 100 m nach rechts und verlassen sie kurz vor dem Ortsschild von Valverde links auf einer alten, aufgelassenen Straße. Gleich in der ersten Rechtskurve, noch vor der Brücke, biegt *PR EH 5.2* links auf einen Fahrweg ab. Er führt in einem wildromantischen, tief eingeschnittenen Barranco mit zahlreichen Höhlen bergan, wechselt schon bald (nun Camino) auf die rechte Talseite und mündet bald darauf in **Valverde** in eine Straße. An den folgenden Gabelungen halten wir uns immer links aufwärts und gelangen so vorbei an der Pfarrkirche und an der Plaza Principal zur Hauptstraße. Auf dieser links zurück zum Ausgangspunkt 1.

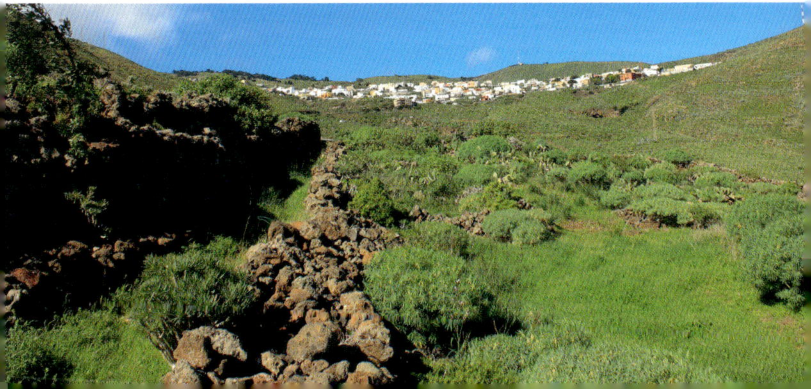

↗ 600 m | ↘ 600 m | 9.9 km

4 Von Valverde nach Echedo und zum Charco Manso

3.30 h

Auf abwechslungsreichen Wegen zur Nordspitze El Hierros

Bei hohem Wellengang bietet sich an den Klippen, Felstoren und -löchern beiderseits des Charco Manso ein grandioses Naturschauspiel – besonders eindrucksvoll sind die »Geysire« westlich des schönen Naturschwimmbeckens! Großartig ist auch der Blick hinüber zu den Nachbarinseln.

Ausgangspunkt: Cruz del Calvario, 563 m (Buslinien 3, 5), bei Km 1,8 der Hauptstraße HI-5 Valverde – Mocanal (1 km ab Valverde, 200 m nach der Vereinigung der Hauptstraßen HI-1 und HI-5).

Anforderungen: Überwiegend leichte Wanderung; kurze steilere Abschnitte, besonders beim Weg von Echedo zum Charco Manso.

Einkehr: Bar-Restaurants in Echedo und in Valverde.

Bei einem in einen Mühlstein eingelassenen Holzkreuz (**Cruz del Calvario** ❶; Parkbucht bei Km 1,8 der HI-5) zweigt rechts der Wanderweg *PR EH 6.1* (*weiß-gelb*) ab. Er wendet sich dem linken (asphaltierten) der drei Fahrwege zu und führt steil in einem Tälchen bergab. Nach gut 10 Minuten passieren wir eine Finca, dann liegt Echedo bereits unter uns. Zwischen Weinterrassen windet sich der nunmehr steingepflasterte Camino weiter hinab bis zur nahen Straße (hier rechts eine alte Weinpresse), die uns geradewegs zur Hauptstraße in **Echedo** ❷ (Buslinie 9) hinabbringt. Nun auf der Hauptstraße geradeaus durch den Ort, vorbei an der Plaza de Miguel Barrera mit der winzigen Ermita San Lorenzo (vor der Plaza zweigt links *PR EH 6.2* nach El Mocanal ab) und gleich darauf vorbei am Restaurant La Higuera de Abuela (50 m nach dem Restaurant zweigt rechts eine Straße nach Gualisan-

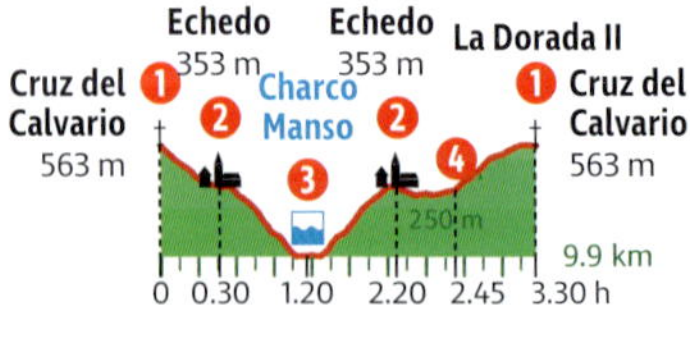

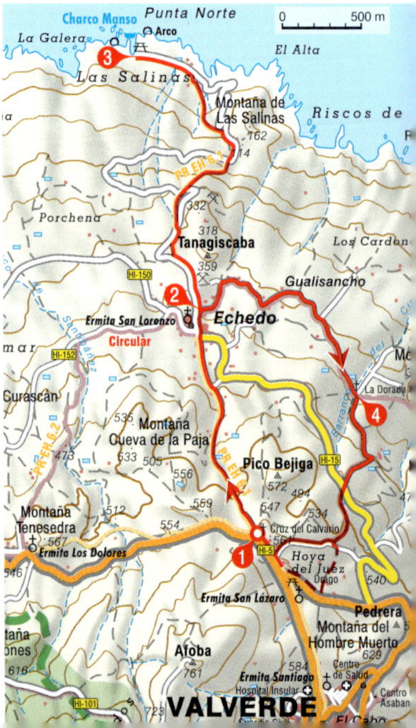

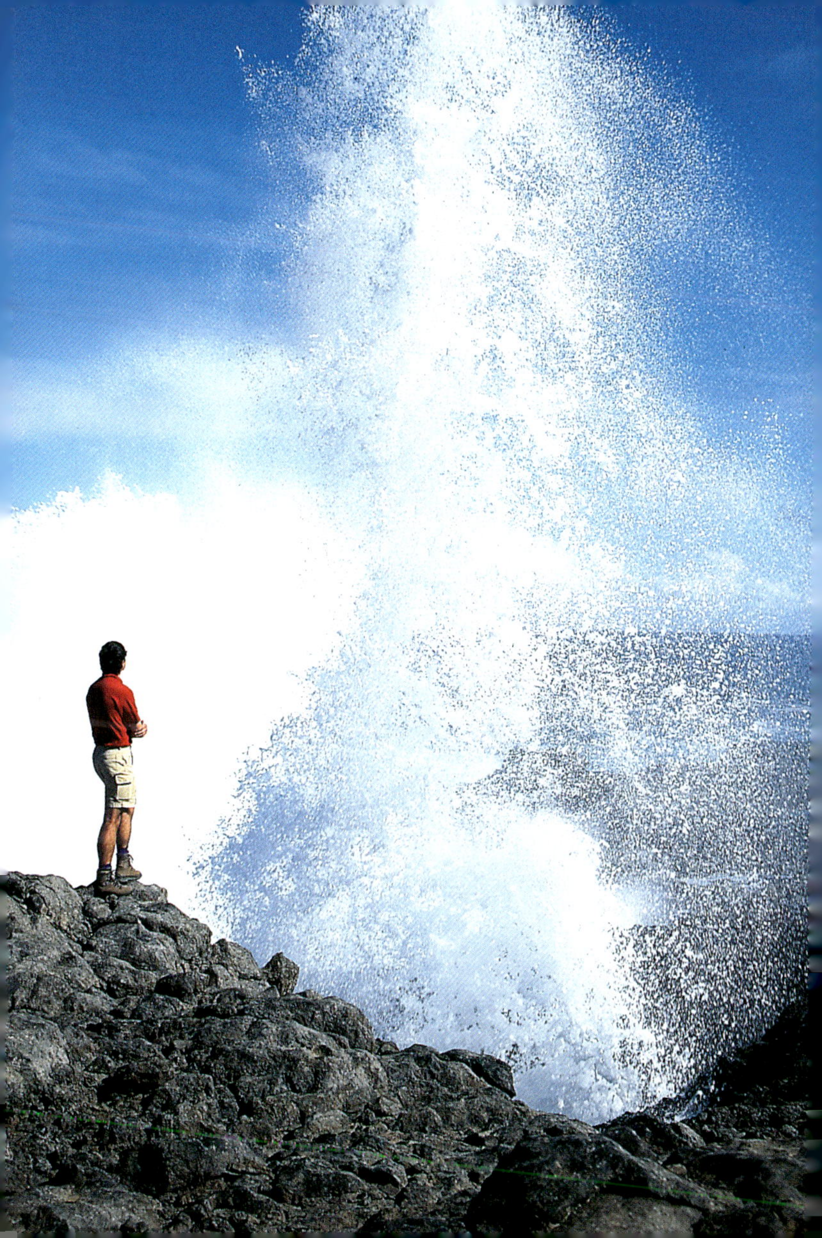

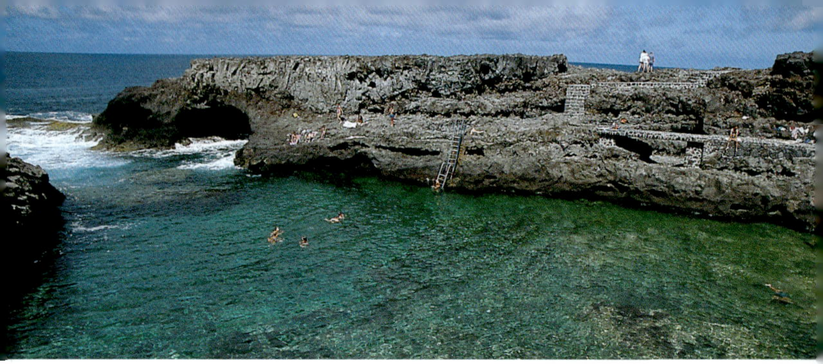

Bei ruhiger See lädt der Charco Manso zu einer ausgiebigen Badepause ein.

cho ab, unser späterer Rückweg). Schon bald haben wir die letzten Häuser des Ortes hinter uns gelassen. Nach einigen Minuten kreuzt in einer Linkskurve ein deutlicher, von Steinmauern eingefasster Camino die Straße. Wir folgen diesem rechts hinab, treffen sogleich wieder auf die Straße (auf dieser nach rechts), die wir nach 100 m wieder auf dem links abzweigenden Camino verlassen. Er verläuft knapp unterhalb der Straße durch den Hang. Nach wenigen Minuten – nun bereits mit Blick zur Küste mit dem Charco Manso – kreuzen wir abermals die Straße. Ein schmaler, gerölliger Weg setzt sich fort. Er führt rechts haltend durch den Steilhang hinab und senkt sich in engen Kehren hinunter zur Hochfläche am Fuß der Montaña de las Salinas. Hier treffen wir wieder auf die Straße, die wir wenige Meter nach der ersten Rechtskehre mit dem markierten Wanderweg verlassen. Er mündet kurz vor dem ersten Haus von Las Salinas wieder in die Straße ein, die uns vollends zum **Charco Manso** ❸ bringt.

Auf demselben Weg kehren wir zurück nach **Echedo** ❷ und biegen dort mit *PR EH 6.2* (*weiß-gelb*) scharf links ab auf die Straße nach Gualisancho. Sie führt stetig sanft bergab und passiert einige alte Häuschen mit Aljibe (Zisterne), manche davon auch hübsch restauriert und »modernisiert«. Erst kurz nach dem Ortsschild von **Gualisancho** (gut 5 Min., schräg gegenüber ein alter Backofen) führt die Straße, der wir immer geradeaus folgen, wieder etwas bergan. Im weiteren Verlauf taucht dann vor uns der Vulkan La Cancela auf. 20 Minuten nach dem Ortsschild gabelt sich die Straße vor einer Finca ❹ (Tafel »La Dorada II«). Hier verlassen wir den Wanderweg *PR EH 6.2* (→Tour 1) und biegen rechts auf die steil ansteigende Straße ab. Sie verflacht sich schon nach wenigen Minuten – aber nur für kurze Zeit, dann zieht sie nochmals steiler hinauf zur Hauptstraße, die wir gegenüber einem Wasserhaus erreichen. Rechts am Wasserhaus vorbei setzt sich ein Fahrweg fort, der nach einigen Minuten wieder in eine Straße mündet. Dieser folgen wir rechts hinauf zur Mocanal-Hauptstraße – auf dieser rechts in wenigen Minuten zurück zum **Cruz del Calvario** ❶ (oder links nach Valverde).

↗ 500 m | ↘ 500 m | 8.3 km

2.50 h

Von Mocanal nach Pozo de Las Calcosas

5

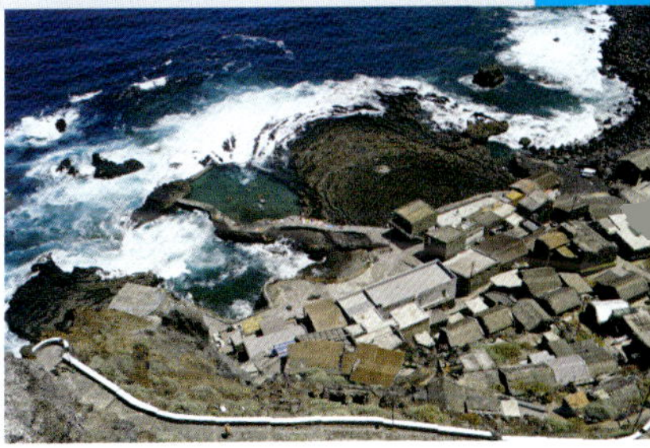

Gemütliche Rundtour zur spektakulären Felsbucht von Las Calcosas

Von Mocanal führen wunderschöne alte Caminos hinab nach Pozo de Las Calcosas. Das alte Sommerdorf liegt dramatisch inmitten eines zum Meer hin geöffneten Felsenkessels und ist nur über einen steilen Fußweg erreichbar.

Ausgangspunkt: Plaza von Mocanal, 495 m, neben dem Verkehrskreisel am westlichen Ortsausgang von Mocanal (gegenüber Ermita San Pedro; Buslinien 3, 5).

Anforderungen: Leichte, bei Hitze anstrengende Wanderung, der Abstiegsweg kann etwas verwachsen sein.

Einkehr: Bar-Restaurants in Pozo de Las Calcosas und in Mocanal.

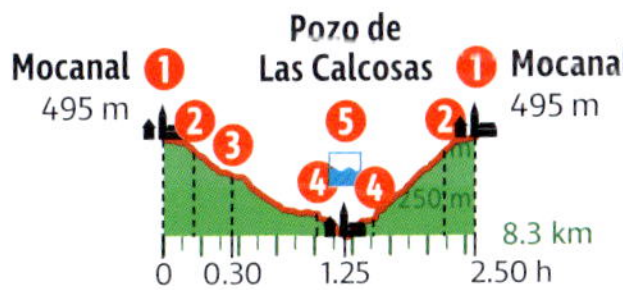

Von der Plaza neben der Ermita San Pedro 1 gehen wir zunächst auf der Hauptstraße in östliche Richtung und biegen nach etwa 2 Minuten halb links auf die Dorfstraße von **Mocanal** ab (Tafel »Pozo de las Calcosas«). Dieser folgen wir knapp 5 Minuten durch den schmucken Ort und biegen mit *PR EH 7* (*weiß-gelb*) links ab auf ein steiles Sträßchen (Calle los Almendreros). Gleich nach den letzten Häusern geht das Sträßchen in einen schönen, steingepflasterten, von Steinmauern eingefassten Camino über. Wir befinden uns jetzt auf dem alten Verbindungsweg von Mocanal nach Calcosas. Bereits nach 100 m verlassen wir diesen Weg 2 (unsere spätere Aufstiegsroute) auf einem links abzweigenden, ebenen Camino. (Wer auf kürzestem Weg nach Pozo de Las Calcosas absteigen will, folgt dem geraden weiß-gelb markierten Wanderweg.) Der nicht minder schöne, ebenfalls steingepflasterte Weg führt überwiegend gemütlich zwischen Terrassenfeldern hinab. Nach 10 Minuten kommen wir rechts an einem Trafohäuschen vorbei, etwa 50 m danach gabelt sich der Weg. Wir bleiben links auf dem

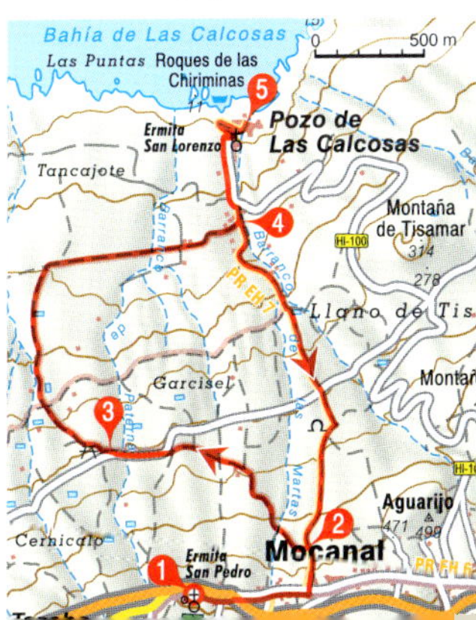

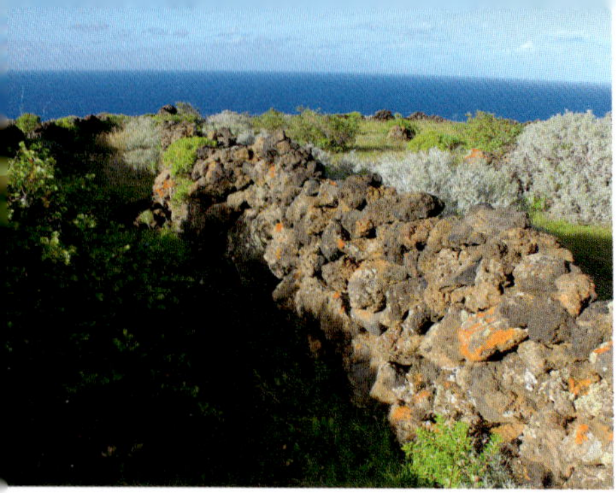

Der Abstiegscamino ist leider häufig stärker verwachsen.

hangquerenden Weg und ignorieren auch wenige Minuten später einen rechts zu einem kleinen Vulkanschlot abzweigenden Camino. In leichtem Auf und Ab geht es noch ein paar Minuten durch den Hang dahin, dann führt der Camino hinab zu einer Straße ❸. Wir folgen dieser etwa 250 m nach links, bis sich rechts (3 m asphaltiert) wieder der deutliche Camino fortsetzt. Er kommt sogleich unterhalb eines Lavafelsens mit einer Höhle (einfacher Picknickplatz) vorbei und senkt sich anschließend deutlicher in Richtung Küste hinab. Gut 5 Minuten ab der Straße erreichen wir eine große Wegkreuzung, an der wir geradeaus weiter hinabwandern. Der Camino verläuft nun am rechten Rand eines kleinen Barrancos, entfernt sich aber bald wieder von diesem, passiert einen alten Backofen und mündet etwa 15 Minuten nach der Wegkreuzung in einen quer verlaufenden Weg (30 m links eine schattige Höhle). Diesem folgen wir nach rechts. Er führt immer geradeaus, etwa höhehaltend, direkt auf Las Calcosas zu und trifft nach 10 Minuten unmittelbar nach einer Plantage auf einen Fahrweg, der uns in knapp 5 Minuten (an Gabelung links) zur Straße in Tancajote hinüberbringt (in der Kurve 40 m vor Erreichen der Straße zweigt rechts unser späterer Rückweg ab ❹). Nun auf der Straße hinab bis an deren Ende in **Las Calcosas**, 80 m (Wendeschleife, Bar-Restaurants; Buslinie 9). Von dort führt ein breiter, steiler Fußweg hinunter in die halbmondförmige Felsbucht mit

Die Hochfläche von Tancajote und Las Calcosas.

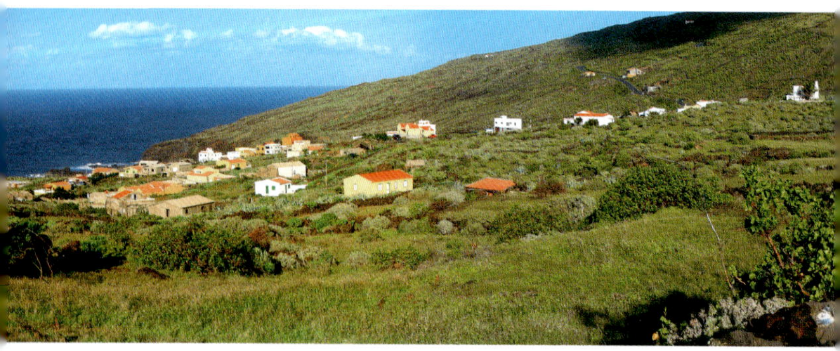

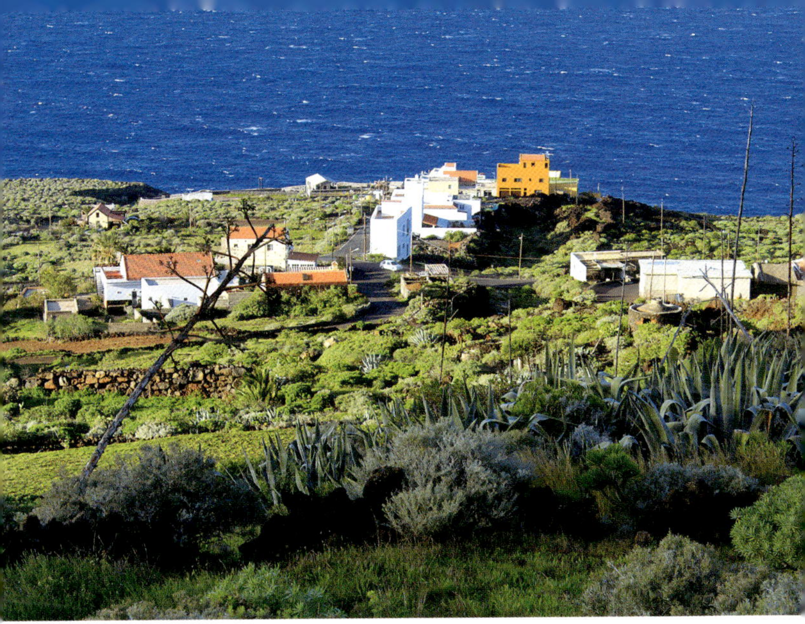

Blick vom Rückweg nach Las Calcosas.

der Sommersiedlung **Pozo de Las Calcosas** ❺ – bei ruhiger See kann man ein Bad im Lavapool nehmen, bei rauer See kann man im Pool daneben planschen.
Zurück an der Wendeschleife (10 Min.), gehen wir wieder die Straße hinauf und biegen gleich nach der ersten Linkskurve, direkt vor dem Barranco de las Martas, rechts auf den Fahrweg ab. Dieser knickt nach 40 m rechts ab, geradeaus entlang der Barrancorinne setzt sich ein schöner Camino fort ❹ (Tafel, *PR EH 7*, *weiß-gelb*). Er wendet sich schon nach wenigen Minuten rechts vom Barranco ab (an großer Rohrleitung entlang) und gabelt sich kurz darauf. Unser alter, steingepflasterter Verbindungsweg führt hier scharf links weiter bergan und verläuft bald wieder parallel zum Barranco. Nach 10 Minuten verbleiben wir halb rechts auf dem Hauptweg. Der Camino führt beständig steil zwischen aufgegebenen, verwilderten Terrassenfeldern bergan. Nach gut 10 Minuten kreuzt er eine Straße, wenige Minuten später mündet von links ein Camino ein (hier rechts weiter bergan). Vor uns tauchen nun bereits die Häuser von Mocanal auf, rechts des Weges sehen wir eine große Höhle. 50 m danach gehen wir an der Gabelung rechts weiter. Nach einem kurzen Flachstück steilt sich der Weg nochmals deutlicher auf, um schließlich in die Dorfstraße von **Mocanal** einzumünden. Auf dieser rechts zurück zur Plaza ❶.

TOP

↗ 500 m | ↘ 500 m | 17.5 km

6 Von Valverde zum Mirador de La Peña

5.00 h

Großzügige Durchquerung des Inselnordens

Der Wanderweg, der Valverde mit den kleinen, malerischen Dörfern oberhalb der Nordküste verbindet, bezaubert durch großartige Panoramablicke.

Ausgangspunkt: Bar Los Reyes an der Hauptstraße im Zentrum von Valverde, 595 m (Buslinien 1–3, 5–7, 9).
Anforderungen: Etwas anstrengende Höhenwanderung mit zahlreichen Auf- und Abstiegen, häufig auf Caminos, teilweise auch auf wenig befahrenen Nebenstraßen.
Einkehr: Restaurant am Mirador de La Peña, zahlreiche Bar-Restaurants in Valverde.
Variante: Rückkehr über Betenama: In Tesabo geradeaus auf dem betonierten Camino weiter. Er geht nach wenigen Minuten in eine breitere Straße über. Hier links abbiegen auf den von Steinmauern eingefassten Camino, der in gut 10 Min. nach Betenama hinüberführt. Dort mündet der Weg neben einer Plaza mit Kreuz wieder in eine Straße ein. Auf dieser etwa 150 m rechts bergan und 30 m vor der Rechtskurve der Straße links auf Weg entlang einer Rohrleitung hinauf zu einem quer führenden Camino, den man bereits vom Hinweg her kennt. Auf diesem links zurück nach Valverde.
Kombinationsmöglichkeit: Touren 5, 7, 9 und 30.

Wir gehen von der Bar Los Reyes im Ortszentrum von **Valverde** ❶ 40 m die Straße zurück und biegen schräg gegenüber der Touristinfo auf die Calle Fernández Salazar ab. Der Weg kreuzt eine Straße und anschließend die obere Hauptstraße (hier schräg gegenüber scharf links die Calle García del Castillo weiter). Bald darauf lassen wir die letzten Häuser von Valverde hinter uns. Nach 20 Minuten mündet unsere Straße in eine quer führende

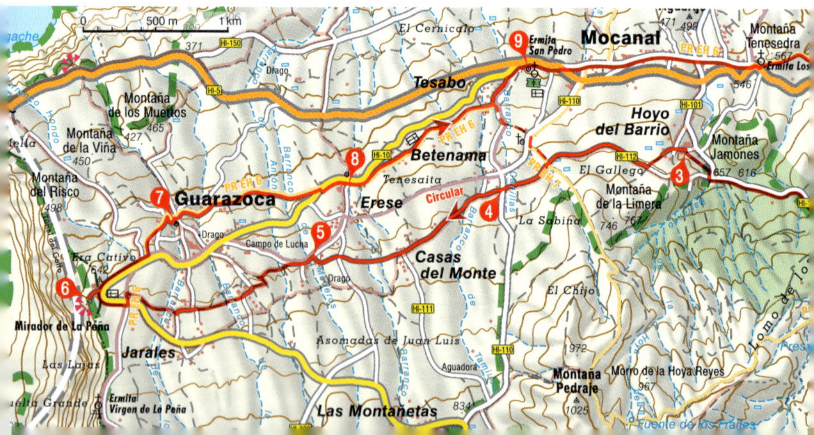

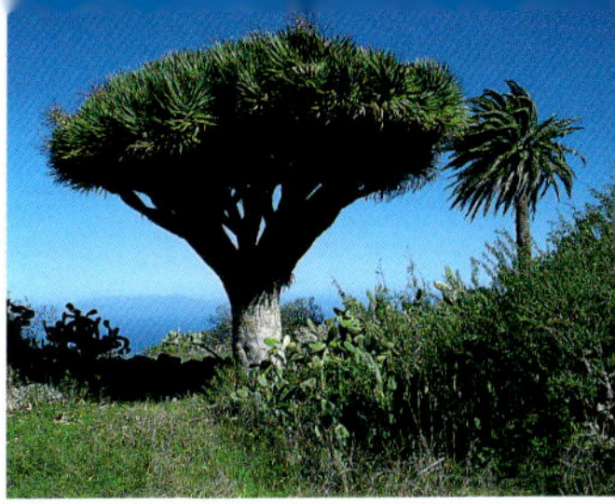

Straße, der wir nach rechts folgen (100 m links das Staubecken der Presa de Tefirabe). Nach 5 Minuten gemütlichem Auf und Ab passieren wir die **Finca Las Cancelitas** ❷ (Themenpark zu Flora, Fauna, Landwirtschaft und Traditionen, mit großem Rundweg; zur Linken ein kleiner Picknickplatz), 5 Minuten später könnte man rechts auf dem Sträßchen einen Abstecher auf den Afoba, 761 m, unternehmen. Kurz darauf abermals eine Gabelung – hier geradeaus weiter hinab. Vor uns sehen wir nun bereits Mocanal und das nächste Etappenziel der Wanderung, Hoyo del Barrio. Kurz vor dem Dorf zweigt in der Rechtskurve im Talgrund links eine Straße ab. Wir verbleiben noch etwa 20 m auf der Straße und biegen dann links, vorbei an einer Garage, auf einen von Steinmauern eingefassten Camino ab. Er führt eben hinüber zur Dorfstraße von **Hoyo del Barrio** ❸, der wir links aufwärts folgen. An der folgenden Kreuzung gehen wir geradeaus weiter bergan auf der Straße. Sie geht nach den letzten Häusern in einen mitunter verwachsenen, mauergesäumten Camino über, der nach wenigen Minuten steilen Anstiegs in eine quer verlaufende Straße einmündet. Sie führt rechts in gemütlicher Höhenwanderung durch den Hang und legt uns Mocanal und fast die gesamte Nordküste zu Füßen. Besonders schön ist der Blick von einer kleinen Anhöhe, die wir nach etwa 10 Minuten erreichen (gleich danach kreuzt *PR EH 7*, der nach San Andrés hinaufführt). Die Straße senkt sich nun wieder leicht ab und führt, immer geradeaus, zuletzt vorbei an einigen Palmen, hinüber zur Straße am oberen Ortsrand von **Betenama** ❹. Wir kreuzen diese und gehen geradeaus auf dem asphaltierten Camino, dann auf der Straße zwischen ein paar Häusern hindurch weiter. Sie bringt uns immer geradeaus, bald leicht ansteigend, in den wildromantischen Weiler **Casas del Monte** – versteckt zwischen Feigenkakteen sieht man noch einige alte Häuser. Wir gehen geradeaus weiter auf der Straße. Sie kreuzt nach 5 Minuten eine Straße und führt kurz darauf in einer Rechtskurve hinab zu einer quer verlaufenden Straße am oberen Ortsrand von **Erese** ❺ (in der Rechtskurve 30 m vor der Ein-

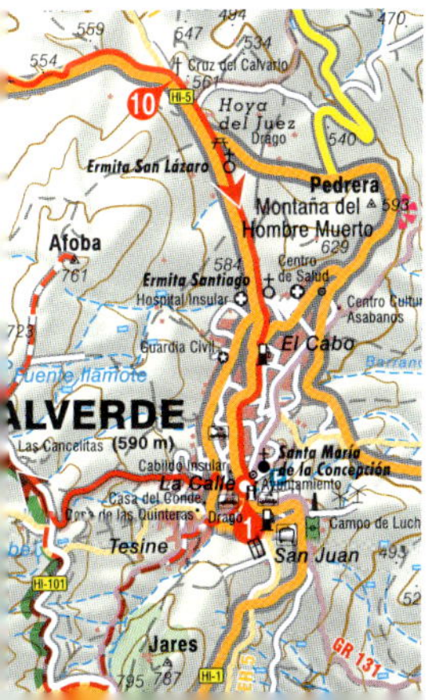

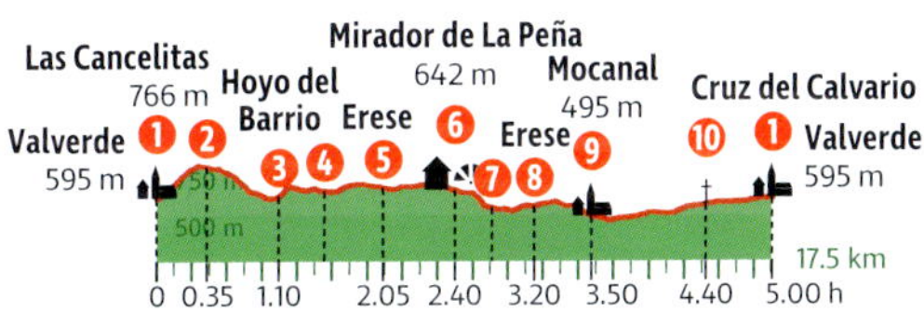

mündung in die Straße sehen wir links oben im Hang einen Drago neben einer Palme, zu dem auch ein schmaler Fußweg hinaufführt). Wir folgen der Straße noch 2 Minuten nach links, bis halb links zwischen Steinmauern ein Camino abzweigt. Er ist mitunter etwas verwachsen und gabelt sich nach knapp 5 Minuten – hier nicht geradeaus hinüber zur Straße, sondern links bergan. Bereits nach kurzem Anstieg wendet sich der Camino wieder rechts dem Hang zu (nicht links bergan) und leitet etwa höhehaltend hinüber zu einer Straße, auf der wir geradeaus (links) weitergehen. Nach 40 m setzt sich geradeaus wieder der Camino fort. Er trifft nach gut 5 Minuten auf eine weitere Straße, der wir abermals geradeaus folgen, um uns an der Straßenkreuzung nach etwa 150 m geradeaus (leicht rechts haltend) dem Fahrweg zuzuwenden, von dem sich sogleich wieder geradeaus, zwischen den Fahrwegen, der hangquerende, abermals etwas verwachsene Camino fortsetzt. Gut 5 Minuten später stoßen wir auf einen Zementweg, der uns links hinauf zur Hauptstraße bringt. Auf dieser rechts in knapp 5 Minuten zum **Mirador de La Peña** 6 mit dem gleichnamigen Aussichtsrestaurant am Steilabbruch zum Golfo (Buslinie 5).
Wir wandern nun an der Hauptstraße hinab. Nach 3 Minuten mündet *PR EH 6* (*weiß-gelb*) ein, der unseren Rückweg nach Valverde vorgibt. Er zweigt nach 20 m links auf einen Camino ab, der durch den Hang hinabführt. An der Gabelung nach 5 Minuten halten wir uns links weiter hinab zu einer Querstraße bei den ersten Häusern von **Guarazoca** – hier rechts hinüber in den Ort. An der Straßengabelung neben der Mini-Plaza 7 halten wir uns links, an der folgenden Gabelung nach 40 m rechts, ebenso an der nächsten. Die Straße führt immer geradeaus zur Hauptstraße (20 Min.), die uns links in 5 Minuten zur Plaza im Ortszentrum von **Erese** 8 bringt. 50 m nach

Kurz vor Hoyo del Barrio (rechts).

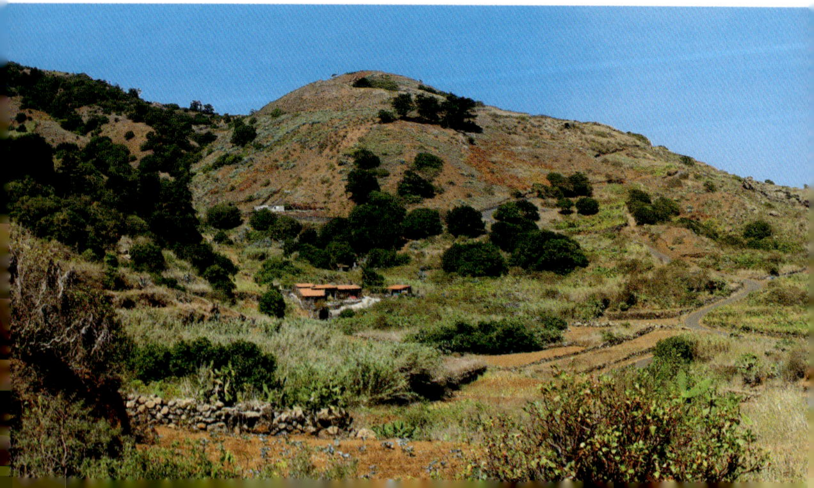

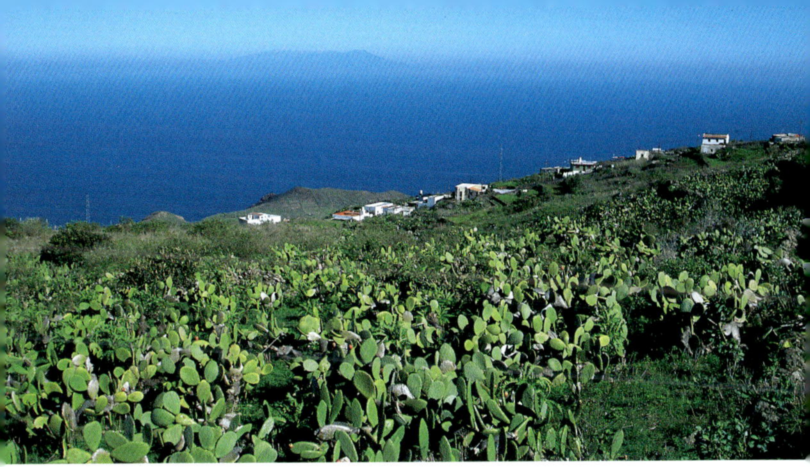

Blick über Erese zur Insel La Palma.

der Plaza und dem Bushäuschen zweigt halb rechts ein anfangs betonierter Fahrweg ab, dem wir geradeaus, oberhalb der Hauptstraße entlang folgen. Der schöne Weg geht schon bald in einen Fahrweg über und kommt nach 5 Minuten oberhalb des Friedhofs vorbei. Kurz danach biegt der Fahrweg rechts ab, geradeaus setzt sich der Camino fort. Wir passieren nun einige alte, teilweise verfallene Häuser und treffen in **Tesabo** (10 Min.) auf eine Straße (geradeaus → Variante). Hier halten wir mit der Markierung links hinab zur hübschen Plaza von **Mocanal** an der Hauptstraße **9** (Buslinien 3, 5). Der Wanderweg folgt 2 Minuten der Hauptstraße und biegt dann halb links auf die Dorfstraße ab (Tafel »Echedo«), der wir immer geradeaus durch den hübschen Ort folgen. Nach 5 Minuten kreuzt PR EH 7, eine Viertelstunde später zweigt links PR EH 6.2 ab. 50 m danach mündet die Dorfstraße in die Hauptstraße. Unser Wanderweg jedoch wendet sich vor der Einmündung der links abzweigenden Straße zu (Camino Pinto), die sogleich an einer kleinen Kapelle vorbeiführt, einen Taleinschnitt quert und 10 Minuten später wieder in die Hauptstraße einmündet. Auf dieser weiter, bald mit Blick nach Echedo, vorbei am **Cruz del Calvario** **10** (Abzweig PR EH 6.1), 3 Minuten später an der Gabelung rechts auf der Hauptstraße. 20 Minuten später erreichen wir das Ortszentrum von **Valverde** **1** (Bar Los Reyes).

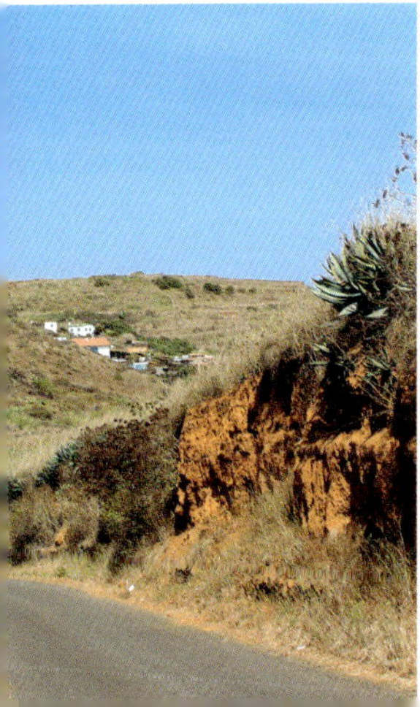

↗ 490 m | ↘ 490 m | 9.6 km

7 Vom Mirador de La Peña zur Punta de Salmor

3.20 h

Die Roques de Salmor aus der Vogelperspektive

Die Rundtour durch den äußersten Nordwesten der Insel zieht alle Register: Sie berührt zunächst ein hübsches, noch sehr ursprüngliches Dorf und senkt sich dann hinab zur Nordwestspitze. Direkt oberhalb der Punta de Salmor mit den gleichnamigen, von der Brandung umtosten Felsinseln machen wir kehrt. Ein wildromantischer, zu Beginn aber leider stark verwachsener Camino bringt uns wieder hinauf nach Guarazoca.

Ausgangspunkt: Mirador de La Peña, 642 m (Buslinie 5).
Anforderungen: Anstrengende Rundwanderung. Der Abstiegsweg ist teilweise etwas stärker verwachsen, daher nur für hartgesottene Wanderer!
Einkehr: Bar-Restaurant am Mirador de La Peña.
Variante: Aufstiegsmöglichkeit vom Fuß der Montaña de los Muertos (20 m nach Überqueren des Barranco de la Pasada) links auf schmalem Weg durch die kleine Steilwand, dann über den schmalen Grat und den Osthang der Montaña de los Muertos zu einer Piste/Straße, die nach Guarazoca hinaufführt.
Kombinationsmöglichkeit: Touren 6 und 30.

Vom **Mirador de La Peña** ❶ gehen wir zurück zur Hauptstraße und folgen dieser rechts bergan in Richtung San Andrés. Nach knapp 5 Minuten kreuzt ein betonierter Fahrweg die Straße (*PR EH 6*), in den wir links einbiegen. Bereits nach 30 m zweigt scharf rechts ein Camino ab, den wir nun weiterverfolgen (etwas verwachsen). Er führt etwa höhehaltend in leichtem Auf und Ab durch den Hang und trifft nach gut 5 Minuten auf eine Straßenkreuzung – hier geradeaus (rechts/links) weiter. Nach 150 m gabelt sich die

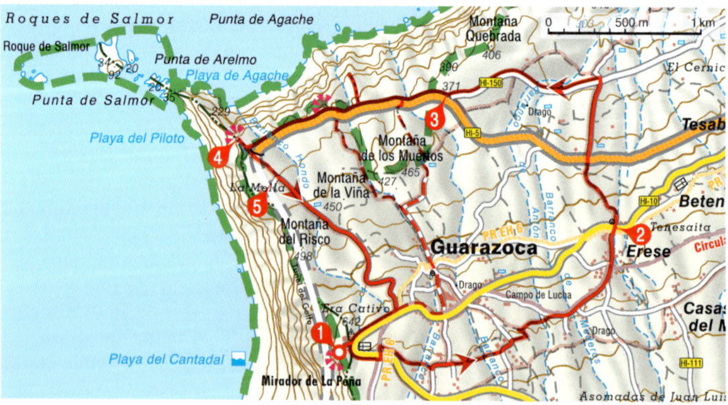

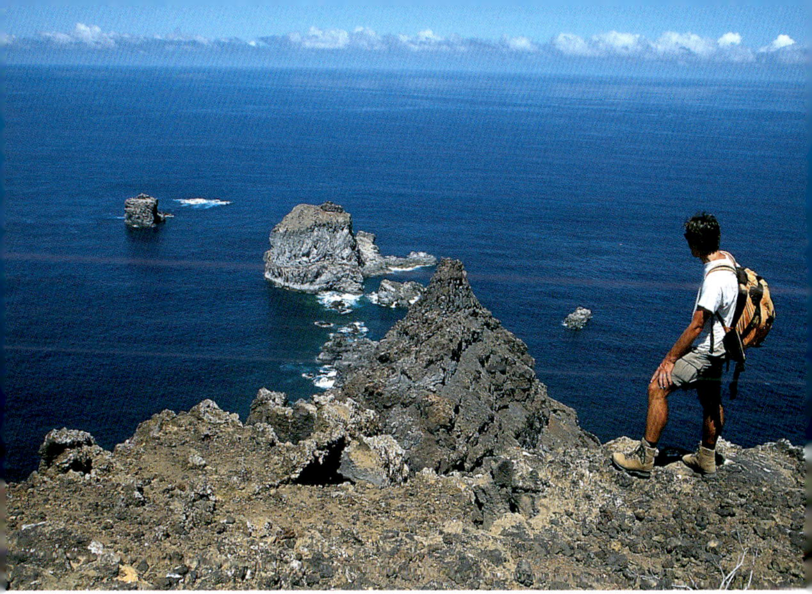

Die Roques de Salmor, gesehen von der Hochfläche oberhalb der Punta de Salmor.

Straße – hier geradeaus weiter auf der Piste und nach 50 m auf dem Camino. Dasselbe wiederholt sich gut 5 Minuten später: Der Camino stößt auf eine Straße (geradeaus weiter) und setzt sich nach 40 m wieder geradeaus fort. Kurz nach einer Gabelung (hier geradeaus weiter) senkt sich der Camino links hinab und mündet in einen quer verlaufenden Weg, der uns rechts in 5 Minuten zu einer Straße hinüberbringt. Auf dieser wandern wir rechts nach Erese Alto hinein. Am Rechtsabzweig eines Sträßchens (oberhalb im Hang ein Drago) gehen wir geradeaus weiter und passieren gleich darauf eine kleine Plaza. Knapp 5 Minuten später senkt sich die Straße steil hinab zur Hauptstraße in **Erese** 2, die wir direkt gegenüber der Plaza erreichen. Wir kreuzen die Straße und gehen rechts der Plaza auf der schmalen Straße weiter hinab. Schon bald, nach den letzten Häusern, geht die Straße in einen gepflasterten, aber zunehmend verwachsenen Camino über. Er führt zunächst etwas steil, dann bequemer in ziemlich direkter Linie zwischen Terrassenfeldern hinab und bietet einen schönen Blick über die Nordküste bis nach Pozo de Las Calcosas. Nach 10 Minuten gehen wir an der Wegkreuzung geradeaus

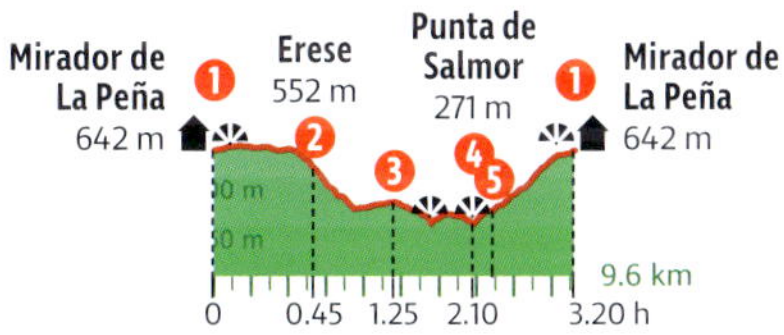

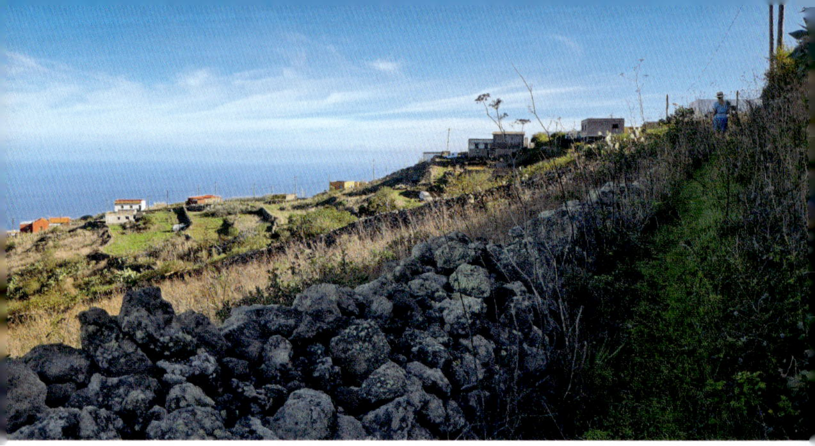

Alter, leider etwas ungepflegter Camino nach Erese.

hinab zur Hauptstraße. Gegenüber setzt sich eine Straße fort, die mit schönem Blick nach Las Calcosas abwärtsführt. Nach knapp 10 Minuten halten wir uns an der Straßenkreuzung links, passieren gut 5 Minuten später die Finca Monteverde (mit Paradiesgarten) und treffen einige Minuten später wieder auf die Hauptstraße ❸. Dieser folgen wir nun immer geradeaus. Sie überquert nach einigen Minuten den Barranco de la Pasada, verläuft anschließend am Fuße der stark unterhöhlten Montaña de los Muertos und quert bald darauf den Barranco de los Muertos (10 Min.). Kurz vor dem Barranco kann man bereits rechts über den Bergrücken zur Abbruchkante an der Steilküste hinabsteigen (Trittspur, gut 5 Min.) – fantastisch der Blick von dort zu den Roques de Salmor und zu den farbenprächtigen Steilab-

Dorfstraße in Erese.

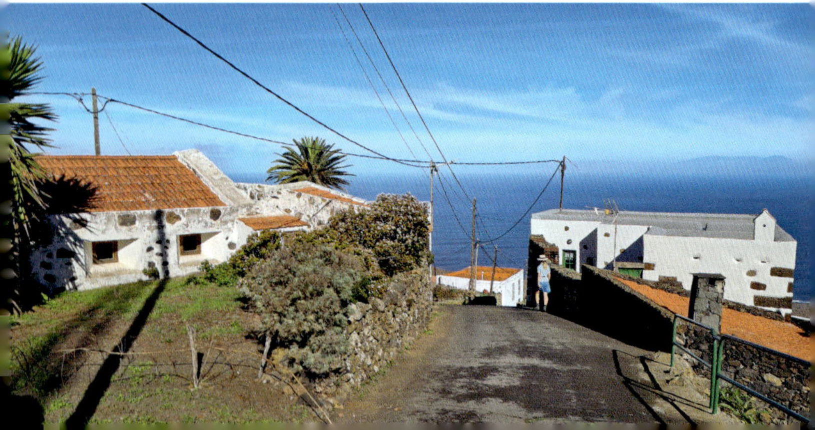

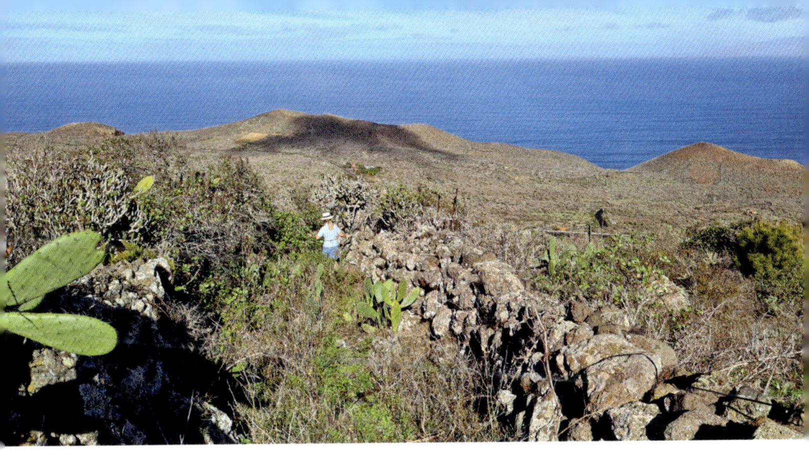

Der Camino von Erese zur Küste ist stärker verwachsen.

stürzen der Montaña Quebrada. Nach dem kleinen Abstecher gehen wir weiter auf der Hauptstraße, bis diese im Golfo-Tunnel verschwindet (gut 5 Min.). Hier verlassen wir die Hauptstraße und wandern rechts, immer diagonal durch den Hang, fast weglos (Trittspur, immer durch die Mauerdurchlässe) hinüber zum letzten Felsvorsprung, ca. 260 m, oberhalb der **Punta de Salmor** ❹ (gut 5 Min.). Über einen vorgelagerten Felskegel blicken wir hinab zu den Roques de Salmor, nach Süden ergibt sich ein großartiger Blick in den Golfo – fast zum Greifen nahe das Hotel Puntagrande. Achtung: Gehen Sie nicht zu nahe an die Abbruchkante heran und steigen Sie in keinem Fall zur Küste hin ab: Das Gelände ist sehr abrutschgefährdet, die Steilwand unterhalb der Abbruchkante teilweise sehr stark unterhöhlt! Vom Felsvorsprung kann man direkt nach Guarazoca aufsteigen: Wir wandern also rechts haltend nahe der Golfo-Abbruchkante bergan, nach wenigen Minuten links an der Steinmauer entlang und zwei Fahrwege kreuzend – immer geradeaus hinauf, bis wir auf Höhe eines allein stehenden Gebäudes (Pozo Los Roquillos ❺, herrlicher Blick auf die Roques) auf eine steile Betonpiste treffen. Diese führt in direkter Linie bergan, zur Linken mit Blick auf die Montaña de los Muertos. Nach etwa 25 Minuten mündet die Betonstraße in die Hauptstraße von Guarazoca – auf dieser rechts zum 400 m entfernten **Mirador de La Peña** ❶.

Pozo Los Roquillos.

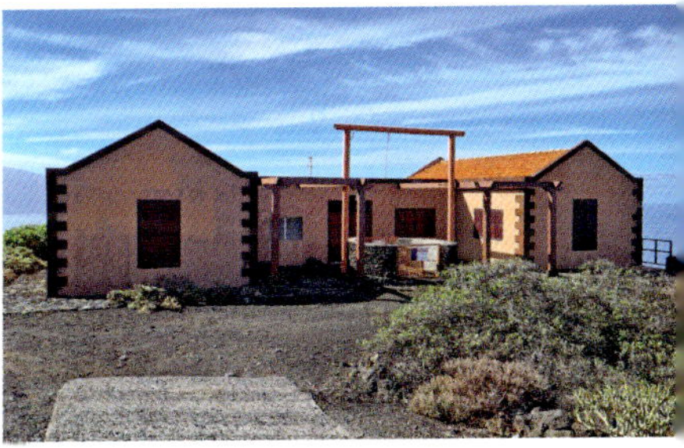

TOP

↗ 550 m | ↘ 550 m | 7.5 km

8 Von Valverde auf den Ventejís, 1139 m

3.10 h

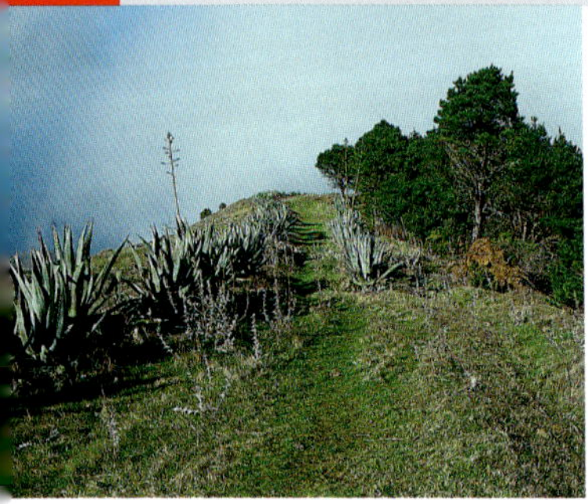

Aussichtsreiche Kammwanderung auf den Hauptgipfel des Inselnordens

Die Rundwanderung auf den Ventejís ist eine Tour der Superlative. Sie verläuft auf einem lang gestreckten Kamm, der sich häufig als Wetterscheide des Nordens erweist und bei gutem Wetter fantastische Ausblicke zur Nordküste und auf die Meseta de Nisdafe vermittelt. Wenn dagegen die Wolken über die Gipfel jagen, ergeben sich großartige Stimmungsbilder – dann kann man auf der Windseite des Grates auch hervorragend beobachten, wie die Bäume das Wasser aus den Wolken »melken«.

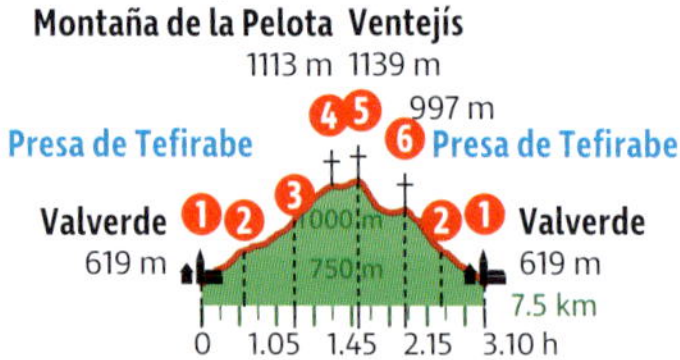

Ausgangspunkt: Casa de las Quinteras an der oberen Hauptstraße in Valverde, 619 m (Buslinien 1–3, 5–7, 9). Das Ethnografische Museum befindet sich in der Calle Armas Martell direkt oberhalb der Hauptstraße und ist gut ausgeschildert.
Anforderungen: Leichte, mitunter auch steile Wanderung. Bis zum Ventejís gute Wege, der Kamm Ventejís – Presa de Tefirabe ist fast weglos, streckenweise Viehweiden (Rinder, Pferde!), am Ende muss ein Zaun überstiegen werden. Bei Nässe nicht zu empfehlen.
Einkehr: Unterwegs keine Einkehrmöglichkeit. In Valverde zahlreiche Bar-Restaurants.
Kombinationsmöglichkeit: Touren 6, 9, 10 und 12.

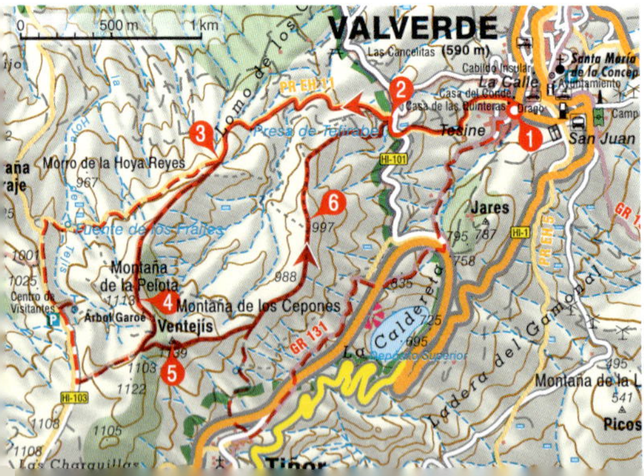

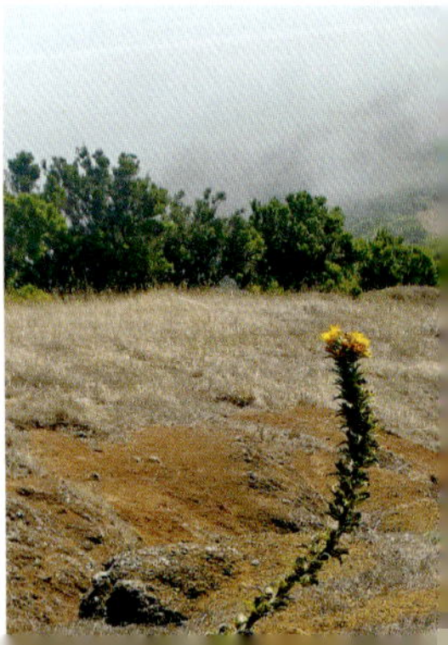

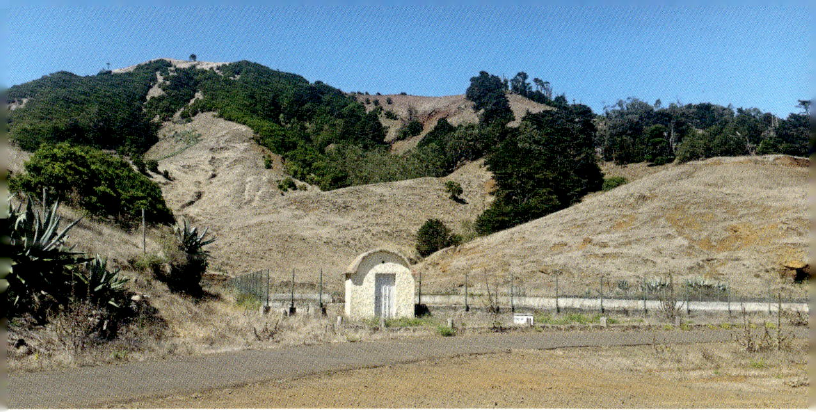

Die Presa de Tefirabe mit dem Abstiegsrücken (rechts). – Unten: Abstieg vom Ventejís.

Der Wanderweg ist zunächst identisch mit →Tour 9. Wir folgen also vom Ethnografischen Museum **Casa de las Quinteras** ❶ dem Wanderweg *PR EH 11* (*weiß-gelb*) bis zur Gabelung auf dem **Lomo de los Cardos** ❸ (gut 1 Std.). Hier verabschiedet sich der Wanderweg PR EH 11 rechts in den Buschwald (→Tour 9) – wir verbleiben links auf dem weiter ansteigenden Kammweg. Einige Minuten später erreichen wir die Höhe des Bergkammes, von dem wir bereits einen Blick auf die von tiefen Talfurchen durchzogenen Hänge des Ventejís werfen können. In herrlicher, äußerst aussichtsreicher Höhenwanderung geht es nun über die Kammhöhe weiter bergan. Nach einigen Minuten führt der wunderschöne, von Agaven eingefasste Wiesenweg an einem Wasserloch vorbei. 5 Minuten später gesellt sich ein Kiefernwäldchen an den Wegrand. Bald darauf – der Wald tritt jetzt wieder zurück – erreichen wir mit der **Montaña de la Pelota** ❹, 1113 m, einen ersten Höhepunkt im Kammverlauf, und zwar in doppeltem Sinn: Erstens, weil wir von der schwach ausgeprägten Kuppe einen fantastischen Panorama-

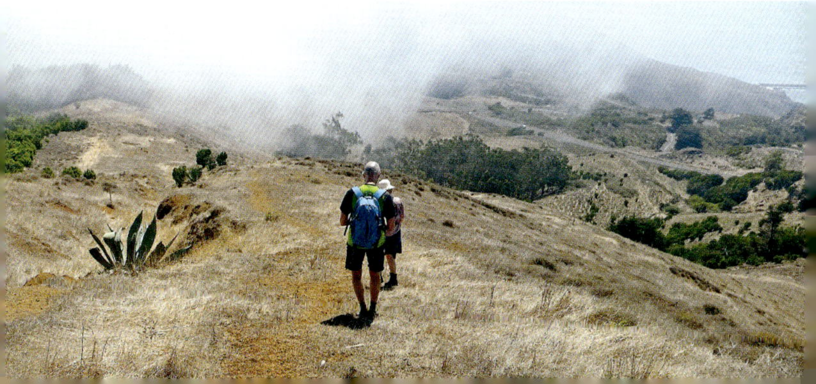

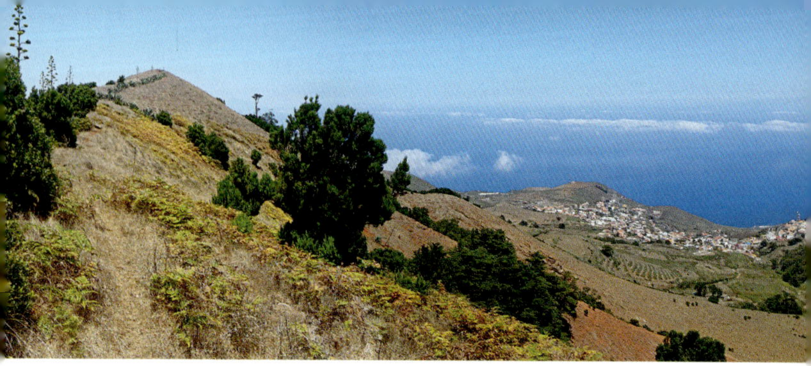

Kurz vor der letzten Kammerhebung – Blick auf Valverde.

blick genießen, der bei guter Sicht von Mocanal über die Montaña Pedraje und die Meseta de Nisdafe bis zu den höchsten Inselerhebungen und hinüber zur Nachbarinsel La Palma reicht, unter uns zudem der Árbol Garoé. Und zweitens, weil es anschließend leicht bergab geht. Bald darauf wendet sich der Weg rechts vom Kamm ab, einige Minuten später gabelt er sich in einem Sattel (rechts, nach 5 Min. abermals rechts, kann man einen 10-minütigen Abstecher zum Árbol Garoé unternehmen). Hier scharf links durch das Tor in 5 Minuten hinauf zum höchsten Punkt des **Ventejís** 5 (Montaña de los Cepones), 1139 m, von dem sich erstmals der Blick nach Tiñor und zur Ostküste öffnet. Am Gipfel stehen ein paar Messstationen und Häuschen.
In Verlängerung zum Fahrweg setzt sich in östlicher Richtung eine Pfadspur fort. Sie folgt immer dem Kammverlauf und bewegt sich am Rande einer Baum- und Agavenreihe. Schon bald senkt sich der Pfad unangenehm steil ab, die Agaven verabschieden sich nach rechts. Nach gut 10 Minuten verflacht sich der Bergkamm spürbar und wir treffen vor einer Baumreihe und einem Steinmäuerchen auf einen quer führenden Weg (rechts Abstiegsmöglichkeit nach Tiñor, links in den Ventejís-Krater). Wir kreuzen den Camino und verbleiben auf dem nunmehr sanft abfallenden Kammrücken. Die deutliche Pfadspur verläuft meist auf der rechten Kammseite durch den Hang knapp unterhalb des Kammes, mit Blick auf die Hafenmauer und die Windräder des Wind-Wasser-Kraftwerks Gorona del Viento. Später knickt der Kamm, der mitunter als Viehweide dient (Achtung!), etwas nach links und eröffnet schöne Blicke auf Valverde und in den Ventejís-Krater. Wir überschreiten eine letzte **Kammerhebung** 6, 997 m; unter uns die Presa de Tefirabe, herrlicher Blick zum Ventejís. Nun senkt sich der Kamm spürbar ab. Bei einer Baumgruppe mit zahlreichen toten Bäumen verlassen wir den Kamm und steigen rechts über den Rücken mehr oder weniger weglos hinab zur **Presa de Tefirabe** 2, wo wir den Maschenzaun übersteigen und links zur Straße gelangen. Nun auf bekanntem Weg (rechts) zurück nach **Valverde** 1.

↗ 530 m | ↘ 530 m | 11.6 km

3.40 h

Ruta del Agua

9

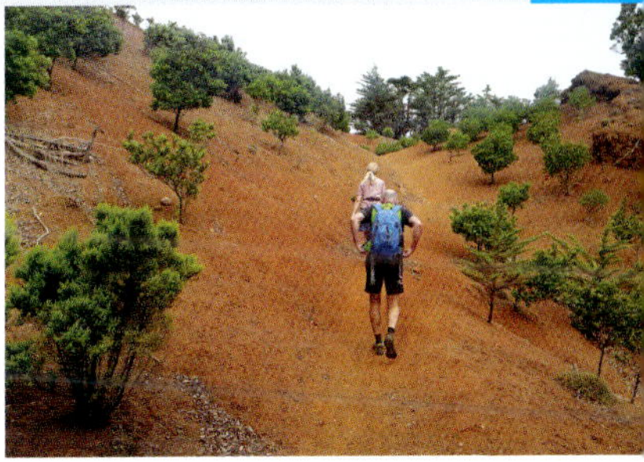

Der »Wasserweg« rund um das Ventejís-Massiv

Die Ruta del Agua ist einer der schönsten und abwechslungsreichsten Wanderwege der Insel – allerdings mit einem Makel, dem recht stark befahrenen Pistenstück im Mittelteil der Wanderung. Die Ausblicke sind nicht so eindrucksvoll wie bei der Tour über den Ventejís-Kamm, dafür verwöhnt der Rundweg mit herrlichen Wegstücken durch Buschwälder. Außerdem lockt der Besuch des legendären »Wasserbaums«, des Árbol Garoé, der einem kostenpflichtigen Museum angegliedert ist.

Ausgangspunkt: Casa de las Quinteras an der oberen Hauptstraße in Valverde, 619 m (Buslinien 1–3, 5–7, 9). Das Ethnografische Museum befindet sich in der Calle Armas Martell direkt oberhalb der Hauptstraße und ist gut ausgeschildert.
Anforderungen: Leichte, aber etwas lange Rundwanderung, meist auf schönen Wegen, im Mittelstück Piste.
Einkehr: Unterwegs keine Einkehrmöglichkeit. In Valverde zahlreiche Bar-Restaurants.
Kombinationsmöglichkeit: Touren 8, 10 und 44.

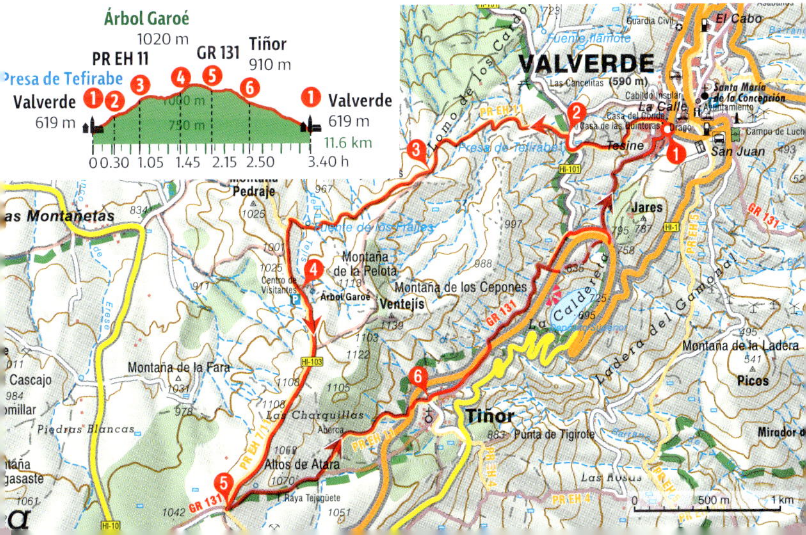

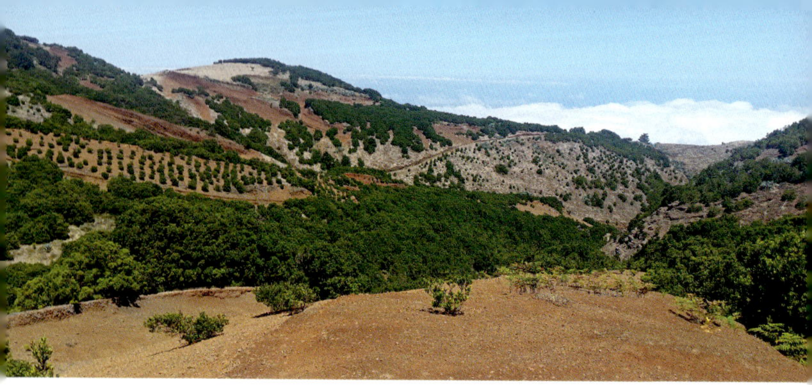

Blick über den Barranco de la Hoya de Tejis.

Am Abzweig der Calle Armas Martell beginnt der Wanderweg *PR EH 11* (*weiß-gelb*; Wegtafel 20 m nach dem Abzweig), der rechts sogleich am Ethnografischen Museum **Casa de las Quinteras** ❶ vorbeiführt. Wir folgen der Straße immer geradeaus bergauf – sie geht nach den letzten Häusern in einen Camino über, der nach der Zisterne nach links schwenkt, anschließend links von einer großen Zisterne vorbeiführt und nach einer knappen halben Stunde in eine quer verlaufende Straße einmündet. Wir passieren rechts die **Presa de Tefirabe** ❷ und biegen direkt nach dem Staubecken links auf das ansteigende Sträßchen ab. Es geht nach 150 m neben einer Finca in einen Fahrweg über und verläuft anschließend stetig durch den Hang. Nach 10 Minuten, vor einem dritten Taleinschnitt mit zahlreichen Eukalyptusbäumen, biegt der Wanderweg links ab auf einen ansteigenden Fahrweg, den er nach 5 Minuten in der ersten scharfen Linkskurve auf einem rechts abzweigenden Pfad verlässt. Er führt leicht ansteigend durch den Hang, quert sogleich eine weite, beigefarbene Erosionszone (hier wird aufgeforstet) und steigt nach knapp 5 Minuten links in Serpentinen über einen Bergrücken (**Lomo de los Cardos**) an, der zum Kamm hinaufzieht – bald mit großartigen Ausblicken nach Mocanal und Valverde. Nach knapp 10 Minuten gabelt sich der Pfad ❸ – hier wenden wir uns mit dem Wanderweg *PR EH 11* (*weiß-gelb*) rechts am Zaun entlang vom Kammrücken ab (links →Tour 8). Der Weg verläuft in stetem Auf und Ab durch den Hang und gabelt sich nach 20 Min., gleich nach einer Erosionszone. Hier halb rechts auf dem Pfad hinab in den Barranco de la Hoya de Tejis und auf der anderen Talseite zwischen Steinmauern zu einem breiten Weg hinauf. Auf diesem links weiter bergan (sogleich an Gabelung abermals links) zum Parkplatz am **Árbol Garoé** ❹, ¼ Std. (Besucherzentrum, tägl. 10–18 Uhr, 2,50 Euro Eintritt). Mit Blick auf die Meseta de Nisdafe geht es nun weiter die Straße hinauf. Sie geht zwischenzeitlich in eine Piste über und vereint sich nach einer knappen halben Stunde im Talgrund von La Albarrada mit dem *GR 131* ❺ (*weiß-rot-*

gelb). Mit diesem biegen wir scharf links ab auf einen Fahrweg, der bei der **Raya Tejegüete** in eine Pflasterstraße übergeht. Nach der Kuppe verlassen wir die Pflasterstraße nach links und gleich darauf abermals links mit *PR EH 11* (*weiß-gelb*). Neben einem Steinbruch senkt sich der Weg dann rechts hinab, vorbei an einem Alberca (Wasserspeicher). Es folgt ein herrliches Wegstück am Waldrand und durch Buschwald, dann trifft der Camino auf die Hauptstraße, der wir einige Meter nach links folgen, um sie bei der Km-Tafel »5« zu überqueren und auf dem Camino vollends nach **Tiñor** 6 abzusteigen. Im Dorf vereint sich unser Wanderweg wieder mit dem *GR 131* (*weiß-rot-gelb*). Unmittelbar vor der Einmündung der Dorfstraße in die Hauptstraße biegen wir auf den rechts abzweigenden Camino de la Virgen ab. Der Weg verläuft parallel zur Hauptstraße, wechselt schon nach wenigen Minuten hinüber auf die andere Straßenseite und führt nun in schöner Höhenwanderung oberhalb der Hauptstraße durch den Hang. Nach etwa 10 Minuten wendet sich der Camino rechts hinab zur Hauptstraße, an der wir nun links hinabwandern (man kann auch die Straße überqueren und links durch den Hang oberhalb der Caldereta, in der das obere Wasserbecken des Wind-Wasser-Kraftwerks Gorona del Viento angelegt wurde, weitergehen – der Weg vereint sich später wieder mit dem unseren). Der Weg entfernt sich schon bald von der Hauptstraße und trifft auf ein Sträßchen, das uns rechts wieder zurück zur Hauptstraße bringt. Vor der Einmündung vereinen sich die beiden Wanderwege und folgen links dem breiten Pflasterweg. Er führt gemütlich auf der linken Talseite hinab und trifft nach gut 10 Minuten auf die ersten Häuser von Valverdes Ortsteil Tesine. Hier geht der Camino in eine Asphaltstraße über, die uns in wenigen Minuten zum Ausgangspunkt an der oberen Hauptstraße von **Valverde** 1 zurückbringt.

Der schöne Abstiegs-Camino nach Tiñor.

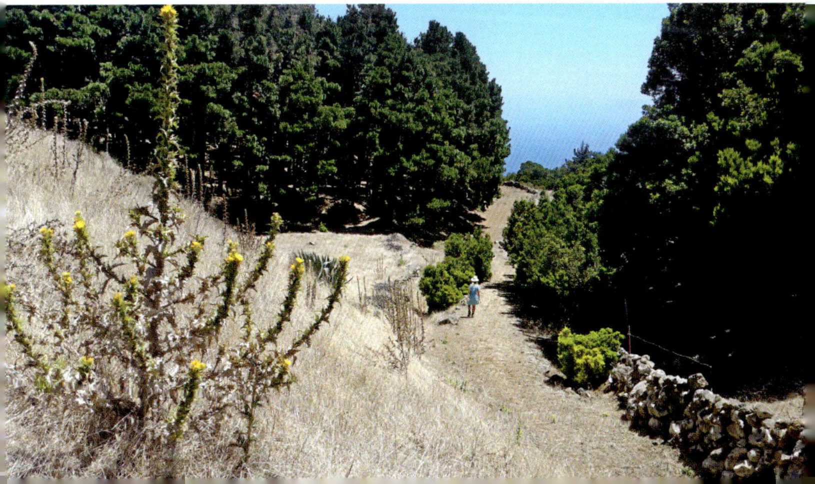

↗ 350 m | ↘ 350 m | 10.9 km

10 Von San Andrés zum Árbol Garoé

3.00 h

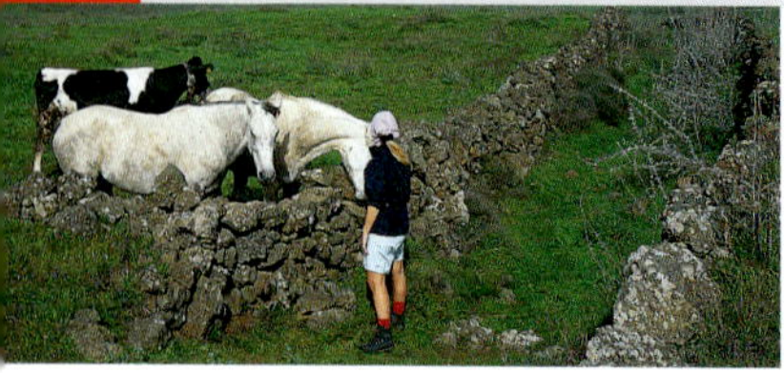

Kurzweilige Runde über die Nisdafe-Hochebene

Die Wanderung durch die häufig wolken- und nebelverhangene Meseta de Nisdafe entführt uns in eine zauberhafte Hügellandschaft mit kleinen Vulkankegeln, Kiefern- und Eukalyptuswäldern und üppig grünen Viehweiden. Versteckt in einem kleinen Tal erwartet uns der von Legenden umrankte Árbol Garoé, der auch das Wappen der Insel El Hierro schmückt. Einst soll hier ein außergewöhnlich großer Lorbeerbaum gestanden haben, der angeblich Hunderte Liter Wasser am Tag aus dem Passatnebel »molk«. Er wurde 1610 von einem Sturm entwurzelt, 1957 wurde an seiner Stelle wieder ein neuer Baum gepflanzt.

Ausgangspunkt: Ortszentrum von San Andrés, 1045 m (Buslinien 2, 5); oder Raya de las Cuatro Esquinas, 1030 m (Parkplatz), 500 m nördlich von San Andrés an der Straße zum Mirador de La Peña.
Anforderungen: Leichte Wanderung auf überwiegend guten Caminos (kurze Abschnitte evtl. etwas verwachsen), häufig auch auf Pisten und Straßen.
Einkehr: Bar-Restaurants in San Andrés.
Kombinationsmöglichkeit: Touren 6, 8, 9, 11 und 44.

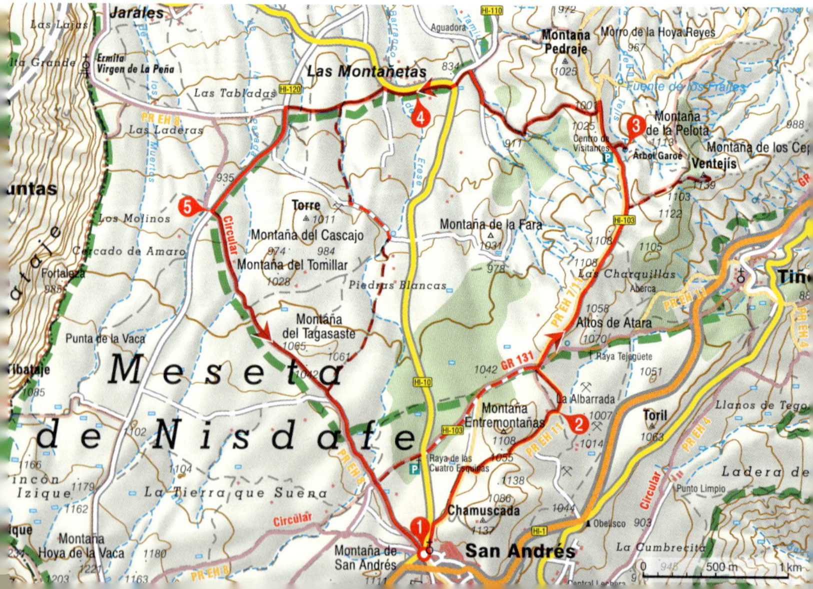

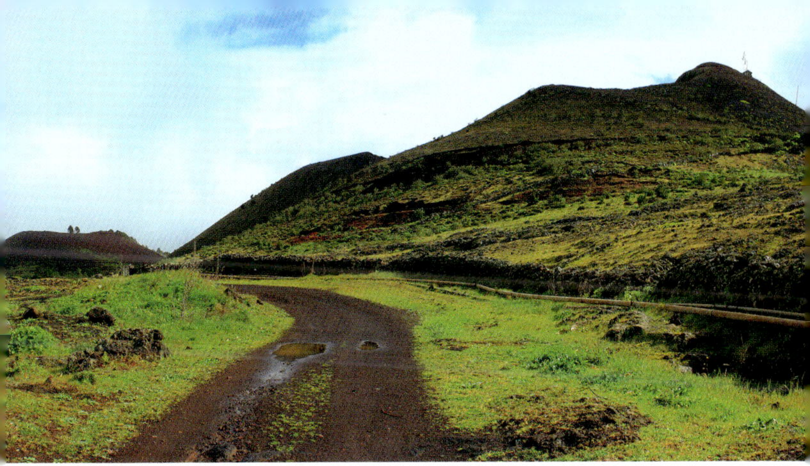

Der Auftakt – Wegstück am Fuß des Chamuscada.

Von der Kirche in **San Andrés** ❶ gehen wir vorbei am Schulhaus zur Straße HI-10, der wir mit *PR EH 11* (*weiß-gelb*) nach rechts folgen. Nach 100 m zweigt der Wanderweg rechts auf eine Piste ab. 5 Minuten später verlässt er diese rechts auf einem Fahrweg, der uns zum Sattel zwischen dem Chamuscada und der Montaña Entremontañas hinüberbringt. Hier halten wir uns an der Gabelung links und folgen dem Camino durch den Lavagrushang der Montaña Entremontañas zur Siedlung **La Albarrada** ❷. An der ersten Gabelung halten wir uns rechts und 20 m danach links (*weiß-gelb*), vorbei an einigen Hausruinen des alten, schon lange verlassenen Dorfes – ein wildromantisches, von Feigenkakteen überwuchertes Labyrinth aus Steinmauern, in dem noch einzelne Dachgiebel zu entdecken sind. Bald darauf stoßen wir auf eine Piste, die sich rechts gabelt. Hier gehen wir auf der etwas steiler ansteigenden, kurzzeitig asphaltierten Piste weiter. Nach knapp 10 Minuten passieren wir die Wegstelle »Los Dornajos« (Tafel, Tropfwassertröge), gleich darauf ist die Anhöhe erklommen. Mit schönem Blick über die weitläufige, von einzelnen Kuppen durchsetzte Meseta de Nisdafe und nach Las Montañetas senkt sich die Piste nun leicht ab, um sich nach weiteren 5 Minuten abermals zu gabeln. Auf dem halb rechts abzweigenden Fahrweg könnte man einen Abstecher auf den Ventejís, 1139 m, unternehmen (10 Min.; nach 5 Min. im Sattel halb rechts auf Fahrweg bergan). Wir aber gehen links auf der asphaltierten Piste talwärts bis zu einem Parkplatz mit kleinem **Besucherzentrum**, an dem die

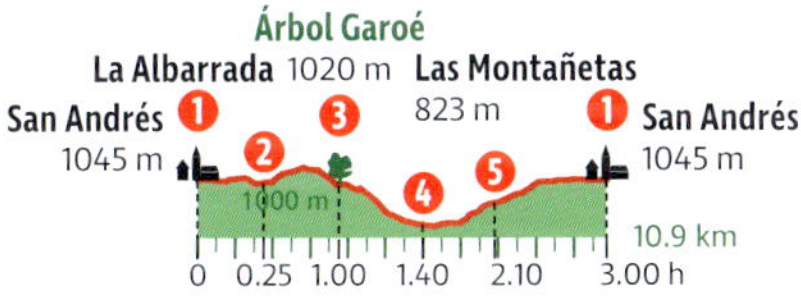

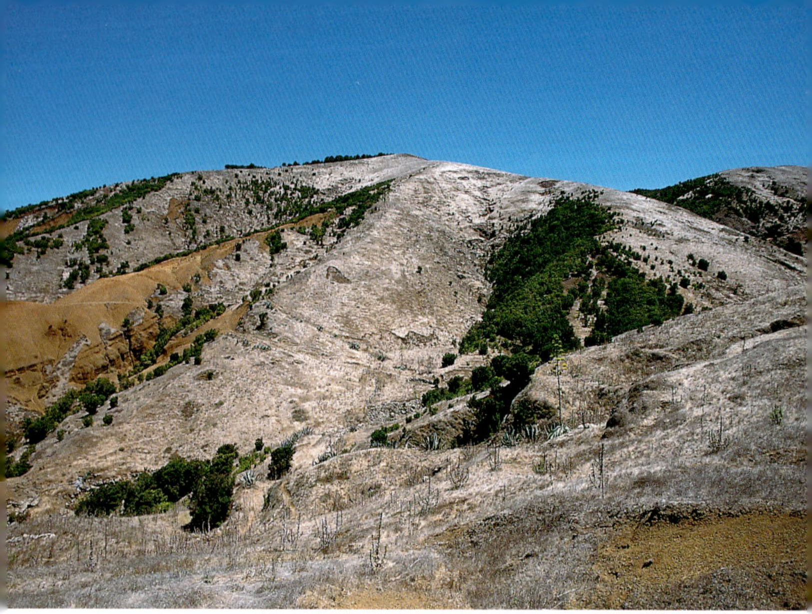

In der Nähe des Árbol Garoé – Blick auf die Montaña de la Pelota.

Piste endet (5 Min.). Geradeaus setzt sich ein kleiner Fahrweg fort, unser späterer Weiterweg. Zunächst aber wenden wir uns rechts dem Besucherzentrum zu (tägl. 10–18 Uhr, 2,50 Euro Eintritt), durch das ein Fußweg in einen kleinen Taleinschnitt hineinführt. Er endet schon bald bei der versteckten Felsnische mit dem **Árbol Garoé** **3**. Im Umkreis finden sich zahlreiche Wasserlöcher, in denen das kostbare Nass des heiligen, Wasser spendenden Stinklorbeerbaumes gesammelt wird.

Wasserloch (Charco) beim Árbol Santo.

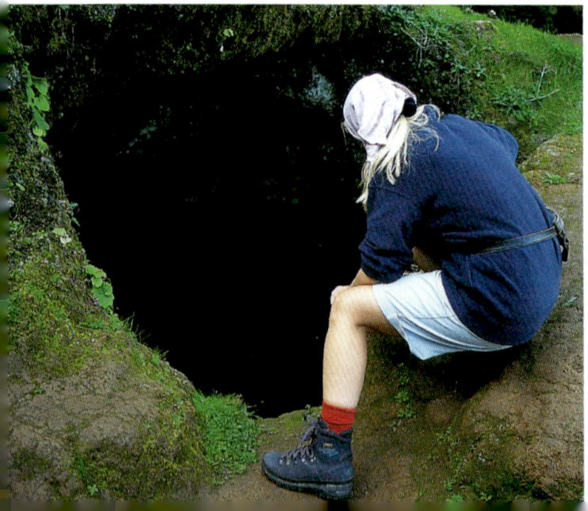

Wieder zurück am Parkplatz, wandern wir rechts auf dem kleinen Fahrweg weiter. Nach etwa 5 Minuten zweigt scharf links ein breiter Weg ab. Er überschreitet den **Pedraje-Kamm** und senkt sich auf der anderen Seite zwischen Agaven hinab (abseits des Weges weitere Wasserlöcher) – ach-

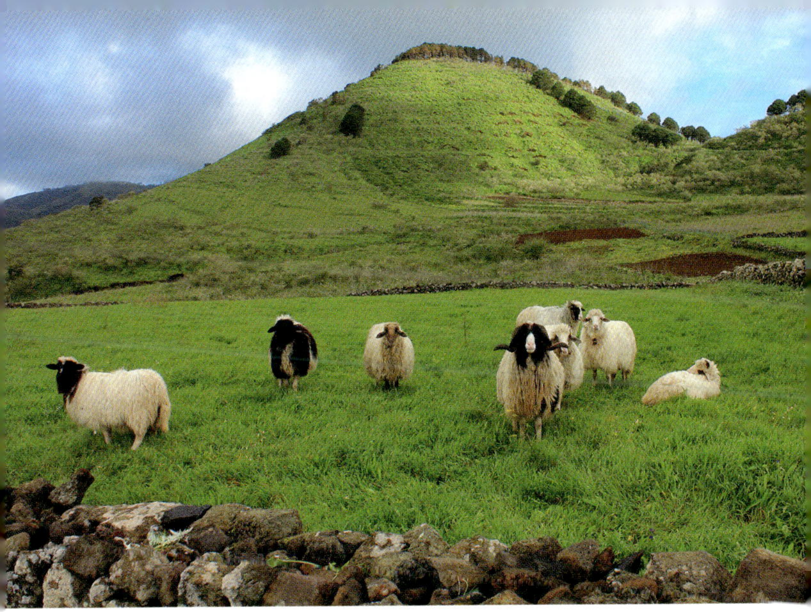

Der Rückweg führt uns durch die Weidelandschaft der Meseta de Nisdafe.

ten Sie während des Abstiegs auf die in den Weg ragenden Agaven. Nach knapp 10 Minuten führt der nunmehr steingepflasterte, mitunter etwas verwachsene Weg oberhalb eines kleinen Eukalyptushaines vorbei, wenige Minuten später gelangen wir an den Rand eines weiteren Eukalyptuswaldes und treffen auf einen Fahrweg, dem wir rechts bergab folgen. Er mündet, immer geradeaus, nach gut 5 Minuten in eine kleine Straße, die rechts, vorbei an einer Finca, in eine breitere Straße mündet. Auf dieser links zur 100 m entfernten Straße San Andrés – Mirador de la Peña, die uns rechts durch **Las Montañetas** ❹ bringt. Der Weiler gehört zu den malerischsten der Insel – hier können wir noch die typischen altkanarischen Häuschen bewundern, auf kleinen Feldern werden Kartoffeln und anderes Gemüse angebaut.

In der ersten Rechtskurve der Straße biegen wir links ab auf ein ansteigendes Sträßchen, dem wir geradeaus folgen. Es trifft nach 10 Minuten auf eine Querstraße – auf dieser nach links. Nach gut 10 Minuten zweigt links ein Camino mit dem Wanderweg *PR EH 8* ❺ (*weiß-gelb*) ab, dem wir fortan auf den antennengeschmückten Chamuscada und San Andrés zu folgen. Nach 40 Minuten kreuzt der Camino de la Virgen unsere Piste (links zur Raya de las Cuatro Esquinas), 10 Minuten später erreichen wir den Kirchplatz in **San Andrés** ❶.

↗ 400 m | ↘ 400 m | 10.7 km

11 Von San Andrés nach Isora

3.20 h

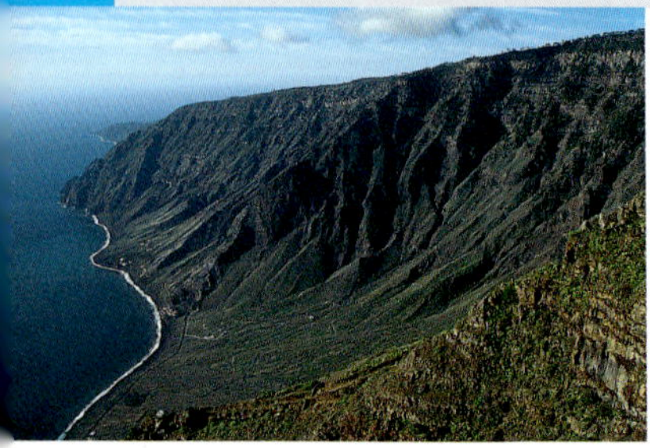

Mirador de Isora – Blick nach Las Playas.

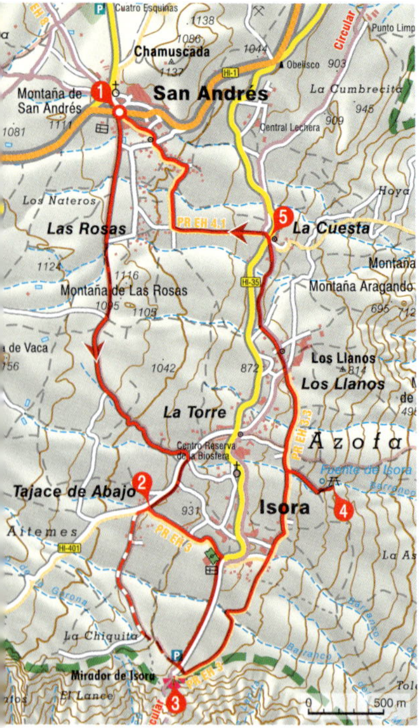

Rundtour durch die Dörfer des Hochlandes von Azofa

Auf dieser Rundwanderung über die Hochfläche von Azofa erleben wir ein El Hierro wie aus dem Bilderbuch. Der Wanderweg, der meist auf alten Verbindungswegen verläuft, berührt mehrere Dörfer, in denen man sich um Jahrzehnte zurückversetzt fühlt.

Ausgangspunkt: Hauptstraße im Ortszentrum von San Andrés, 1045 m (Buslinien 2, 5).
Anforderungen: Leichte Rundwanderung auf schönen alten Caminos, häufig auch auf kleinen Straßen.
Einkehr: Bar-Restaurants in San Andrés (Casa Goyo!) und in Isora (etwas abseits vom Wanderweg).
Kombinationsmöglichkeit: Touren 10, 12, 13, 14 und 16.

Vom Ortszentrum in **San Andrés** ❶ folgen wir kurz der Hauptstraße in Richtung La Frontera und biegen nach dem Bar-Restaurant Casa Goyo am Ortsende links auf die Calle Las Rosas ab. An der Straßengabelung nach 200 m halten wir uns halb rechts, einige Minuten später knickt die Straße links nach Las Rosas ab – hier geradeaus weiter auf dem breiten, steingepflasterten Camino. Er quert sogleich eine Barrancorinne und führt hinauf in den Sattel neben der Montaña de Las Rosas. Bald darauf treffen wir auf der weiten, von Weideflächen geprägten Hochfläche auf eine Straße, auf der wir geradeaus weiterwan-

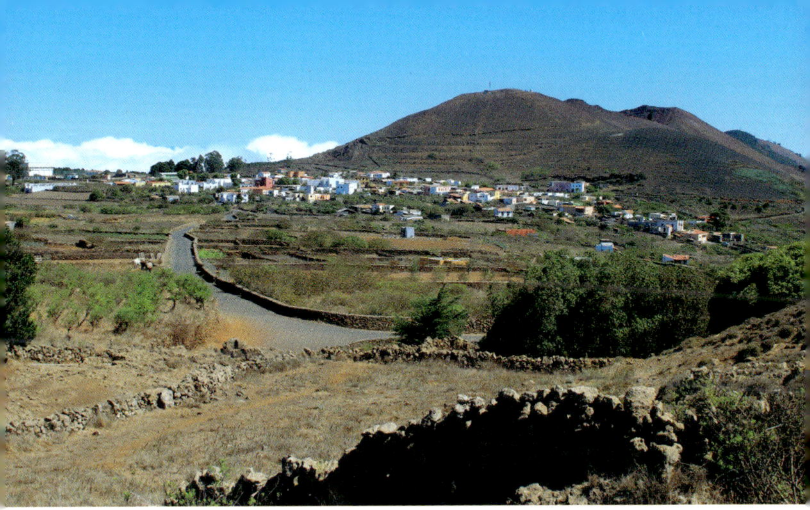

San Andrés, der höchstgelegene Ort El Hierros, gesehen vom Wanderweg.

dern. Sie senkt sich nach wenigen Minuten am Rande einer Barrancorinne nach La Torre hinab. 10 m vor dem ersten Haus des Ortes zweigt rechts durch die Barrancorinne, dann links ein Camino ab, der uns bald darauf zu einer weiteren Straße bringt. Auf dieser rechts weiter nach **Tajace de Abajo** ❷ (5 Min.). In dem kleinen Ort zweigt an der tiefsten Stelle der Straße links ein von Steinmauern eingefasstes, etwas steiler hinabführendes Sträßchen ab (*PR EH 3*, man kann auch 20 m danach links mit →Tour 16 zum Mirador de Isora wandern). Es bringt uns durch einen kleinen Taleinschnitt direkt hinab zum Fußballplatz von **Isora**, hinter dem wir auf die Hauptstraße treffen. Links gelangt man zum Ortszentrum (Buslinie 5) – wir jedoch folgen der Straße nach rechts, sogleich links an der Kapelle mit dem Friedhof vorbei, zum 10 Minuten entfernten **Mirador de Isora** ❸.
Nach dem Abstecher zum Mirador gehen wir gegenüber den Toiletten und parallel zur Straße auf dem Camino (am Funkmast vorbei, *PR EH 3*) weiter. Er wendet sich vor dem Steilabbruch nach links und verläuft entlang der Abbruchkante, um sich nach wenigen Minuten zu gabeln. Wir entscheiden uns für den linken Hauptweg. Nach knapp 10 Minuten zweigt in einem Barrancobett rechts ein Camino ab – hier geradeaus weiter. Kurz darauf an der Gabelung rechts auf dem Hauptweg durch die Barrancorinne hinab. Der Camino verlässt die Barrancorinne bald wieder nach links und steigt vorbei an Terras-

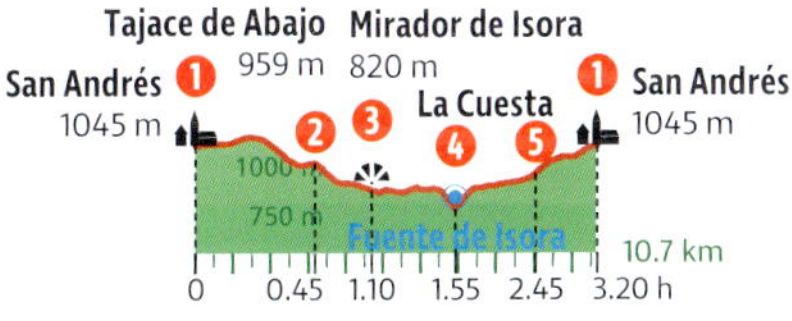

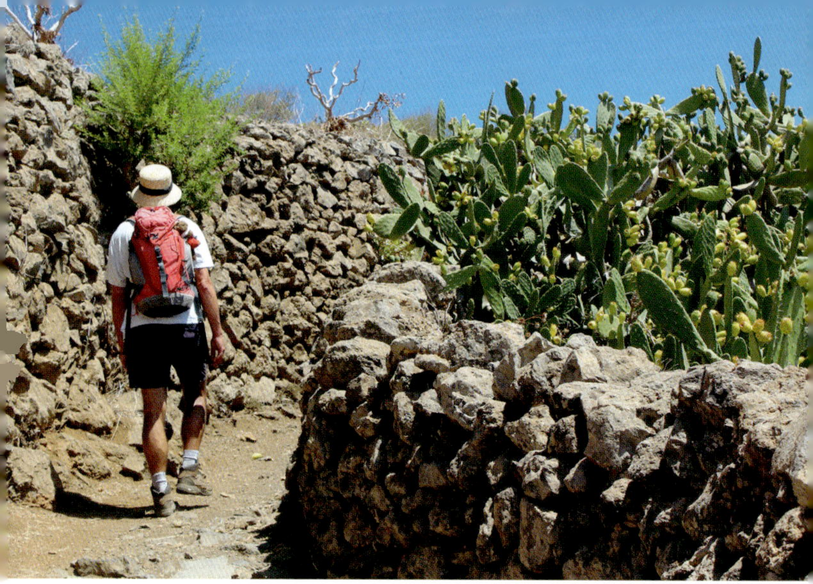

Der Camino zwischen Mirador de Isora und Isora.

senfeldern mit Obstbäumen gemächlich an. Kurz nach den ersten alten Steinhäusern von **Isora** mündet unser Weg in eine Straße. Wir folgen dieser geradeaus mit *PR EH 3.3* (PR EH 3 zweigt links ab), vorbei an einem Dreschplatz, zur Gabelung nach 50 m (kleine Plaza) und wenden uns hier der rechts abwärtsführenden Straße (Calle Tomperez) zu. Nach 10 Minuten mündet sie in eine Straße ein. Auf dieser unternehmen wir rechts einen Abstecher zur Fuente de Azofa. Bereits nach wenigen Minuten endet die Straße an einer Plattform. Hier setzt sich talabwärts ein steiler, steingepflasterter Camino fort, der uns in gut 5 Minuten zur **Fuente de Isora** ❹, 700 m, bringt. Von der großen Plattform, an der eine Viehtränke und ein kleiner Picknickplatz angelegt wurden, ergibt sich ein großartiger Blick über tief eingeschürfte Barrancos hinweg zur Küste bei Las Playecillas, rechts im Hang sehen wir einen wenigstens 10 m hohen Dique (Felsturm).
Nach einer ausgiebigen Rast gehen wir wieder zurück bis zur Einmündung der Straße von Isora (¼ Std.). Wir folgen der Straße immer geradeaus – sie quert schon bald ein breites, felsiges Barrancobett und mündet nach insgesamt 10 Minuten in Isoras Ortsteil **Los Llanos** in eine Straße ein. Gegenüber setzt sich ein Camino fort, der nach 100 m abermals in eine Straße einmündet. Hier geradeaus auf dem Sträßchen weiter, das sogleich an der Plaza von Los Llanos vorbeiführt. Unterhalb der Hauptstraße kreuzen wir nochmals ein Sträßchen, dann geht der Weg wieder in einen schönen Ca-

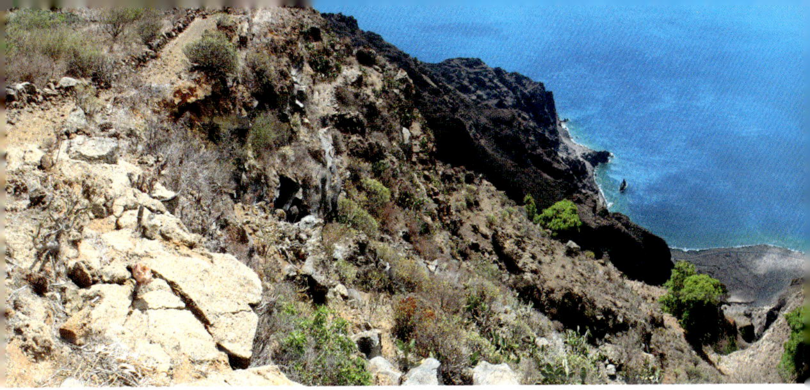

Tiefblick vom Wanderweg nahe dem Mirador de Isora zum Roque de la Bonanza.

mino über, der leicht ansteigend, zuletzt asphaltiert (Calle Los Castaños), nach **La Cuesta** 5 hinüberführt.

Gegenüber der kleinen Plaza an der Hauptstraße gehen wir 30 m die Dorfstraße hinauf und biegen links auf den breiten, steingepflasterten Camino ab (*PR EH 4.1, weiß-gelb*). Er führt zunächst steil bergan, verflacht sich aber bei einem Trafoturm und hält direkt auf **Las Rosas** zu. Bei den ersten Häusern des Ortes – der breite Weg geht hier in ein Sträßchen über – biegen wir rechts auf einen Fahrweg ab. Dieser quert nach wenigen Minuten einen Barranco, 50 m danach einen weiteren. Hier verlassen wir den Fahrweg und steigen durch den Barranco weiter bergan. Bereits nach kurzem Anstieg halten wir rechts hinüber zur Dorfstraße und folgen dieser zur Plaza von **San Andrés**. Die Straße rechts der Plaza (Calle Jarera Baja) bringt uns vollends hinauf zum Ortszentrum an der Hauptstraße 1.

Die Fuente de Isora ist einen kurzen Abstecher wert.

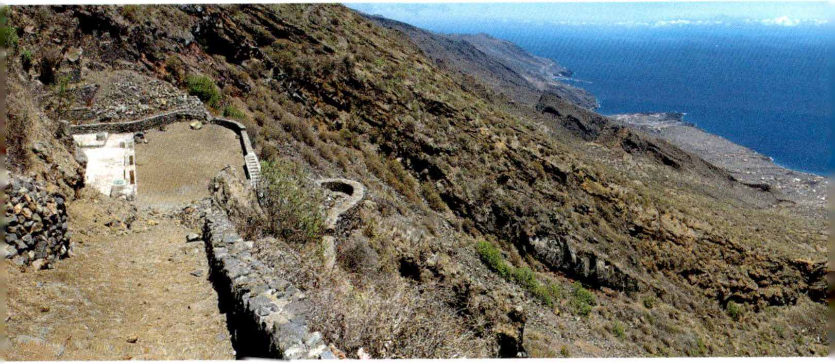

↗ 1000 m | ↘ 1000 m | 14.3 km

12 Von Isora nach Timijiraque

5.30 h

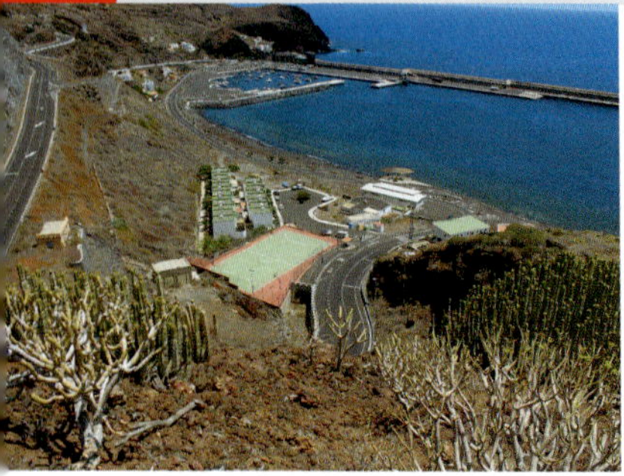

Ausgiebige Rundtour zur Ostküste – nur für hartgesottene Wanderer!

Wer bereit ist, auch einmal einige beschwerliche, unwirtliche Wegstücke auf sich zu nehmen, der wird auf dieser stillen Rundtour reichlich belohnt: In Timijiraque lockt ein kleiner Badestrand, auf der Hochfläche von Las Rosas lernt man eine typische kanarische Alm kennen und bei Tiñor winkt ein kurzer Abstecher auf einen luftigen Aussichtsgipfel. Danach klingt die Wanderung auf einem schönen, gemütlichen Höhenweg aus.

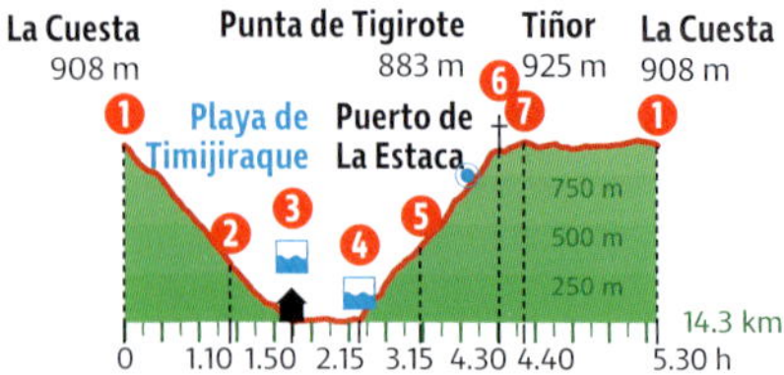

Ausgangspunkt: Plaza de La Cuesta an der Hauptstraße in La Cuesta, 908 m, einem Ortsteil von Isora (Buslinie 5).
Anforderungen: Anstrengende Rundtour auf teilweise etwas verwachsenen Wegen, die eine gute Kondition und etwas Orientierungsvermögen voraussetzt.
Einkehr: Bar-Restaurants in Timijiraque.
Kombinationsmöglichkeit: Touren 9, 11, 13 und 44.

Unmittelbar rechts neben der kleinen, teilweise überdachten Plaza an der Hauptstraße in **La Cuesta** ❶ senkt sich eine steile Dorfstraße (Calle La Esperilla, *PR EH 4, weiß-gelb*) hinab, die nach wenigen Minuten bei den letzten Häusern endet. Kurz vor ihrem Ende setzt sich rechts haltend ein von Steinmauern eingefasster Camino fort, der zu einem sanft nach links abfallenden Hochplateau mit einer Straße hinabführt. Wir kreuzen diese links haltend. 5 Minuten später führt der Camino gut 30 m durch ein felsiges Barrancobett hinab und gabelt sich vor einem Abbruch. Wir folgen links dem breiten Hauptweg, der sich nach 50 m abermals gabelt – hier geradeaus weiter, auch an der nächsten Gabelung. Kurz darauf erreichen wir ein felsiges Plateau. Auch hier wandern wir geradeaus

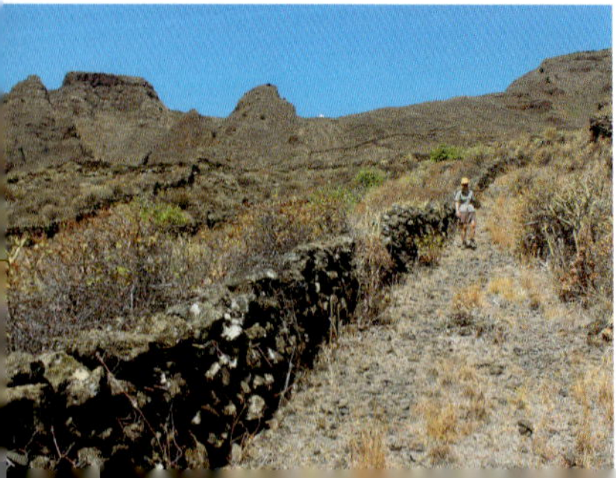

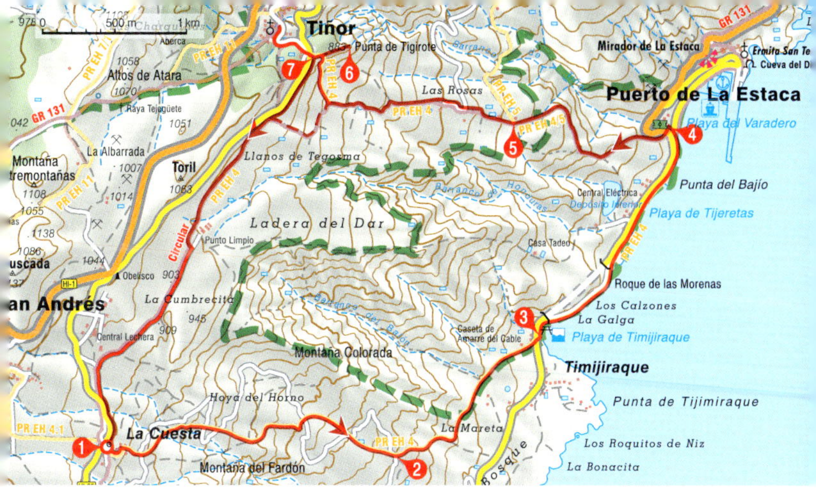

weiter durch den Hang. Wenige Minuten später wendet sich der markierte Wanderweg hinab. Er kreuzt nach 5 Minuten die Straße, wenige Minuten später abermals. 10 Minuten danach kommen wir links an einem kleinen Felsgipfel vorbei. Nach 5 Minuten wendet sich der Weg von der Felsrinne links ab. Er verschmälert sich nun kurzzeitig, zieht in ziemlich direkter Linie in Richtung Meer hinab und kreuzt in der Folge mehrmals die Straße (beim letzten Kreuzen Tafel »Los Aculaderos« 2). Etwa eine halbe Stunde ab dem felsigen Barrancobett führt der Weg – jetzt wieder mit Blick auf Timijiraque – leicht links haltend hinab. Er verläuft schon bald entlang eines tiefer eingeschürften Lavabarrancos, der nach 10 Minuten nach links durchquert

Abstieg nach Timijiraque, dem ersten Etappenziel der Wanderung.

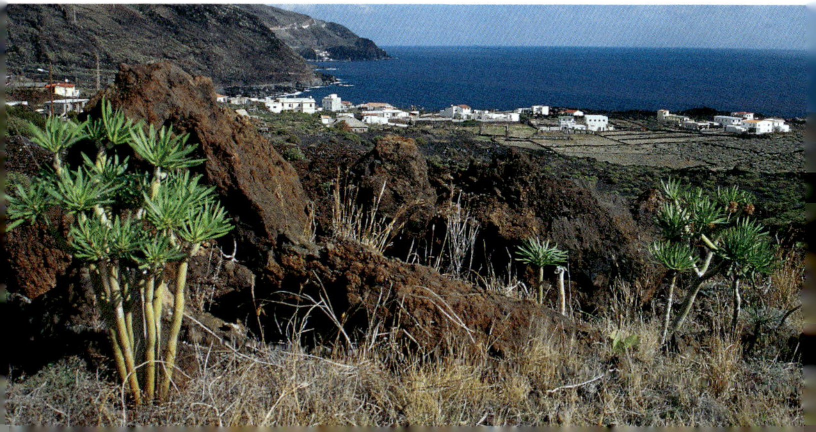

wird. Anschließend vorbei an einer unterhöhlten Felswand, hinüber zu einer hohen, runden Zisterne. Hier nimmt uns (geradeaus) ein Fahrweg auf, der zielstrebig zur kleinen Playa von **Timijiraque** ❸ hinabführt – neben der Bar Bahía mündet der zuletzt asphaltierte Fahrweg in die Küstenstraße (Buslinie 7). Wer ein schattiges Rastplätzchen sucht: Am Strandende befindet sich ein Picknickplatz mit Wasserstelle.

Wir setzen unsere Wanderung links auf der Hauptstraße nach Puerto de La Estaca fort, halten uns jedoch vor dem Tunnel rechts auf der alten Straße. Sie verläuft durch die Steilküste, vereint sich später wieder mit der Hauptstraße und führt nach einer Viertelstunde am unteren Wasserdepot des Wind-Wasser-Kraftwerks Gorona del Viento und am Elektrizitätswerk vorbei. Knapp 10 Minuten später erreichen wir, vorbei an der Playa del Varadero, an einem Verkehrskreisel den Hafenort **Puerto de La Estaca** ❹ (Buslinien 7, 11).

Direkt am Kreisel steigen wir mit *PR EH 4/5* (*weiß-gelb*) links in Richtung La Cuesta an – zunächst auf einem Treppenweg zwischen Häusern, dann auf sehr steilem Camino, der uns Estaca zu Füßen legt. Er schwenkt nach einigen Minuten links hinüber zu einem rot-braunen Lavarücken, auf dem er sich nach kurzem Quergang mit einem von einem Fahrweg kommenden Weg vereint (auf Höhe eines Tunnels des Wind-Wasser-Kraftwerks). Hier rechts entlang der Steinmauer weiter steil bergan zur Kammhöhe des Bergrückens. Hier zeigt sich wieder der alte, von Steinmauern eingefasste Camino. Er führt stetig am Rücken bergan und bietet einen schönen Blick rechts hinüber nach Puerto de La Estaca und zur Wasser-Pipeline, die zum Tunnel führt. Nach etwa 20 Minuten hält der Camino rechts auf einen

Blick von der Punta de Tigirote über die Hochfläche von Las Rosas zur Küste.

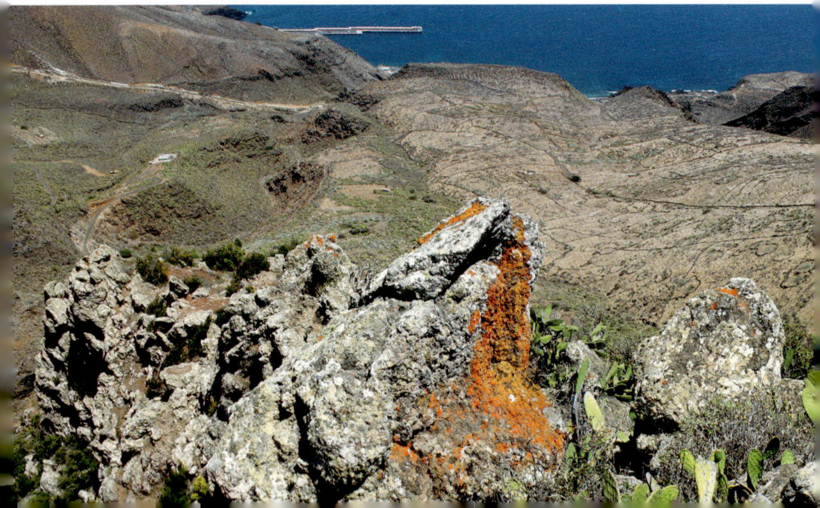

Taleinschnitt zu. Gut 5 Minuten später gabelt sich der Weg auf dem aufgelassenen, verwilderten Almgelände von **Las Rosas** ❺ mit ein paar alten Steinhäusern – hier geradeaus auf dem teilweise steingepflasterten Camino hinauf (rechts zweigt PR EH 5 nach Valverde ab), der nach 10 Minuten auf eine von Valverde kommende Straße trifft.
Wir folgen der Straße geradeaus bergan und gehen an ihrem Ende nach wenigen Minuten geradeaus (rechts am Wacholderbaum vorbei) weiter auf dem Camino. Dieser windet sich schon bald steiler bergan, um nach gut 15 Minuten in einem Quergang links durch den Hang zu führen. Bald darauf, oberhalb eines Aljibe (Zisterne) vorbei, führt der Camino am Rand eines Barrancos weiter bergan. Einige Minuten später passieren wir eine Wassersammelstelle (Fuente) in der Wegmitte, bald darauf gabelt sich der Weg am Fuß eines Steilhanges (Tafel).
Wer auf direktem Weg zurück nach Isora will, hält sich links und geht durch das Zaungatter (der Weg vereint sich nach 20 Min. mit dem folgenden Abstecher). Wir aber wenden uns nach rechts. Der schöne, steil angelegte Camino führt in äußerst imposanter Manier durch die Felswand hinauf zur Höhe des Bergkammes. Oben angekommen (¼ Std.), sollte man bei guter Sicht unbedingt einen kurzen Abstecher scharf rechts hinüber auf den östlichen Eckpfeiler dieses Bergkammes, die **Punta de Tigirote** ❻, 883 m, unternehmen – sie legt uns nochmals die Ostküste zu Füßen, außerdem reicht der Blick nach Valverde und Isora. Nach dem Abstecher gehen wir auf dem Camino weiter hinauf zur alten Hauptstraße – wir erreichen diese direkt gegenüber dem Abzweig einer Zufahrtsstraße nach **Tiñor** ❼ (Bushäuschen). Hier kann man einen kurzen Abstecher in den kleinen, hübschen Ort unternehmen. Danach wandern wir links auf der Straße weiter. Nach 5 Minuten zweigt links (mit Leitungsmasten) ein Camino von der alten Hauptstraße ab. Er verläuft in gemütlicher Höhenwanderung durch den Hang (nach 20 m mündet von scharf links der oben erwähnte Camino von Las Rosas ein) und erreicht nach einer Viertelstunde eine Weggabelung vor den Gebäuden einer **Müllverwertungsanlage** und eines Schrottplatzes. Hier rechts am umzäunten Gelände entlang weiter. Gleich danach wenden wir uns der Zufahrtsstraße zu, die nach gut 10 Minuten an den unteren Gebäuden der Molkerei (Central Lechera) vorbeiführt und sich anschließend gabelt. Hier links weiter zur nahen Hauptstraße, die uns links nach **La Cuesta** ❶ zurückbringt.

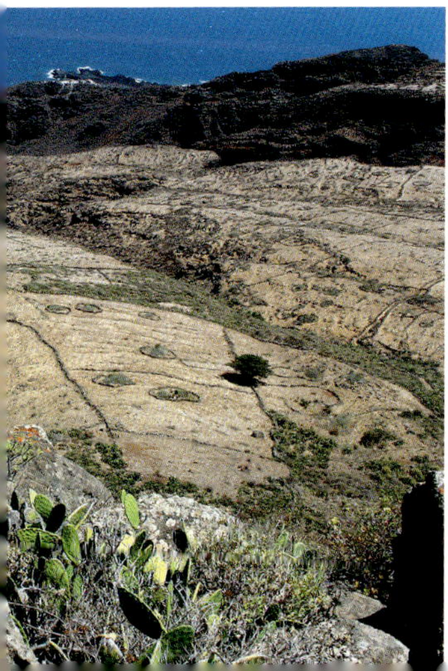

↗ 900 m | ↘ 900 m | 7.3 km

4.30 h

13 Von Isora nach Las Barranqueras

Abstieg durch die Ladera de Azofa

Von Isora führen zahlreiche alte Wege hinunter zur Ostküste, die früher einmal als Verbindungs- und Versorgungswege von großer Bedeutung waren, seit dem Straßenbau aber dem Verfall preisgegeben sind. Ein solcher bringt uns hinab zum schönen, kleinen Strand von Las Playecillas.

Ausgangspunkt: Plaza an der Hauptstraße in La Torre, 880 m (Ortsteil von Isora; Buslinie 5).
Anforderungen: Anstrengende Wanderung auf häufig sehr ungepflegtem, steinigem Camino (im unteren Teil auch streckenweise etwas verwachsen), die eine gute Kondition und etwas Orientierungsvermögen voraussetzt.
Einkehr: Unterwegs keine Einkehrmöglichkeit. In Isora Bar-Restaurants.
Kombinationsmöglichkeit: Tour 11.

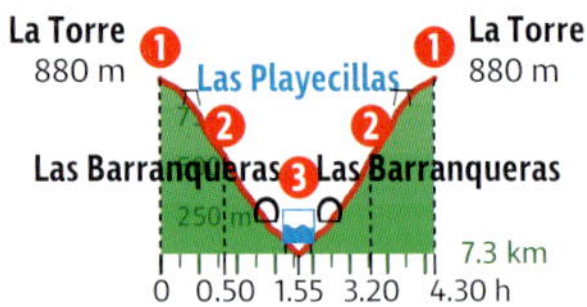

Die Plaza von **La Torre** ❶ befindet sich direkt an der Hauptstraße, gegenüber dem Abzweig einer Straße nach Tajace/El Pinar. Wir wenden uns auf der rechten Seite des Platzes der Calle La Fuente zu und folgen dieser immer geradeaus hinab bis zu den letzten Häusern des Ortes. Hier kreuzt die Dorfstraße nach gut 5 Minuten eine Querstraße. Rechts könnte man einen Abstecher zur **Fuente de Isora** einschieben (gut ¼ Std. einfach; →Tour 11). Wir aber gehen an der Kreuzung geradeaus und nach dem letzten Haus auf dem breiten Weg weiter, immer dem abwärtsführenden Hauptweg folgend. Er führt nach einigen Minuten in weiten Schleifen hinab. Bald darauf sehen wir rechts von uns, getrennt durch eine Steilrinne, die Aussichtsplattform an der Fuente de Isora. Der Weg wird nun etwas steiler, steiniger, die Kehren werden enger. Nach einer halben Stunde (ab La Torre) gabelt sich der Weg in ca. 550 m Höhe (verblichener weißer Pfeil am Wegeck). Wir wählen den linken, etwas bequemeren Weg. Er führt nach kurzem Quergang – mit Blick auf einen auffälligen Felszahn, das herrenische Matterhorn – wieder steiler bergab und hält allmählich links hinüber an den Rand eines Barrancos (unterwegs nicht rechts abbiegen auf Ziegencamino!). Hier gabelt sich der Weg abermals ❷ (¼ Std., ca. 460 m). Links durch den Barranco zweigt ein Camino zu einem Haus am Fuß der stark unterhöhlten Montaña de la Maleza ab (der Weg führt hinüber in den Barranco de Las Playecillas). Wir verbleiben auf dem geraden Hauptweg auf der rechten Barrancoseite. Er ist nun stellenweise stärker verwachsen und kommt nach etwa 20 Minuten links an einem Häuschen in ca. 280 m Höhe vorbei. Gleich danach leitet der Camino kurz nach rechts, um wieder – teilweise hohlwegartig, einge-

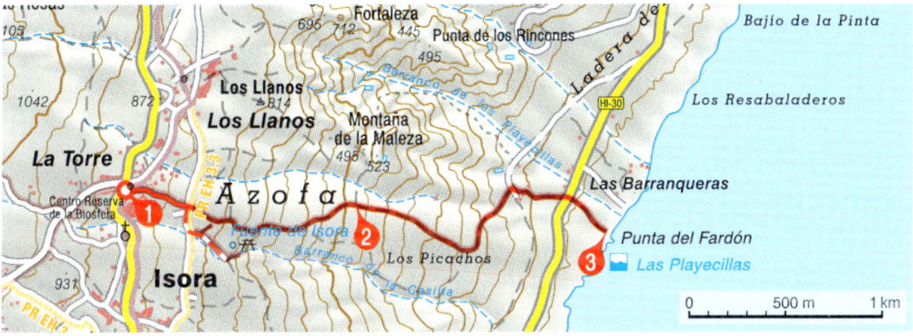

zwängt von fast mannshohen Wolfsmilchgewächsen – in direkter Linie in Richtung Meer abwärtszuführen. Weiter unten hält sich der Weg zunehmend links und senkt sich schließlich am Rande eines Barrancos, vorbei an einem Felstor, hinab zu einer Piste (½ Std.). Von hier sollten Sie noch einmal einen Blick auf die stark zerklüfteten Berge beiderseits des Barranco de Las Playecillas werfen, bevor Sie rechts auf der Piste weitergehen. Bereits nach 50 m, bei den ersten Häusern von **Las Barranqueras**, biegen wir links auf einen Camino ab. Er führt an den alten Häusern vorbei hinab zur Küstenstraße (Haltestelle der Buslinie 7 links an der Straße). Auf der anderen Straßenseite setzt sich ein schlechter, teilweise undeutlicher Weg fort. Er führt bald rechts durch die Barrancorinne und erreicht wenige Minuten später den Strand von **Las Playecillas** ❸ – der rechte Strandabschnitt ist etwas schöner, sandiger und lädt bei ruhiger See zum Baden ein.

An der Küste erwartet uns ein schöner, im rechten Abschnitt auch sandiger Strand.

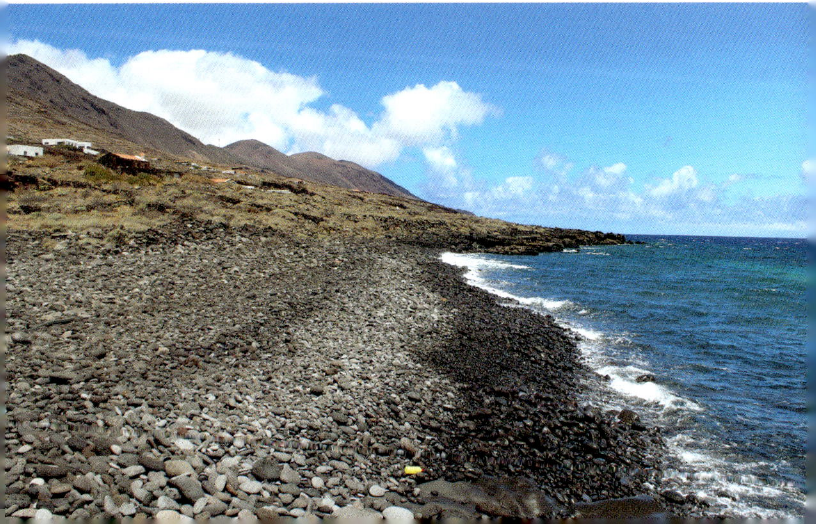

TOP

14 Von Isora nach Las Playas

↗ 900 m | ↘ 900 m | 8.2 km

4.30 h

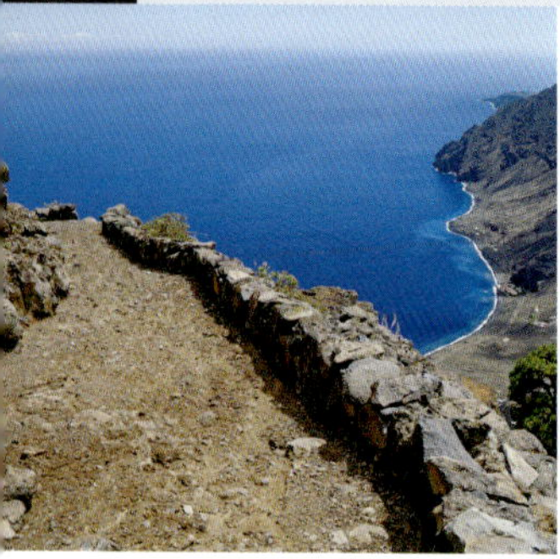

Nur für Schwindelfreie – der Abstieg durch die Steilwand von Las Playas

Bei der gewaltigen Steilwand des Risco de los Herreños käme wohl kaum jemand auf die Idee, dass dort ein Weg hindurchführt. Umso erstaunlicher ist, dass der kunstvoll angelegte Camino, der am Mirador de Isora seinen Ausgang nimmt, auch für weniger geübte Wanderer problemlos begehbar ist. Etwas Schwindelfreiheit allerdings sollte man mitbringen, und natürlich eine gute Kondition – es sei denn, man fährt mit dem Bus zurück.

Ausgangspunkt: Mirador de Isora, 820 m, am Ende der Straße nach Isora (1 km nach dem Ortsende von Isora, Buslinie 5).
Anforderungen: Anstrengende Wanderung auf häufig schmalem, steil angelegtem Camino (teilweise etwas luftig). Nur bei sicherem Wetter!
Einkehr: In Las Playas und in Isora Bars/Restaurants.
Kombinationsmöglichkeit: Touren 15 und 16 (insgesamt 6 Std., nur für ausdauernde Bergwanderer). Außerdem Kombinationsmöglichkeit mit Tour 11.

Der **Mirador de Isora** ❶, unser Startpunkt, befindet sich am Ende der Straße in Isora. Vom Aussichtsplatz bietet sich ein großartiger Ausblick über die Steilwand des Risco de los Herreños hinab zur Bucht von Las Playas mit dem Roque de la Bonanza. Wir folgen dem Camino, der sich in Verlängerung zur Straße fortsetzt und einige Meter zum nächsten Bergrücken ansteigt (*PR EH 3, weiß-gelb*). Dort halten wir uns an der Weggabelung links und gehen in Serpentinen steil hinab. Nach wenigen Minuten verflacht sich der von Steinmauern

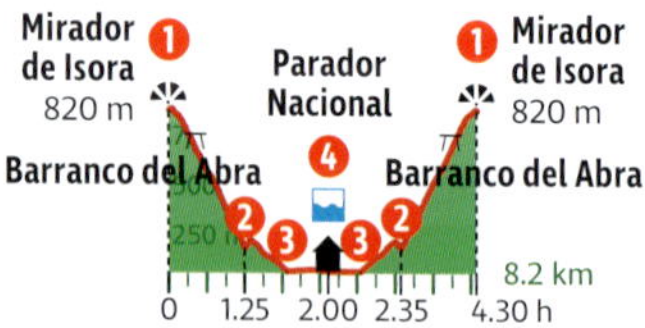

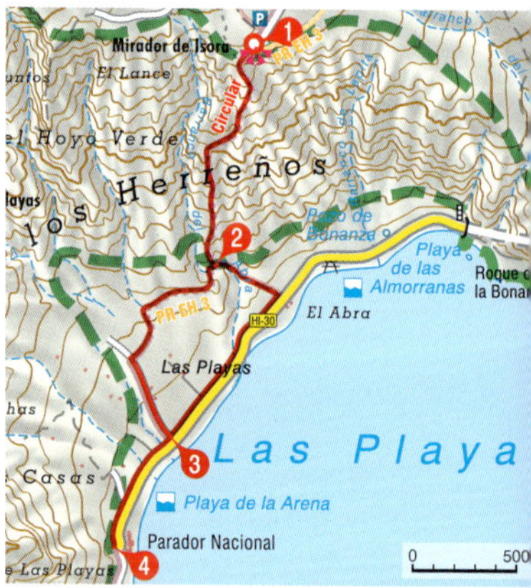

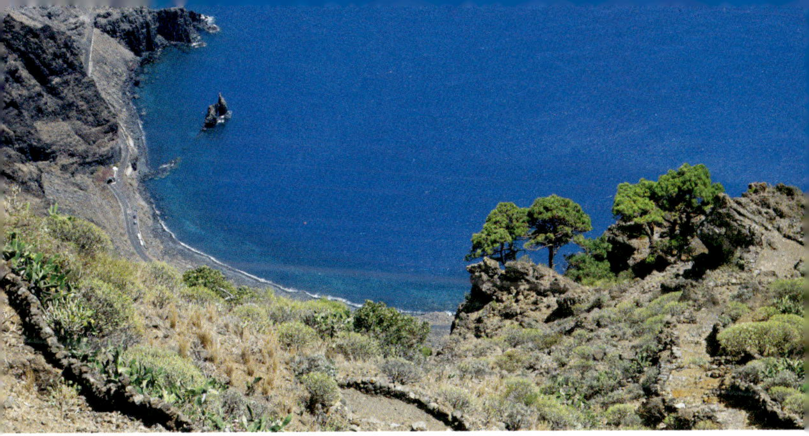

Der Camino legt uns die Bucht von Las Playas mit dem Roque de la Bonanza zu Füßen.

eingefasste Camino, dann führt er über einen Bergrücken hinab. Nach einer knappen Viertelstunde kommen wir rechts an einer kleinen Felskanzel vorbei (Lomo Justa) – der Roque de la Bonanza verschwindet jetzt hin und wieder aus unserem Blickfeld. Gut 10 Minuten später durchschreiten wir ein Gatter in ca. 600 m Höhe. Der Weg passiert in der Folge einen schönen Aussichtsplatz (»Vista el Pozo«) und durchquert nach gut 10 Minuten oberhalb eines Steilabbruchs eine Barrancorinne nach rechts. Nach etwa 10 Minuten gelangen wir durch ein weiteres Gatter in knapp 400 m Höhe. Unser Weg führt nun zusehends an einen gewaltigen, tief eingeschürften Barranco heran, der geprägt ist von zahlreichen dunklen Geröllfeldern an seinen Flanken, verbleibt aber stets auf dem Rücken zwischen den Barrancos. Eine halbe Stunde ab dem Gatter passieren wir die Wegstelle »La Charca« – kurz danach senkt sich der Camino mit dem Rücken steil hinab in den Barranco und erreicht etwa 100 m vor der Vereinigung der beiden Täler den Grund des **Barranco del Abra** ❷ in 120 m Höhe. Hier gabelt sich der Weg: Der markierte Weg führt rechts in Serpentinen auf der anderen Seite des Barrancos hinauf (sollte er verschüttet sein, dann geht man links durch die Schlucht zur Küstenstraße). Nach dem gerölligen Gegenanstieg halten wir uns oben auf dem Rücken rechts weiter kurz bergan, bis sich der Weg durch den Hang absenkt. Nach knapp 10 Minuten Hangquerung treffen wir unmittelbar nach dem Durchschreiten einer kleinen Barrancorinne auf eine Straße, auf der wir gemütlich hinabwandern, vorbei an ein paar Häusern, zur Küstenstraße in **Las Playas** ❸ (wer einen Camino bevorzugt, kann nach 50 m links mit dem markierten Wanderweg zur Küstenstraße hinabwandern, er mündet 100 m abseits vom Bar-Restaurant Bohenia in die Straße). Auf dieser können wir rechts in 10 Minuten zum **Parador Nacional** ❹ hinüberwandern (Buslinie 7; Bademöglichkeit am grobkiesigen Strand).

↗ 850 m | ↘ 850 m | 7.3 km

15 Von Las Playas nach El Pinar

3.50 h

Auf steilen, gerölligen Pfaden nach Las Casas

Neben dem berühmten Camino vom Mirador de Isora gibt es noch einen weiteren, kaum weniger spektakulären Wanderweg durch die Steilwand von Las Playas. Er war früher ein wichtiger Verbindungsweg zwischen El Pinar und Las Playas – heute ist er fast in Vergessenheit geraten.

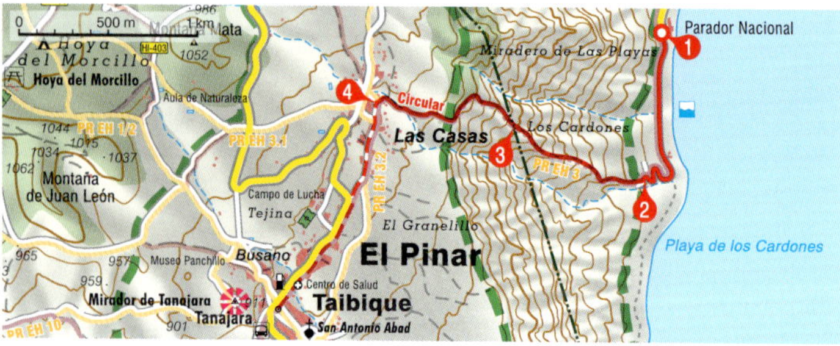

Ausgangspunkt: Hotel Parador Nacional, 10 m, am Südende der Bucht von Las Playas (Buslinie 7).
Anforderungen: Steiler, anstrengender Auf- und Abstieg auf schmalem, stellenweise undeutlichem Weg.
Einkehr: In El Pinar und in Las Playas Bars/Restaurants.
Kombinationsmöglichkeit: Touren 14 und 16 (insgesamt 6 Std., nur für ausdauernde Bergwanderer). Von El Pinar zahlreiche Anschlusswanderungen.

Vom **Parador Nacional** ❶ folgen wir der Straße, die sich in südlicher Richtung fortsetzt. Sie führt etwa 10 Minuten in leichtem Auf und Ab an der Küste entlang und steigt dann vor einer Barrancorinne rechts steil zu den letzten Häusern an (Tafel). Wir bleiben stets auf der bergwärts führenden Straße und lassen die Abzweigungen zu den Häusern unberücksichtigt. Nach gut 5 Minuten, in knapp 100 m Höhe, knickt die Straße nach links. Hier gehen wir 20 m nach links und zweigen rechts durch ein kleines Holzgatter auf den Wanderweg ab ❷ (*PR EH 3, weiß-gelb*). Der deutliche, häufig von niedrigen Steinmauern eingefasste Weg führt über einen steilen Bergrücken bergan und verläuft schon bald parallel zu zwei Mastenleitungen. Einziger Schattenspender unterwegs sind ein paar in den Hang hineingestreute Sabinas, erst in über 300 m Höhe gesellen sich einzelne Kiefern hinzu. Der Weg ähnelt nun mehr einem Steig denn einem ausgebauten Camino. Teils felsig, teils geröllig, windet er sich in steilen, engen Serpentinen bergan – immer parallel zu den Masten. In etwa 450 m Höhe durchschreiten wir einen engen, niedrigen Mauerdurchschlupf. Etwa 10 Minuten

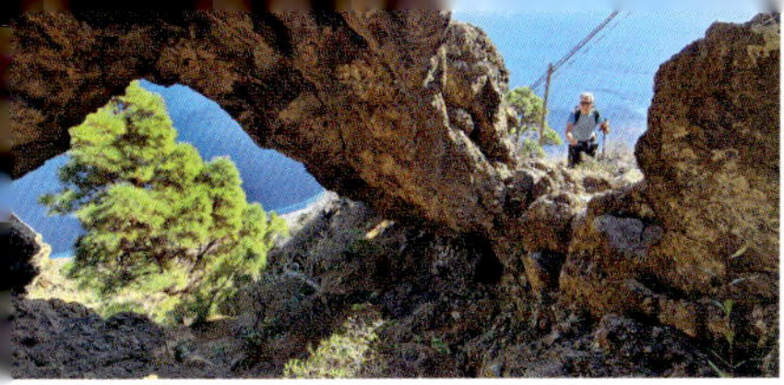

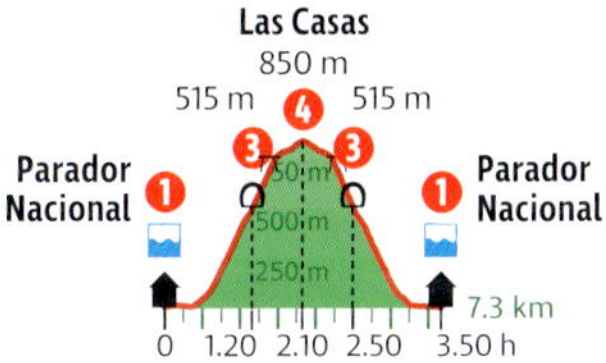

später sehen wir unmittelbar rechts des Weges ein etwa drei Meter breites Felstor 3, durch das man direkt auf den Swimmingpool des Parador hinabblicken kann (allerdings etwas verdeckt durch eine Kiefer). Die Kammhöhe rückt nun immer näher, auch wenn es noch ein beschwerliches Stück Weg dorthin ist. Einige Minuten nach dem Felstor führt der Steig direkt an einer lang gestreckten Felswand entlang, anschließend verläuft er parallel zu einer etwa zehn Meter breiten Geröllrinne, die unser Weg sogleich nach rechts durchquert (die Mastenleitung verbleibt am Bergrücken links der Geröllrinne). Etwa 10 Minuten nach der Querung der Geröllrinne kommen wir durch ein Gatter. Der Weg wird nun deutlich besser, bleibt aber weiterhin steil. Erst nach einigen Minuten verflacht sich der Weg spürbar und führt unter der Mastenleitung hindurch links zur Hochfläche am Rand des Steilabbruchs hinaus. Über diese geht es weiter gemütlich bergan, immer dem breiten, von Steinmauern eingefassten Weg folgend. Kaum tauchen vor uns die Häuser von Las Casas auf, treffen wir auf eine flache Barrancorinne. Dieser folgen wir rechts bergan und verlassen sie nach 50 m auf einem links abzweigenden Camino. Er führt zwischen Obstgärten bergan und gabelt sich nach 5 Minuten – hier links weiter zur nahen Dorfstraße (Calle El León) von El Pinars Ortsteil **Las Casas** 4. Folgt man der Straße nach links (nach gut 5 Min. an der Straßengabelung halb rechts), so gelangt man zur Hauptstraße – sie führt links in knapp 10 Minuten zur Plaza von **Taibique** (Buslinien 2, 8).

Nach dem Steilaufstieg erreichen wie das Hochplateau mit dem Dorf El Pinar.

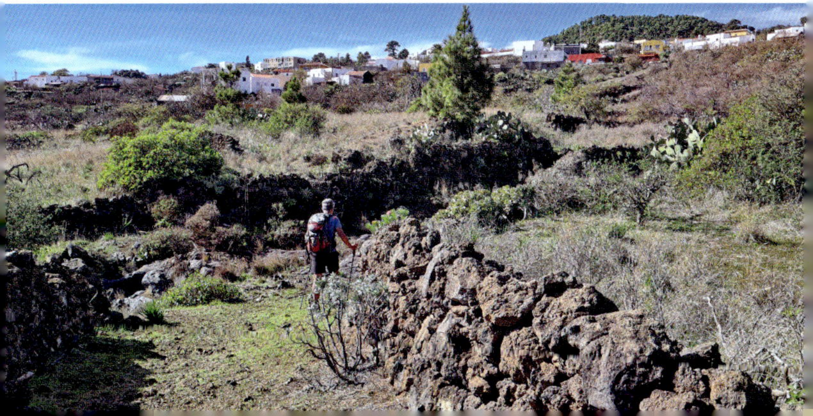

↗ 600 m | ↘ 600 m | 13.1 km

16 Von El Pinar nach Isora

3.45 h

Idyllische Gartenlandschaften am Rand der Bucht von Las Playas

Auf dieser gemütlichen Wanderung über die Hochfläche von El Pinar kann man in vollen Zügen die herrliche, fast schon mediterran anmutende Landschaft mit ihren Obstgärten und den fantastischen Ausblicken auf die Bucht von Las Playas genießen.

Ausgangspunkt: Las Casas, 850 m, oder Taibique, 825 m, Ortsteile von El Pinar (Buslinien 2, 8).
Anforderungen: Leichte Wanderung auf bequemen Wegen bzw. kaum befahrenen Nebenstraßen, nur das Wegstück Tajace – Mirador de Isora ist anspruchsvoller (kann aber mit PR EH 3 umgangen werden).
Einkehr: In El Pinar und in Isora Bars/Restaurants.

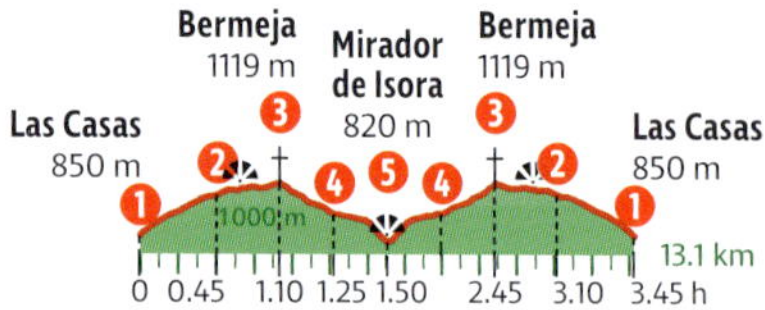

Kombinationsmöglichkeit: Touren 14 und 15 (insg. 6 Std., nur für ausdauernde Bergwanderer). Außerdem Kombinationsmöglichkeit mit den Touren 11, 13.

El Pinar, gesehen vom Mirador de Tanajara.

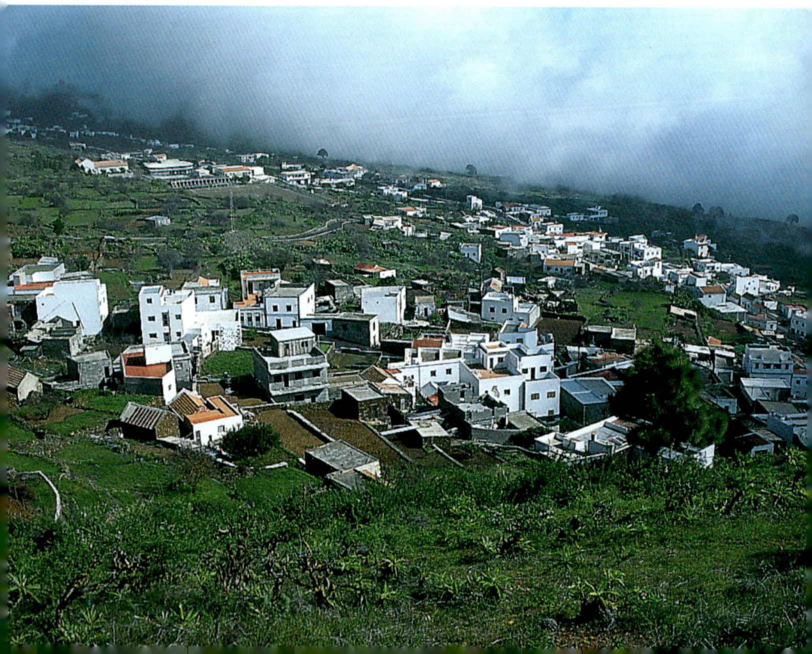

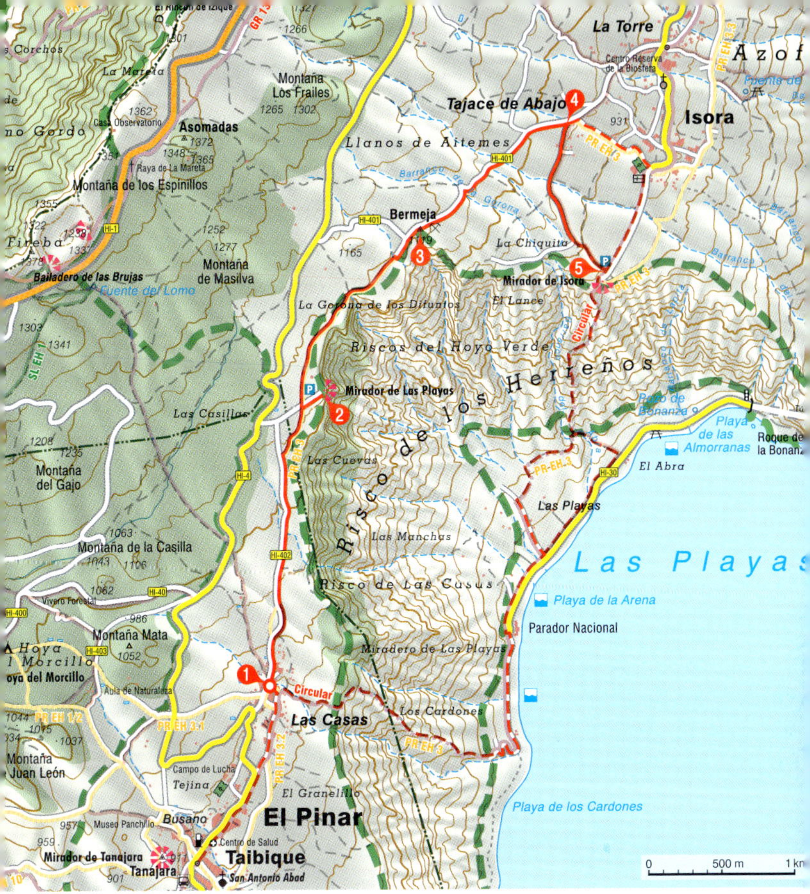

Von der Plaza im Ortszentrum von **Taibique** folgen wir zunächst der Hauptstraße in Richtung Valverde. Nach knapp 10 Minuten zweigt vor einer Linkskurve geradeaus ein Sträßchen ab, das wir immer geradeaus durch El Pinars Ortsteil **Las Casas** verfolgen. Nach einigen Minuten schwenken wir mit dem Sträßchen links hinauf (rechter Hand ein alter, kreisrunder Dreschplatz; links daneben, am Haus vorbei, zweigt ein Camino nach Las Playas ab, →Tour 15). Gut 100 m danach erreichen wir eine große Kreuzung **1**, an der mehrere Straßen abgehen (links zweigt PR EH 3.1/3.2 ab). Wir wenden uns rechts der Calle La Pasada zu (*PR EH 3, weiß-gelb*). Sie führt kurz steil bergan, lässt schon bald die letzten Häuser des Dorfes hinter sich und ver-

flacht sich dann – hier zweigt der markierte Wanderweg links auf einen Camino ab, vereint sich aber wenige Minuten später wieder mit der Straße. Auf dem Sträßchen können wir in aller Ruhe diesen wunderschönen Landstrich genießen: Mandelgärten, eingestreute Kiefern, Steinmäuerchen, Feigenkakteen, Ziegen ... Nach einer halben Stunde erreichen wir einen großen Eukalyptusbaum und eine Finca mit einer großen Zisterne. Hier zweigt der Wanderweg rechts ab auf einen Camino, der am Zaun der Finca entlang weiter ansteigt zur Straße zum **Mirador de Las Playas** ❷ (auf der Straße 2 Min. nach rechts). Von diesem fantastischen Aussichtsplatz blicken wir wie aus der Vogelperspektive hinab auf die Bucht von Las Playas.
Vom Mirador gehen wir wieder gut 100 m auf der Straße zurück und wandern rechts auf dem breiten, von Steinmauern flankierten Camino weiter. Er führt zunächst sanft bergan, dann geht es in leichtem Auf und Ab am Rand der Hochfläche entlang. 10 Minuten nach dem Mirador öffnet sich nochmals der Blick auf Las Playas. Wenige Minuten später kommt von links eine Rohrleitung hinzu. Unser Camino geht jetzt in einen Fahrweg über (abermals herrliche Tiefblicke auf Las Playas), der nach knapp 5 Minuten wiederum in eine Asphaltstraße übergeht. Diese gabelt sich nach kurzem Anstieg – hier geradeaus weiter, vorbei am beige-sandigen Gipfel des **Bermeja** ❸, 1119 m (Vermessungssäule). Die Straße senkt sich nun hinab nach **Tajace de Abajo** ❹ (¼ Std.).
In dem kleinen Ort zweigt an der tiefsten Stelle der Straße rechts ein abwärtsführendes Sträßchen ab (PR EH 3). Wer nicht trittsicher ist, folgt die-

Im Winter und im Frühjahr zeigt sich die Gartenlandschaft von ihrer schönsten Seite.

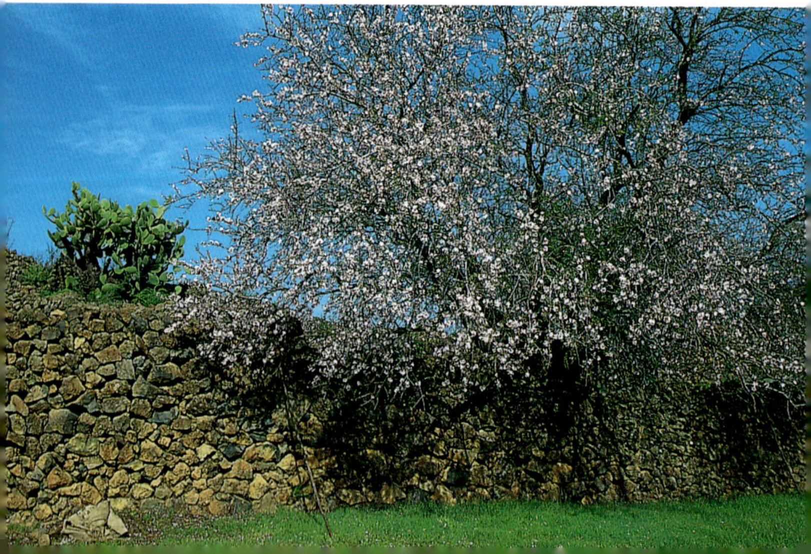

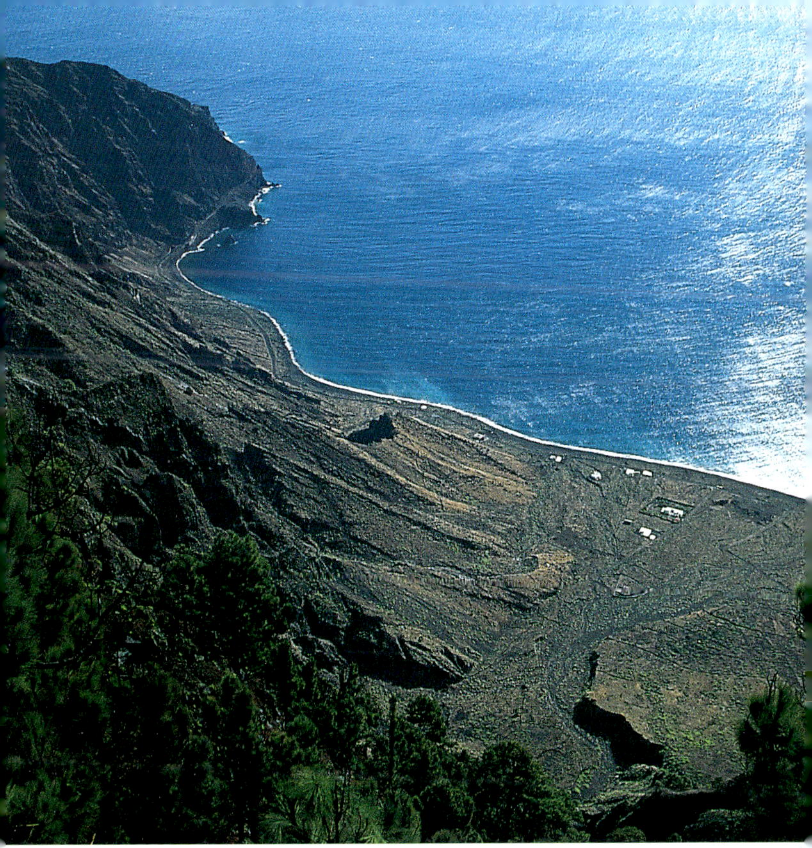

Der Mirador de Las Playas eröffnet einen spektakulären Tiefblick auf die Bucht von Las Playas mit dem Roque de la Bonanza.

sem zum Mirador de Isora (→Tour 11). Wir aber biegen 20 m davor rechts auf eine Betonstraße ab, die wir nun weiterverfolgen. Sie führt etwa höhehaltend durch den Hang und gabelt sich nach 3 Minuten – hier geradeaus weiter, vorbei an den letzten Häusern mit Dreschplatz. 10 Minuten ab Tajace knickt das Sträßchen scharf rechts ab – hier zweigt geradeaus über den Bergrücken ein Camino ab (etwas verwachsen), auf dem wir immer geradeaus zu einer Straße hinabsteigen (10 Min.). Diese bringt uns rechts hinüber zum **Mirador de Isora** 5, von dem wir einen fantastischen Tiefblick auf die Bucht von Las Playas genießen (Haltestelle der Buslinie 5 in Isora, 10 Min.).

↗ 200 m | ↘ 200 m | 2.4 km

17 Hoya de María und Playa del Pozo

1.10 h

Zum größten Krater des Inselsüdens

Der Camino von der Hoya de María zur Playa del Pozo kann nur sehr erfahrenen Bergwanderern empfohlen werden – ganze Wegstücke sind abgerutscht, manche Passagen machen einen abrutschgefährdeten Eindruck. Aus diesem Grund begnügen wir uns mit einem kurzen, aber dennoch eindrucksvollen Ausflug zum riesigen Vulkankrater der Hoya de María.

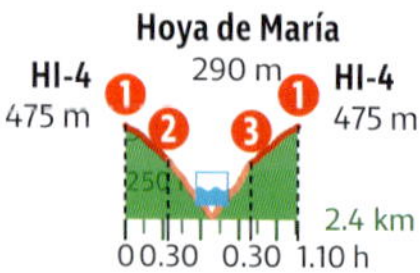

Ausgangspunkt: Km 15,6 (6 km ab Plaza Taibique) der HI-4 Taibique – La Restinga, 475 m (Parkbucht).
Anforderungen: Leichte Wanderung auf verwildertem Camino.
Varianten: Wer die Wanderung von Taibique aus unternehmen will, folgt →Tour 18 bis zum Abzweig des Weges zur Hoya de María (¾ Std.). Der Weg kreuzt nach 150 m eine Straße, immer dem geraden Weg entlang den Leitungsmasten folgend erreicht man knapp 10 Min. ab dem Abzweig die Hauptstraße (gegenüber setzt sich der Weg zur Hoya de María fort).
Abstieg von der Hoya de María zur Playa del Pozo (1½ Std. hin und zurück, sehr schwierig, absolute Trittsicherheit und Schwindelfreiheit erforderlich!): Der alte, überwiegend verschüttete bzw. abgerutschte Camino führt in Schleifen bergab, manchmal unangenehm abschüssig, überwiegend etwas rechts haltend. Nach einer knappen ½ Std. verläuft er in einem Quergang über eine dunkelbeige Erosionszone in ca. 100 m Höhe, bis zu einer Rohrleitung, an der entlang der Weg vollends hinabführt zu einem Brunnenhaus und zum etwa 500 m langen Strand.

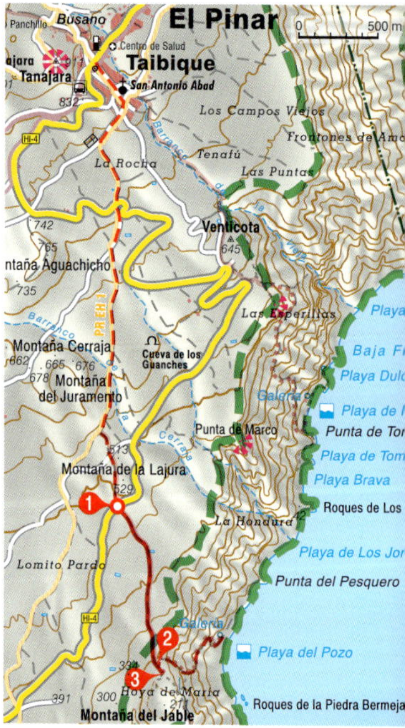

Der Ausgangspunkt der Wanderung befindet sich in einer Kurve bei **Km 15,6** der Hauptstraße nach La Restinga ❶ (75 m weiter quert eine Hochspannungsleitung die Straße). Der breite, streckenweise etwas verwachsene Camino zieht zunächst links abseits eines felsigen Rückens hinab. Schon nach

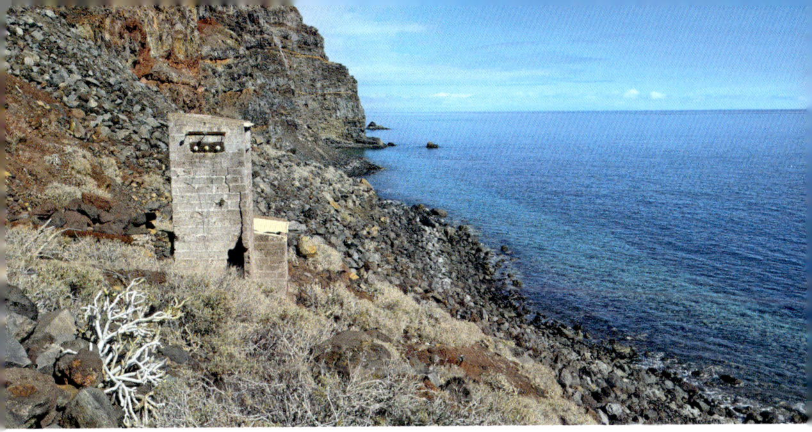

Brunnenhaus an der einsamen, lang gestreckten Playa del Pozo.

wenigen Minuten überschreitet der alte Pflasterweg den Lavarücken nach rechts und führt nun an einer 10 m breiten Rinne zwischen zwei Lavawällen hinab (nach einigen Minuten rechts am Rand des Lavawalles bleiben). Halb rechts vor uns sehen wir bereits den gewaltigen, rötlichen Kraterkessel am Fuß der Montaña del Jable, auf den unser Weg nun stetig zusteuert. Weiter unten wird der Weg etwas verwachsener. Nach einer guten Viertelstunde knickt der von Mauern und riesigen Wolfsmilchgewächsen gesäumte Camino nach rechts ab (über ein Mäuerchen) und führt ein paar Meter bergan, dann wieder links hinab. Gut 5 Minuten später erreichen wir neben einer pechschwarzen Lavamauer den Kraterrand der **Hoya de María**. Geradeaus am äußeren Kraterrand entlang setzt sich der Weg fort: Nach 30 m zweigt links der teilweise verschüttete bzw. abgerutschte Weg zur Playa del Pozo ab ❷ (→Variante), an der Gabelung 50 m danach kann man rechts zu einer kleinen Scharte im Kraterrand hinaufsteigen und sich links an der Mauer ein schönes Plätzchen mit Panoramablick auf den Krater und die farbenprächtigen Schichtungen in der gegenüberliegenden Kraterwand suchen ❸. (Der Weiterweg in Richtung La Restinga ist abgerutscht.)

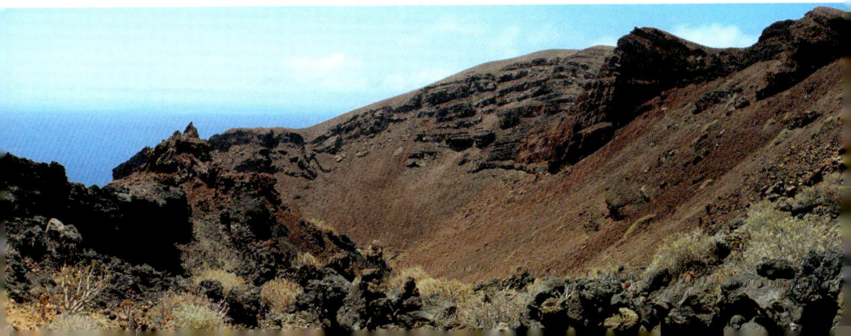

↗ 0 m | ↘ 820 m | 8.0 km

18 Camino de La Restinga: Von El Pinar nach La Restinga

2.30 h

Klassischer Abstieg vom grünen Hochland zu den Vulkanen des Südens

Der alte Camino de La Restinga gehört zu den klassischen Wanderrouten der Insel. Er ist zwar wenig spektakulär, dafür aber recht bequem und bietet schöne Einblicke in die karge, sanft hügelige Vulkanlandschaft des Südens.

Ausgangspunkt: Plaza im Ortszentrum von Taibique, 825 m, einem Ortsteil von El Pinar (Buslinien 2, 8).
Endpunkt: Hafenpromenade von La Restinga (Buslinie 8 nach Taibique).
Anforderungen: Durchgehend leichte Wanderung, jedoch etwas unübersichtliche Wegführung.
Einkehr: In La Restinga und in Taibique zahlreiche Bars und Restaurants (gute Fischlokale in La Restinga).
Kombinationsmöglichkeit: Touren 17, 19.

Ausgangspunkt ist die Plaza an der Hauptstraße in **Taibique** ❶. Wir gehen links des Platzes die steile Dorfstraße (Calle La Paz; *PR EH 1, weiß-gelb*) hinunter, passieren nach wenigen Minuten die Kirche San Antonio Abad und wenden uns 50 m nach der Kirche rechts der Calle La Hoya zu. Dieser folgen wir immer geradeaus bis zum Friedhof. 10 m vor der Friedhofsmauer biegen wir links auf den abwärtsführenden Fahrweg ab. Er kreuzt nach 5 Minuten die Hauptstraße nach La Restinga und berührt diese 50 m danach nochmals – hier rechts auf dem Asphaltsträßchen weiter hinab ❷.

Rückblick nach Taibique – links im Bild der Tanajara.

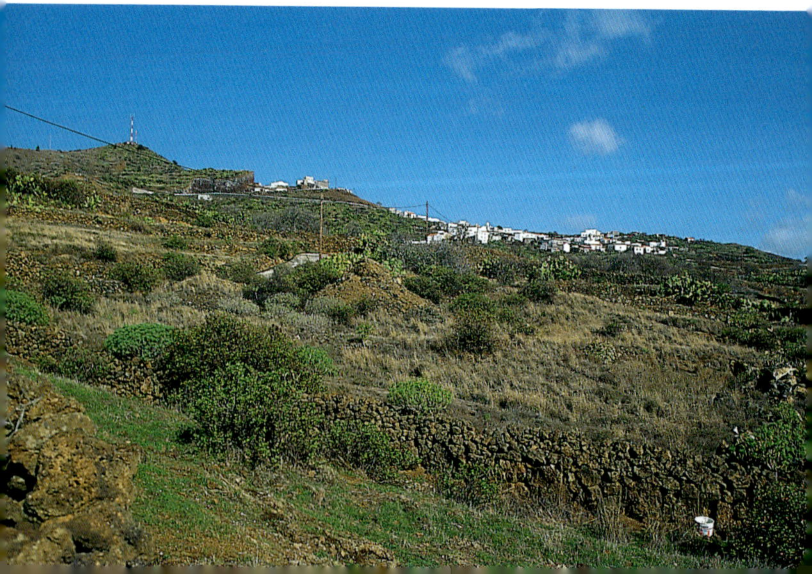

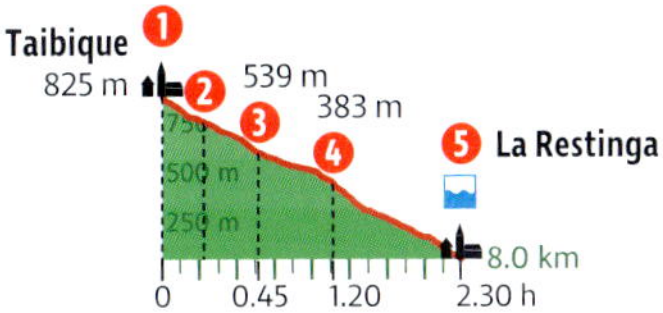

Nach etwa 5 Minuten zweigen wir links auf einen breiten, von Steinmauern eingefassten Camino ab. Der teilweise steingepflasterte Weg geht nach wenigen Minuten bei einer Finca wieder in einen Fahrweg über. Diesen verfolgen wir immer geradeaus hinab. Bei einem Hochspannungsmast (knapp 10 Min.) geht er wieder in einen steingepflasterten Camino über. Wir lassen jetzt die Terrassenfelder und Gärten Taibiques hinter uns, vor uns öffnet sich der Blick auf die Vulkankegel an der Südspitze. Nach knapp 10 Minuten durchschreitet unser Weg eine Erosionsrinne. Hier nicht links hinab, sondern rechts auf dem sanft absteigenden Weg weiter. 50 m danach zweigt links ein Weg zur Hoya de María ab 3 (bis hier insgesamt ¾ Std.) – wir verbleiben aber auf dem geraden, hangquerenden Weg. Er führt nach 5 Minuten hinab zu einer Pistenstraße, der wir geradeaus folgen. Schon nach wenigen Minuten verlassen wir die Piste in einer Rechtskurve wieder auf einem links (geradeaus) abzweigenden, von Steinmauern flankierten Camino. An der Gabelung nach wenigen Minuten bleiben wir rechts auf dem Hauptweg. Etwa 10 Minuten später eine weitere Gabelung – hier geradeaus weiter, vorbei am Hochspannungsmast und bald darauf an einem Häuschen mit Aljibe (10 m

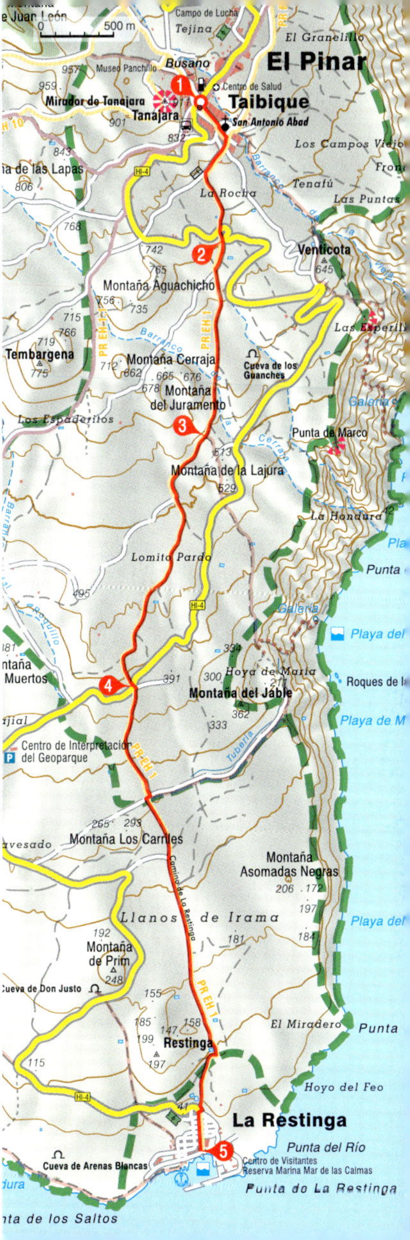

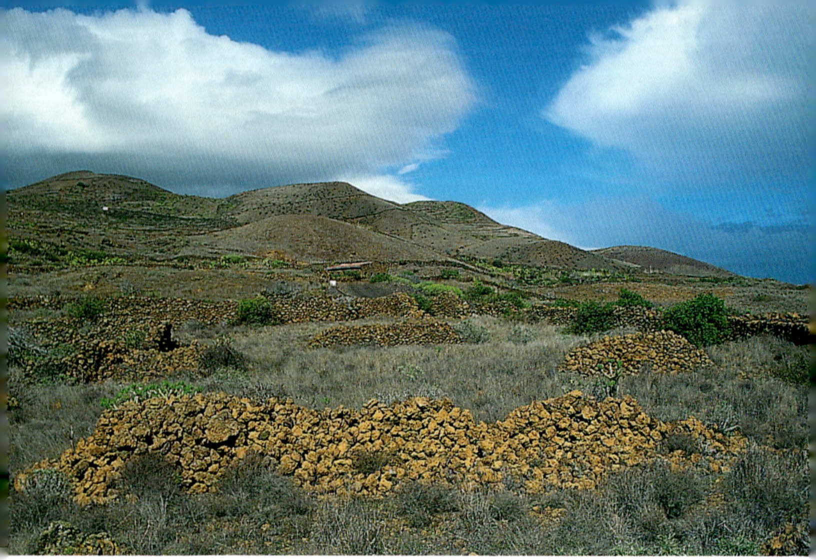

Sanfte Vulkankuppen prägen das Landschaftsbild im Süden.

links des Weges). Auch hier an der Gabelung geradeaus weiter. Der Weg wird nun schmaler, am Wegrand können wir riesige, teilweise übermannshohe Wolfsmilchgewächse bewundern. Nach 5 Minuten, gleich nach einem winzigen Taleinschnitt, halten wir uns an der Gabelung links hinab zur nahen Hauptstraße ❹. Gegenüber setzt sich unser Wanderweg fort (rechts lohnt ein Abstecher zum Centro Vulcanológico an der Hauptstraße, 1 km). Er mündet nach einigen Minuten in einen Fahrweg. Gut 100 m danach erreichen wir eine Pistengabelung. Wir halten uns rechts und biegen gleich darauf wieder links ab auf einen gemütlich hinabführenden Fahrweg. Er verläuft parallel zu einer Rohrleitung (immer geradeaus hinab), direkt auf die breite Erhebung des Restinga, 199 m, zu. Rechter Hand, jenseits der Hauptstraße, sehen wir den beinahe mustergültigen Vulkankegel der Montaña de Prim, 248 m. Weiter unten, am Fuß des Restinga, wenden wir uns links dem breiten Weg zu. Er leitet unmittelbar am Ostfuß des Restinga vorbei (links ein alter Brunnen) und führt, jetzt schon mit Blick auf **La Restinga**, an zwei großen Wasserhäusern vorbei (50 m danach an Gabelung links mit Markierung hinab). Gut 5 Minuten später erreichen wir die Hauptstraße und gehen durch den Ort weiter zum Hafen ❺, an dem uns bereits zahlreiche Bars und Restaurants erwarten. Im Hafenbecken bietet sich zudem eine Badegelegenheit an einem kleinen Sandstrand. (Wer mit dem Bus zurückfahren will: Bushaltestelle neben dem Strand/Touristinfo bzw. Bushäuschen an der Hauptstraße neben der Wandertafel.)

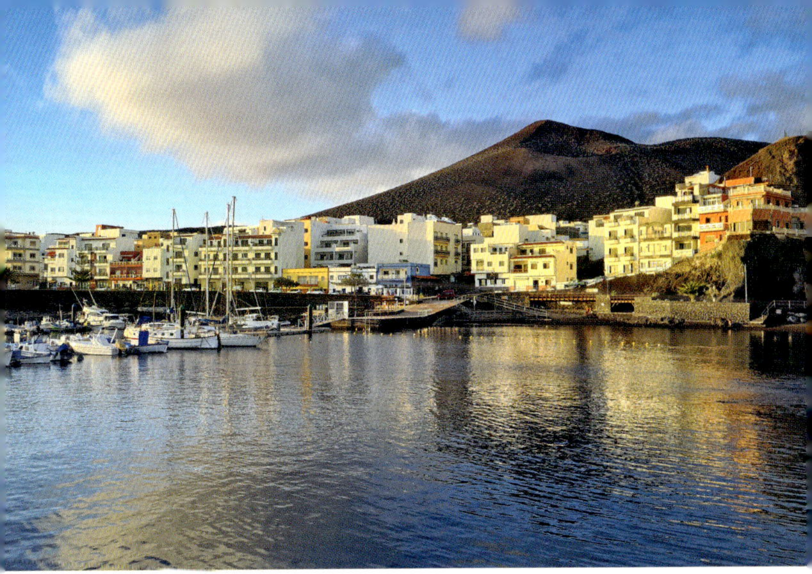

Das Hafenstädtchen La Restinga mit dem gleichnamigen Vulkan. Im Hafenbecken kann man selbst bei stürmischer See hervorragend baden.

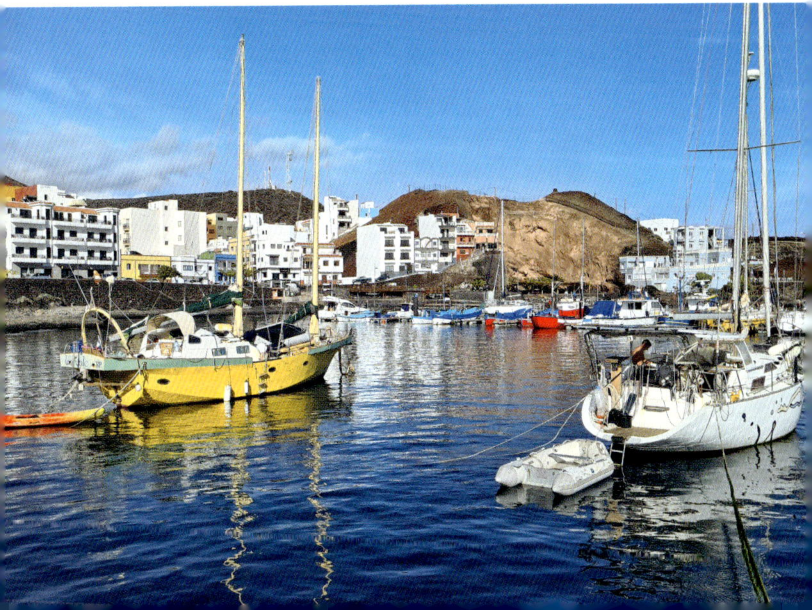

↗ 240 m | ↘ 240 m | 5.9 km

19 Von La Restinga zur Cueva de Don Justo

1.35 h

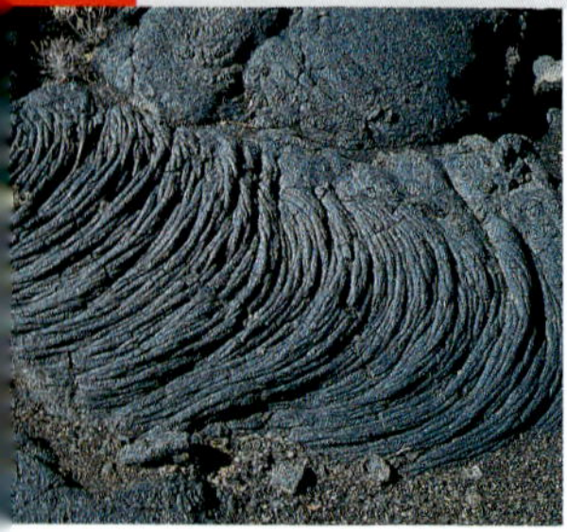

Bequemer Rundkurs durch die faszinierenden Lavafelder des Südens

La Restinga ist umgeben von weiten Lavafeldern mit bizarren Lavaströmen, Aschekegeln und faszinierenden Steilküsten. Besonders schöne Eindrücke von dieser großartigen jungvulkanischen Landschaft erhält man auf der vorgestellten Wanderung, deren Ziel die Cueva de Don Justo ist – sie ist mit einer Gesamtlänge von etwa sechs Kilometern die größte Höhle der Insel.

Ausgangspunkt: Hafenpromenade von La Restinga (Buslinien 8).
Anforderungen: Bis auf den Steilaufstieg von der Punta de los Frailes (sehr abschüssig, nicht bei Sturm oder Regen begehen!) leichte, gemütliche Wanderung.
Einkehr: Bar-Restaurants in La Restinga.
Kombinationsmöglichkeit: Tour 18.

Wir folgen der Hafenpromenade (Avenida Marítima) von **La Restinga** ❶ in westlicher Richtung und gehen nach dem letzten Appartementkomplex links die Piste hinab, von der sich rechts ein zunächst deutlicher, später nur noch als Trittspur erkennbarer Fußweg fortsetzt. Er verläuft parallel zur Küste (am bequemsten läuft man etwas abseits der felsigen Küste) und durchschreitet ein weites Lavafeld – rechter Hand schöne Basaltformationen. Nach einer Viertelstunde kommen wir an ein wild aufgetürmtes Blockfeld an der Küste heran, die **Punta de los Frailes**. Unser Pfad verläuft nach kurzem Anstieg direkt am Rand der Steilküste und führt steil und unangenehm abschüssig bergan, mit Blick auf die Bahía de Naos. Oben auf der Hochfläche ❷ (10 Min., 50 m rechts die Leitplanken der Hauptstraße) unternehmen wir einen 10-minütigen Abstecher nach links zur Montaña

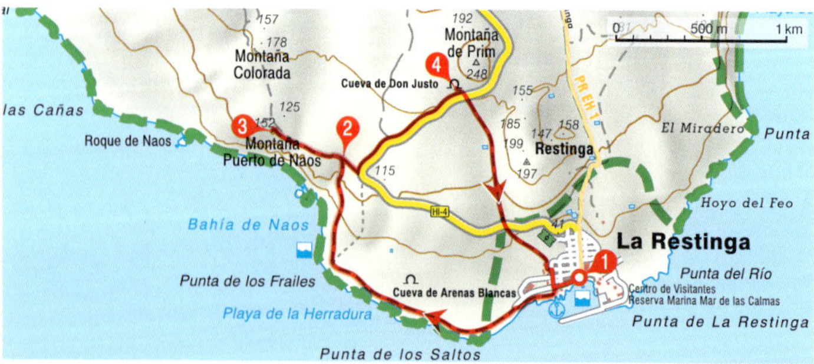

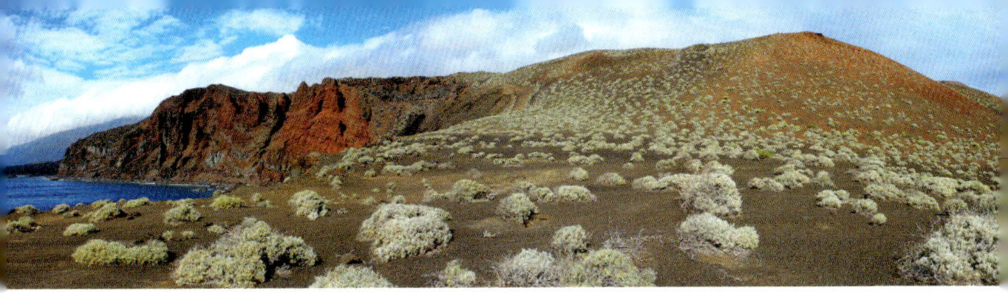

Die Montaña Puerto de Naos (links) ist unbedingt einen Abstecher wert.

Puerto de Naos. Der Weg führt direkt auf den markanten, rötlichen Vulkan am Rand der Steilküste zu – er verläuft zunächst entlang einer kleinen Barrancorinne, dann an der Abbruchkante zur Steilküste. Am Fuß des Vulkans steigen wir links auf dem windausgesetzten Pfad hinauf zum höchsten Punkt der **Montaña Puerto de Naos** ❸, 152 m.

Nach dem Gipfelabstecher kehren wir zurück zur Hauptstraße ❷ und folgen dieser bergan. Nach 10 Minuten erreichen wir eine Parkbucht unmittelbar am Fuß der Vulkankuppe der Montaña de Prim. Hier biegen wir scharf links auf einen Weg ab, der uns nach knapp 50 m zum etwas versteckten Eingang (Gittertor) der **Cueva de Don Justo** ❹ bringt. Nach dem Abstecher zur Höhle überqueren wir bei der Parkausbuchtung die Hauptstraße und steigen auf einer Pfadspur hinab zu den Leitungsmasten im Tal, wo wir auf einen Weg treffen. Er führt parallel zu den Masten durch Jable talwärts, kreuzt nach gut 10 Minuten die Hauptstraße und hält rechts abseits am Fußballplatz vorbei hinein in den Ort – nun brauchen wir nur noch die Straße hinabzuwandern zur Hafenpromenade von **La Restinga** ❶.

Der Eingang zur Cueva de Don Justo, dahinter die Montaña de Prim.

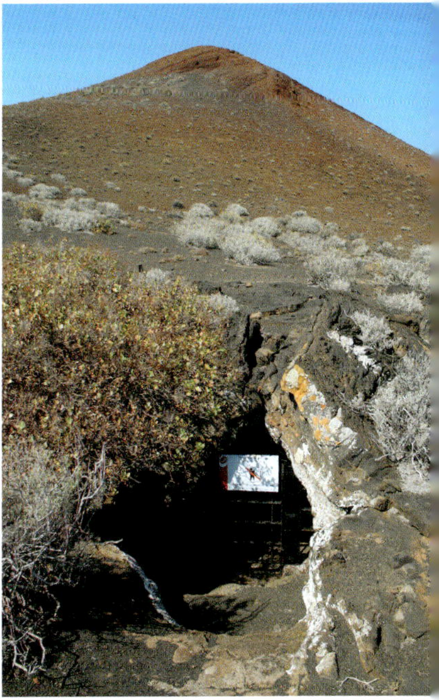

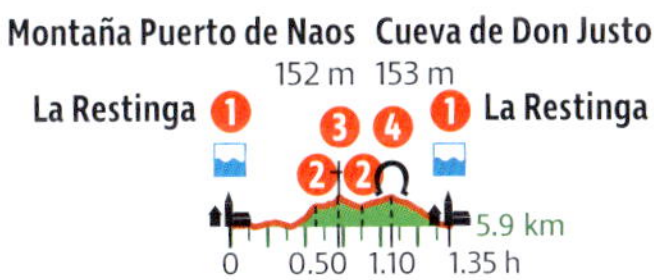

↗ 800 m | ↘ 800 m | 15.5 km

20 Von El Pinar nach Tacorón

5.00 h

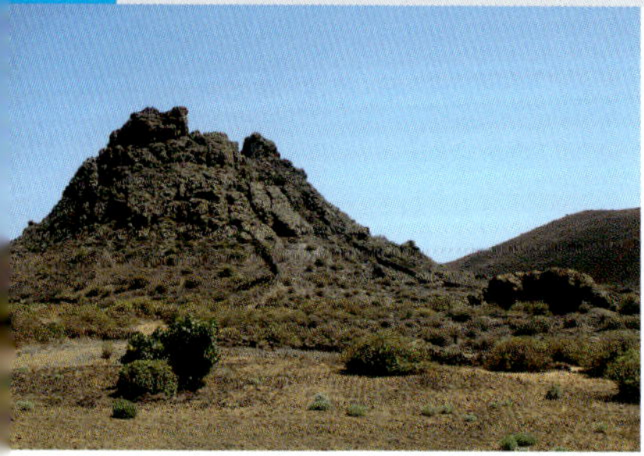

Langer Abstieg zum schönsten Naturbadebecken El Hierros

Der Wanderweg von El Pinar zur Cala de Tacorón ist nicht gerade ein Highlight. Er führt durch eine karge Landschaft ohne Höhepunkte, wenn man einmal von einem Vulkanschlot absieht, außerdem verläuft er häufig auf Fahrwegen. Immerhin eröffnet er weite Blicke, insbesondere auf die Hänge von El Julan – und außerdem erwarten uns am Ziel einer der schönsten Badeplätze der Insel und mit etwas Glück ein einfaches Bar-Restaurant (in den letzten Jahren häufig geschlossen). Abenteuerlustige Wanderer können von Tacorón noch einen kleinen Ausflug zur Cueva del Diablo (»Teufelshöhle«) unternehmen – aber Achtung: der teils felsige/geröllige Steig entlang der Steilküste verlangt das ein oder andere Mal die Zuhilfenahme der Hände!

Roque Grande (oben) und Cueva del Diablo (unten).

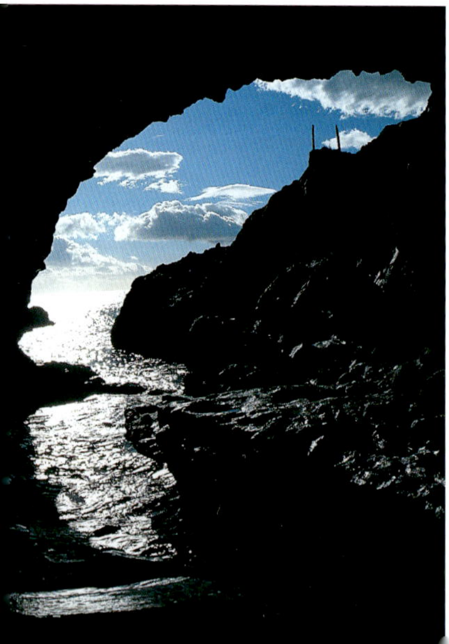

Ausgangspunkt: Plaza im Ortszentrum von Taibique, 825 m, einem Ortsteil von El Pinar (Buslinien 2, 8).
Anforderungen: Etwas lange, aber durchwegs leichte Wanderung auf Fahrwegen und Caminos. Bei Hitze nicht zu empfehlen (kein Schatten).
Einkehr: Evtl. Bar-Restaurant in Tacorón, Bar-Restaurants in El Pinar.
Varianten: Winzige **Sandbucht** bei Tacorón: Vom Parkplatz die Straße hinauf und links auf der Piste bis an deren Ende. Auf Pfad hinab zum Sandstreifen, der bei Flut überspült wird. Der Weiterweg zur nächsten Sandbucht ist nur für trittsichere, klettergewandte Wanderer begehbar, nur bei ruhiger See und bei ruhigem Wetter.
Cueva del Diablo (gut ½ Std. hin/zurück; Achtung: nur für erfahrene, absolut trittsichere und schwindelfreie Wanderer, nur bei Ebbe und bei ruhiger See begehen! Wegen der akuten Steinschlaggefahr keinesfalls bei starkem Wind oder bei Regen; halten Sie sich nicht unnötig

lange unterhalb der Steilwand auf!): Der Weg beginnt direkt am Parkplatz von Tacorón (Tafel). Er passiert sogleich einen Picknickplatz und verläuft in südöstlicher Richtung entlang der Küste. Nach kurzem Anstieg kommt man an einer Steinschlag-Warntafel vorbei. Zu Recht: Der Steig führt nun unmittelbar am Fuß einer gewaltigen Felswand entlang – nichts für schwache Nerven und schon gar nicht bei stärkerem Wind oder Regen! Zudem erfordert der Gang über die Felsen hin und wieder auch leichte Kraxelei. Nach gut 15 Min. ist der Eingang zur Cueva del Diablo erreicht. Nur bei Ebbe und absolut ruhiger See kann man in die riesige, etwa 35 m breite, 25 m tiefe und knapp 10 m hohe Meeresgrotte (mit Sandstrand!) hinabklettern – mit dem Bad im Meer wartet man unbedingt bis zur Rückkehr zur Cala de Tacorón.

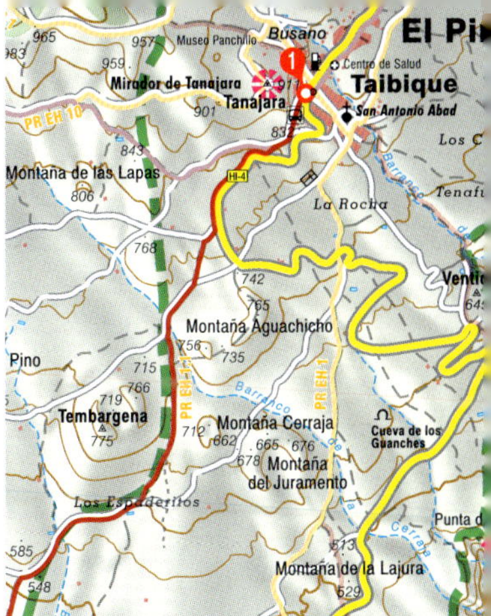

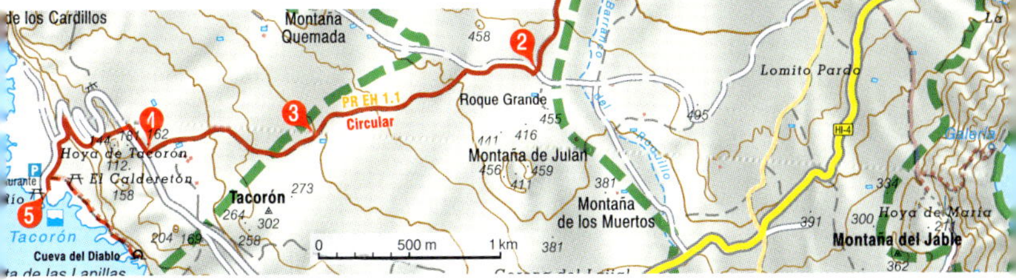

Wir folgen von der Plaza in **Taibique** ❶ der Hauptstraße in südlicher Richtung und halten uns sofort an der Kreuzung halb rechts auf der leicht ansteigenden Dorfstraße, vorbei an der Caja Siete (*PR EH 1.1, weiß-gelb*). Die Dorfstraße senkt sich nach wenigen Minuten hinab, rechts oberhalb sehen wir den Mirador de Tanajara, und geht bald darauf in eine Piste über, in deren Rechtskurve geradeaus unser Wanderweg nach Tacorón abzweigt. Er trifft kurz darauf auf die Hauptstraße und folgt dieser 5 Minuten, bis rechts eine Straße nach Las Lapas abzweigt. Bereits nach 100 m biegen wir halb links auf einen breiten Weg ab, der gemütlich zwischen Wein- und Wiesenterrassen hinabführt. Er trifft nach einigen Minuten wieder auf eine Straße, der wir nach rechts folgen. Knapp 5 Minuten später zweigen wir an einer Kreuzung halb links auf einen Fahrweg ab. Wir lassen nun die letzten Weinberge hinter uns, allmählich weitet sich der Blick in Richtung Küste, auf der Hochebene vor uns sehen wir

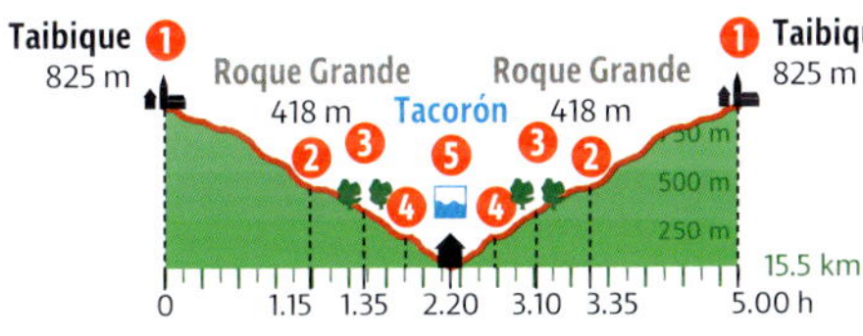

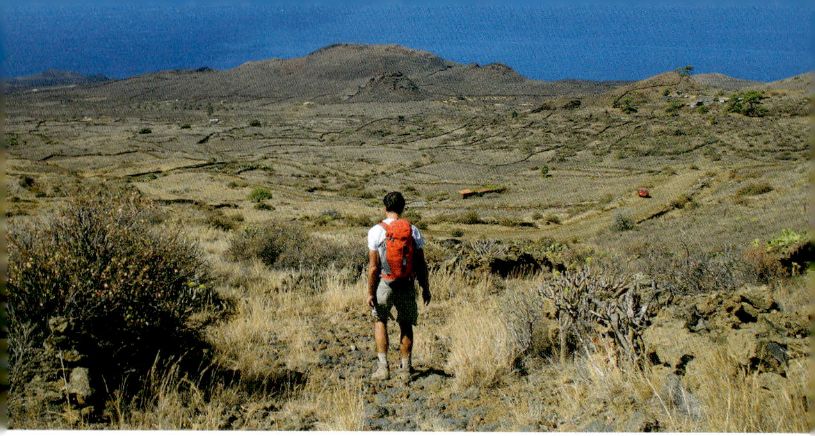

einen markanten Vulkanschlot. Nach einer guten Viertelstunde mündet unser Camino in eine Piste, der wir rechts abwärts folgen. Sie führt nach einigen Minuten an Ziegenstallungen vorbei, 200 m danach zweigt der Wanderweg links ab auf einen sandig-gerölligen Fahrweg, der in die Ebene mit dem Vulkanschlot des Roque Grande hinabführt und kurz vor dem Vulkanschlot wieder in eine Piste einmündet. Rechts ist unser Weiterweg, aber vorher lohnt links ein Abstecher zum **Roque Grande** ❷ (in der Linkskurve nach 100 m kann man rechts über die Steinmauer, dann über Muscheln und vorbei an einer Höhle, zum wild zerrissenen »Gipfel« aufsteigen).
Nach dem Abstecher gehen wir weiter auf der Piste. Nach 5 Minuten biegt der Wanderweg halb links auf einen Lavapfad ab, der nach 100 m in einen von der Piste (Finca) kommenden Fahrweg einmündet. Nun öffnet sich der Blick auf El Julan. Nach einer Viertelstunde geht der Fahrweg bei zwei

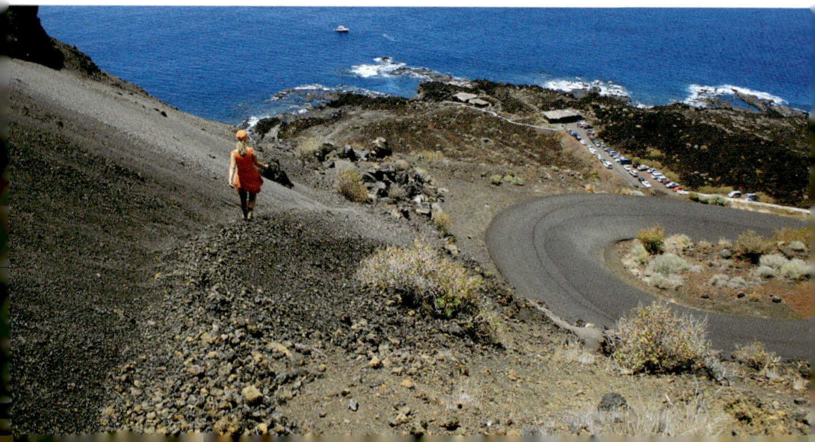

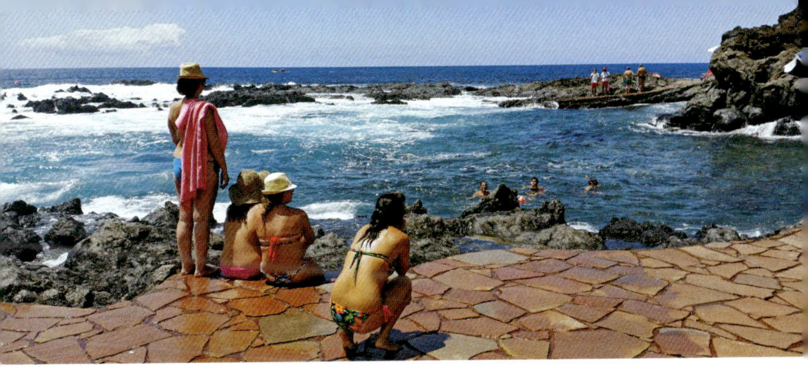

Tacorón ist einer der schönsten und beliebtesten Badeplätze der Insel. Von hier bietet sich ein Ausflug zur Cueva del Diablo an, der allerdings sehr anspruchsvoll ist (Foto unten).

Schatten spendenden Wacholderbäumen in einen Camino über ❸. Einige Minuten später heißt es aufgepasst: Die Markierung wendet sich von der felsigen Barrancorinne ab, ein wunderschöner Pfad bringt uns nun durch ein wildromantisches Lavafeld hinab zu einer Hochfläche mit Feigenbäumen zur Rechten und einer Finca zur Linken. Bei einem Gatter und einer Kettensperre treffen wir auf die Straße nach Tacorón ❹, der wir 2 Minuten nach rechts folgen, bis direkt nach dem Vulkanberg ein gerölliger Pfad hinabführt. Er berührt zweimal die Straße, dann geht es über die Straße hinab zum Parkplatz von **Tacorón** ❺ und zu dem herrlichen Meeresschwimmbecken, oberhalb dessen auch ein kleiner Picknickplatz und ein Bar-Restaurant (mitunter geschlossen) angelegt wurden. Wer absolut trittsicher und schwindelfrei ist, sollte vom Parkplatz unbedingt einen Abstecher zur Cueva del Diablo unternehmen (nur bei Ebbe und ruhiger See, → Varianten).

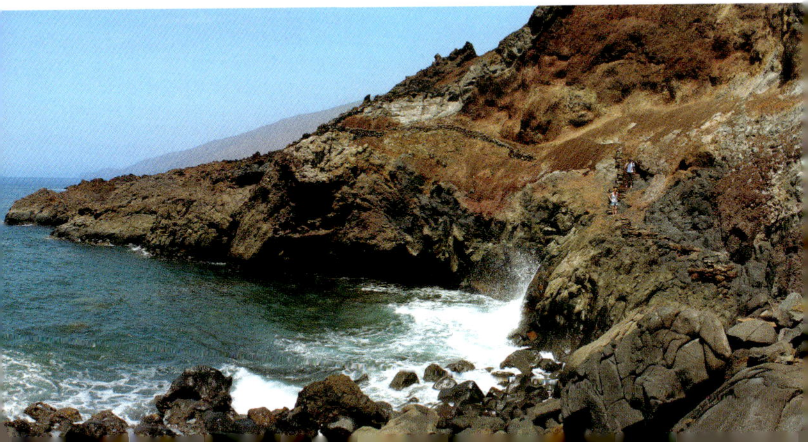

TOP

21 Letreros del Julan

↗ 500 m | ↘ 500 m | 10.0 km

4.10 h

Zu den berühmtesten Felsgravuren der Kanarischen Inseln

Die Petroglyphen von Los Letreros sind ein einzigartiges Denkmal der Bimbaches, der Ureinwohner El Hierros, und zählen zu den bedeutendsten prähistorischen Fundstätten der Kanaren. Die Felsinschriften, die bisher noch nicht entziffert werden konnten, liegen weitab von jeglicher Zivilisation im Steilhang von El Julan, 200 bis 300 m oberhalb der Küste des Mar de las Calmas, und sind nur zu Fuß erreichbar. Der Wanderweg führt uns durch lichte Kiefernwälder und vermittelt herrliche Ausblicke über El Julan und die Südspitze der Insel. Nicht zu unterschätzen ist der anstrengende Rückweg! Beachten Sie bitte, dass die Wanderung seit 2008 nur noch mit Wanderführer erlaubt ist (→ Wichtiger Hinweis)!

Ausgangspunkt: Centro de Visitantes de El Julan, 803 m: Vom Picknickplatz Hoya del Morcillo folgt man der Straße

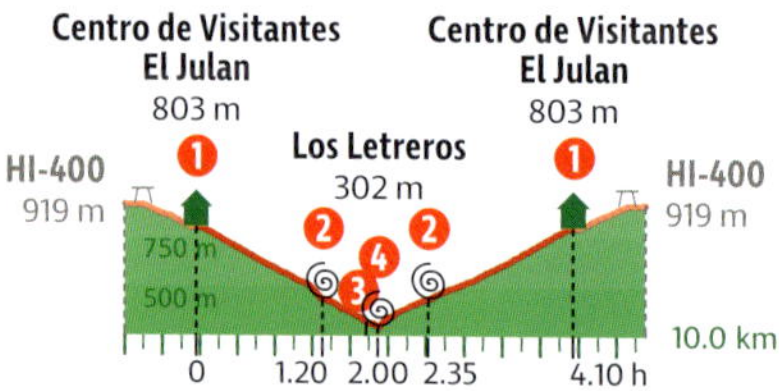

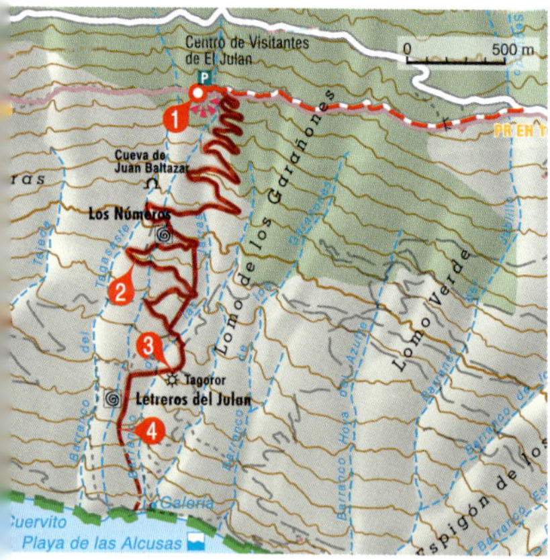

HI-400 in Richtung Ermita Virgen de Los Reyes und biegt nach 5,7 km halb links auf die Zufahrtsstraße ab (PR EH 10, weiß-gelb), die nach 1,9 km das Besucherzentrum erreicht.

Anforderungen: Leichte, aber beschwerliche Wanderung, besonders bei Hitze!

Einkehr: Evtl. Bar im Besucherzentrum.

Variante: Abstieg von den Letreros zur Playa de las Alcusas (gut ½ Std., fast weglos): Immer in direkter Linie über den Rücken hinab. Er wird in knapp 100 m Höhe gerölliger (hier nicht links zum Fahrweg auf der anderen Barrancoseite überwechseln). Zuletzt leicht rechts haltend hinab zur Piste (50 m vorher am Rücken großer weißer Steinmann), die vollends zum Strand hinabführt.

Wichtiger Hinweis: Die Wanderung darf nur mit einem autorisierten Führer durchgeführt werden. Die Führung startet täglich (außer Montag) um 8 Uhr (20 € pro Person). Außerdem wird eine Jeep-Führung angeboten (Start 9 Uhr, 35 € pro Person). Anmeldung: Tel. +34 922 558423 oder 550302, E-Mail eljulan@gmail.com, deutsche Auskunft unter info.turismo@gmail.com.

Das Besucherzentrum (interessante Ausstellung zur Geschichte der Bimbaches, 5 € Eintritt) ist täglich von 10 bis 18 Uhr geöffnet.

Beim Besucherzentrum **Centro de Interpretación del Parque Cultural del Julan** ❶ (mit Ausstellung, schöner Aussichtsterrasse und evtl. Bar) ist Treffpunkt für die geführte Wanderung (→Wichtiger Hinweis). Es geht 100 m vor dem Besucherzentrum scharf links auf dem steinigen, stellenweise stark ausgewaschenen Weg in weiten Schleifen bergab. Nach einer knappen Stunde zweigt direkt nach der Linkskurve mit Felsformationen ein Pfad ab, der an einer Gorona (Windschutz mit Steinmauer für Hirten) und der Cueva de Juan Baltazar vorbeiführt. Bald darauf mündet er wieder in den Fahrweg ein. 100 m danach befinden sich rechts direkt unterhalb der Piste die **Los Números** ❷, eine eindrucksvolle Petroglyphen-Fundstätte. Die Kiefern werden nun immer spärlicher, das Gelände verflacht sich ein wenig. Weiter unten, unmittelbar am Rand vor dem nächsten steileren Abbruch zur Küste, können wir nun bereits den Tagoror ausmachen, an dem normalerweise der Jeep eines Aufsehers der Inselregierung postiert ist. In einer Pistenkehre zweigt dorthin in direkter Linie ein steiler Fahrweg ab – wir bleiben aber auf dem Hauptweg und halten uns 5 Minuten später an der Gabelung scharf links hinab (geradeaus geht es weiter zur Playa de las Alcusas). Am **Tagoror** ❸, 325 m, einem (nachgebauten) Versammlungsplatz der Ureinwohner mit Steinkreisen und einem »Thron«, endet der

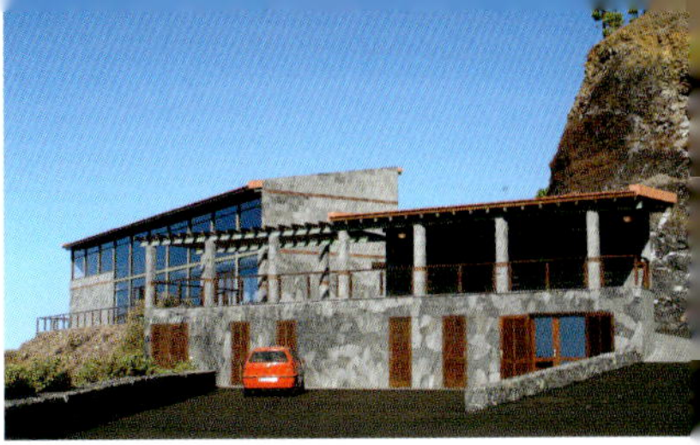

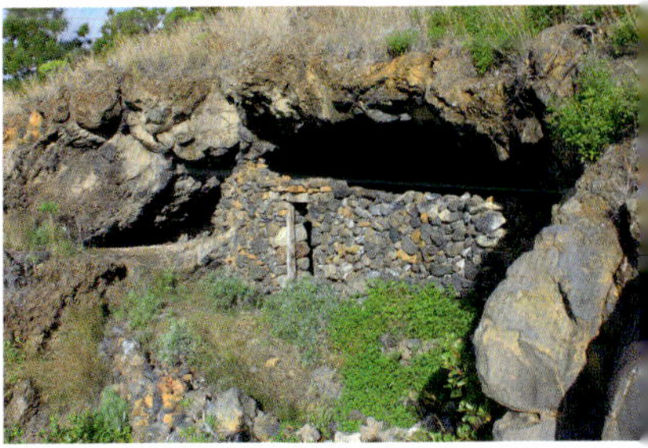

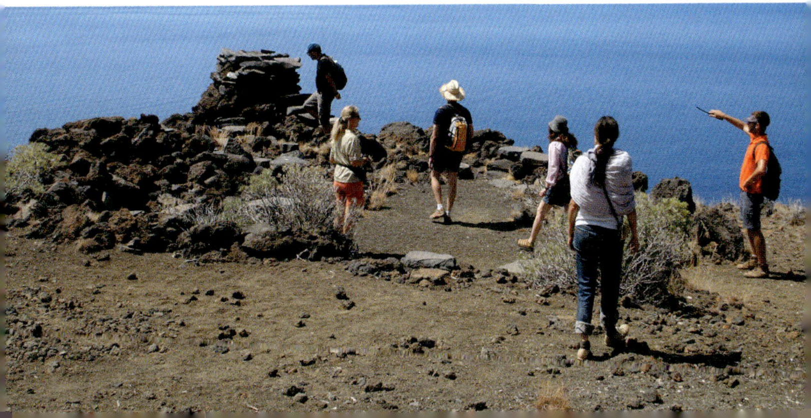

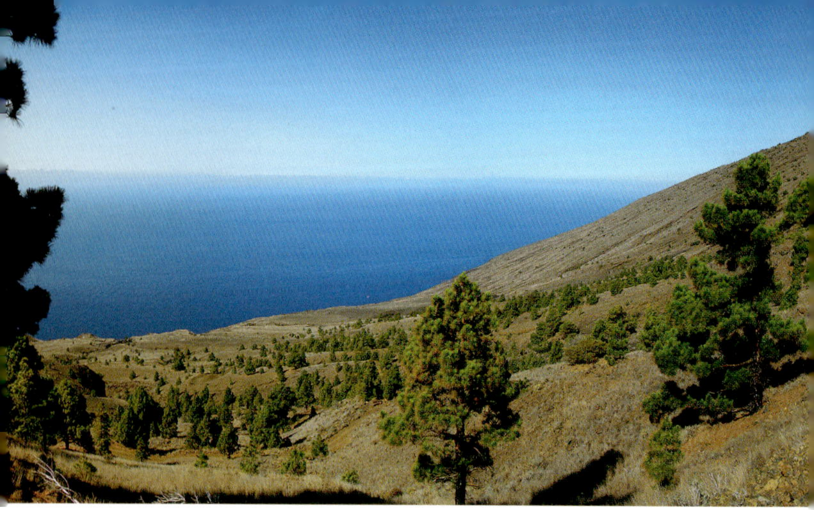

Abstieg vom Centro de Visitantes (im Bild rechts oben) zum Tagoror (links fast am Bildrand). Unten Petroglyphen von Los Números (links) und Los Letreros (rechts).

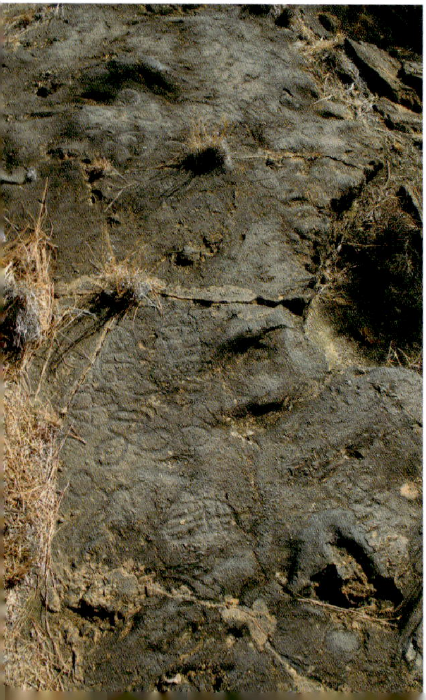

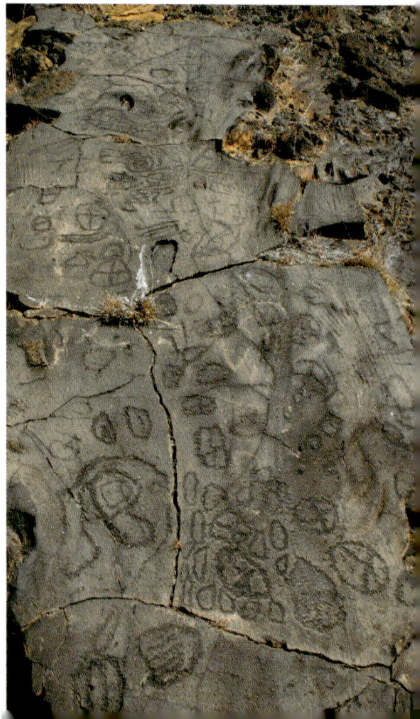

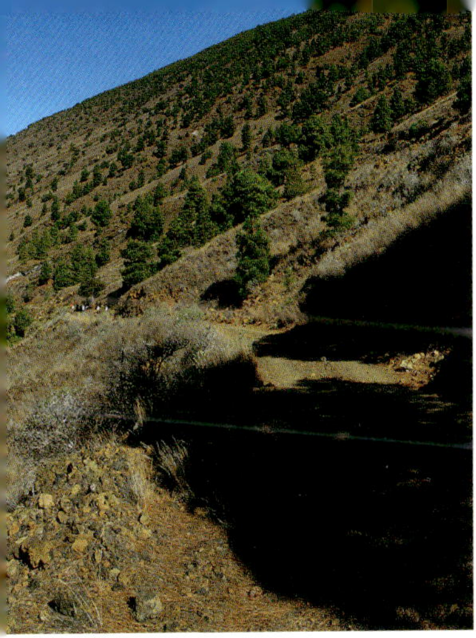

Fahrweg – von hier ergibt sich ein schöner Blick zur Küste.
Der Führer weist den weiteren Weg zu den **Letreros**. Der Pfad führt in westlicher Richtung durch den Hang (zu Beginn am Wegrand ein Conchero mit Muschelschalen, Essensreste von den Ureinwohnern) und quert dabei eine felsige Barrancorinne. Etwa 5 Minuten nach dem Tagoror gelangen wir so auf einen schwach ausgeprägten, felsigen Rücken, auf dem wir nun schnurstracks hinabwandern. Er ist gekennzeichnet durch zwei parallel verlaufende flache Felsplatten, die hin und wieder unterbrochen sind. Bereits nach etwa 50 m können wir linker Hand die besterhaltenen Felsgravierungen bewundern. Etwa 10 Minuten (ca. 100 Höhenmeter) kann man hinuntersteigen und immer wieder Kreise, Schriftzeichen und sogar ein einfaches Schiff entdecken, in etwa 200 m Höhe enden dann die Petroglyphen 4. Man kann über den Rücken noch weiter absteigen zur Playa de las Alcusas (→ Variante).
Der Rückweg erfolgt auf demselben Weg. Achten Sie an der Fahrweggabelung oberhalb des Tagoror darauf, dass Sie sich links durch den Barranco halten (der Fahrweg rechts bergan mündet weitab vom Ausgangspunkt in die Straße ein!).

Für konditionsstarke Wanderer bietet sich ein Abstecher zur Playa de las Alcusas an, an der sich eine Galería (Wasserstollen) befindet.

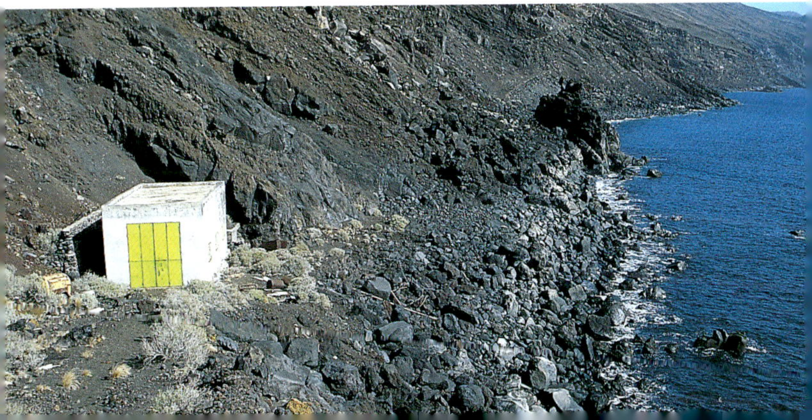

↗ 400 m | ↘ 400 m | 10.2 km

22 Von Hoya del Morcillo auf den Mercadel, 1253 m

2.45 h

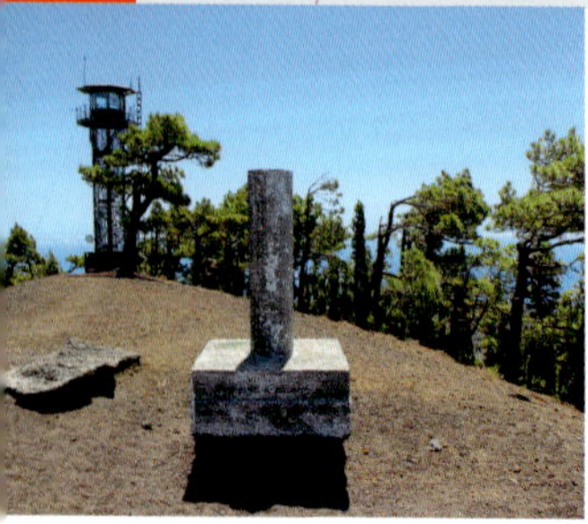

Durch Obsthaine und Kiefernwälder auf den schönsten Aussichtsgipfel des Südens

Der Rastplatz Hoya del Morcillo ist an Wochenenden ein beliebtes Ausflugsziel der Herreños, die hier grillen, spielen und sich einfach des Lebens erfreuen. Er liegt inmitten herrlicher Kiefernwälder und ist ein idealer Ausgangspunkt für Streifzüge durch die liebliche, von sanften Vulkankuppen, Mandel- und Obsthainen geprägte Region oberhalb von El Pinar. Ganz besonders reizvoll ist die hier vorgestellte Rundwanderung auf den Mercadel. Er ist einer der Paradegipfel der Insel und legt uns fast den gesamten Inselsüden zu Füßen.

Talort: Taibique (El Pinar), 825 m (Buslinien 2, 8).
Ausgangspunkt: Zona recreativa Hoya del Morcillo, 1000 m.

Anforderungen: Leichte Rundwanderung überwiegend auf schönen Forstwegen, nur kurzer Steilaufstieg.
Kombinationsmöglichkeit: Tour 23.

Neben dem Info-Häuschen betreten wir das weitläufige Gelände des Rastplatzes **Hoya del Morcillo** ❶ und gehen vor den Grillhäuschen mit der weißgelben Markierung rechts am Fußballplatz entlang und geradeaus weiter auf einem breiten, kaum kenntlichen Fahrweg, der schon bald durch kleine Steinsäulen markiert ist (*PR EH 2, weiß-gelb*). Er führt gemütlich in einem nur schwach ausgeprägten Taleinschnitt durch wunderschönen, lichten Kiefernwald hinab. Rechter Hand erhebt sich die Montaña de Juan León, an deren Hängen Mandelbaum-Terrassen angelegt wurden. Nach insgesamt knapp 10 Minuten gabelt sich der Weg: Der Fahrweg wendet sich halb links ab (scharf links zweigt PR EH 2 ab), wir hingegen verbleiben im Taleinschnitt auf dem geraden, weiterhin durch Steinsäulen markierten Wanderweg. Er

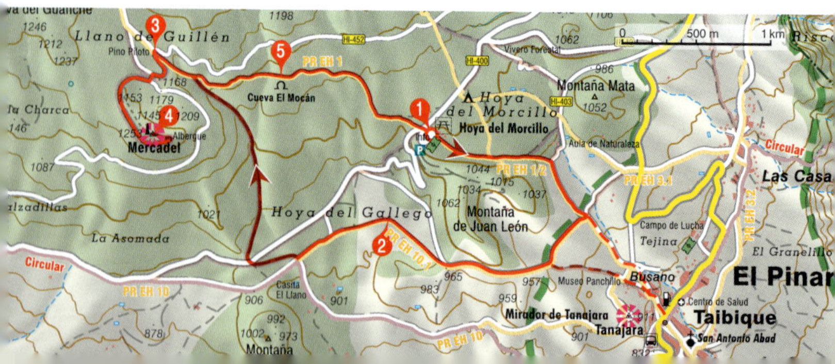

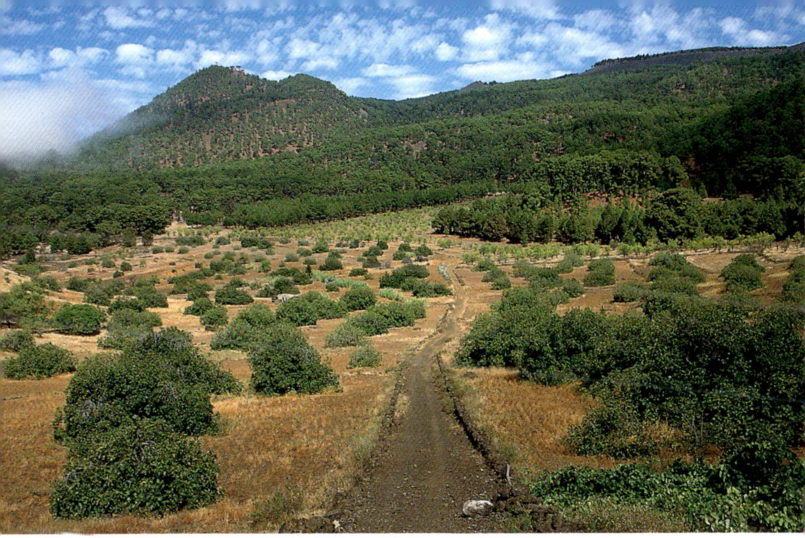

Der Mercadel, gesehen von der Hoya del Gallego.

trifft nach wenigen Minuten unterhalb eines allein stehenden Hauses (Aula de Natureza) auf ein Sträßchen, das direkt auf El Pinars Ortsteil Taibique und den antennengeschmückten Mirador de Tanajara zuführt. Nach gut 5 Minuten halten wir uns an der Querstraße mit *PR EH 10.1* (*weiß-gelb*) rechts sanft bergan. Knapp 20 Minuten später erreichen wir einen Bergsattel, von dem halb links ein breiter, steiler, von Steinmäuerchen eingefasster Weg zur **Hoya del Gallego** 2 hinabführt. Kurz vor dem Waldrand am anderen Ende der wildromantischen, von Mandel- und Feigenbäumen bestandenen Senke gehen wir an einer T-Kreuzung geradeaus weiter auf dem schmalen, von Steinmäuerchen eingefassten Fußweg, der sogleich in lichten Kiefernwald eintritt und in einen Fahrweg übergeht. Immer geradeaus, parallel zur links verlaufenden Steinmauer, gelangen wir nach knapp 5 Minuten auf eine Piste, der wir etwa 100 m nach links folgen bis zu einer Kreuzung. Links zweigt der *PR EH 10* zu ein paar Fincas ab, geradeaus ebenfalls – wir verlassen *PR EH 10.1* und gehen rechts auf dem Fahrweg in den Kiefernwald hinein. Er hält schon nach etwa 30 m leicht nach links und führt geradewegs hinüber zur Straße Hoya del Morcillo – El Julan. Wir überqueren diese und wandern rechts

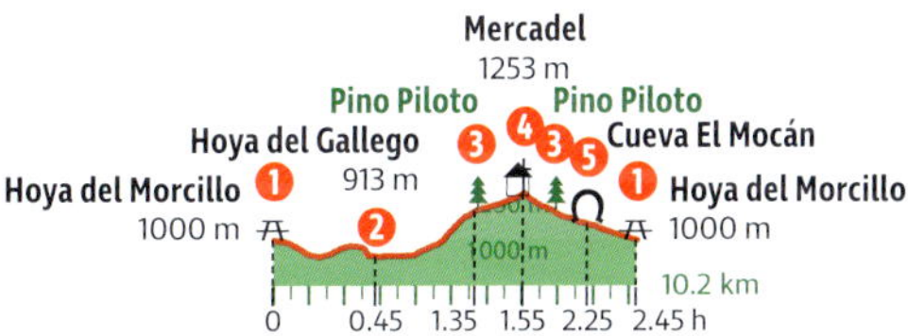

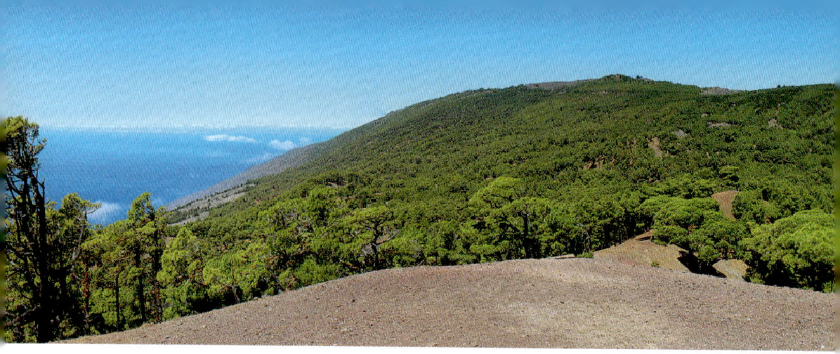

Panoramablick vom Mercadel zur Cumbre mit dem Tenerista (rechts).

haltend weiter auf dem Fahrweg. Er führt an den Ausläufern des Mercadel entlang sanft bergan. Nach etwa 10 Minuten gelangen wir in einen rechts von Felsen flankierten Taleinschnitt, in dem wir eine kleine Felsstufe überwinden, 50 m danach steigt der Pfad steil über einen Rücken zwischen zwei Talfurchen an. Nach einer Viertelstunde verflacht sich der Weg spürbar und mündet wenige Minuten später in eine Forstpiste (unser späterer Abstiegsweg zum Rastplatz Hoya del Morcillo).

Wir folgen der Forstpiste links bergan und treffen nach 5 Minuten an einem Baum mit Wasserhähnen auf eine breitere Piste (dahinter die Pino Piloto 3). Diese bringt uns links nach 150 m zu einer weiteren Gabelung, wo wir uns abermals links in Richtung »El Julan« halten (man kann hier auch

Der Rückweg führt durch herrliche Kiefernwälder.

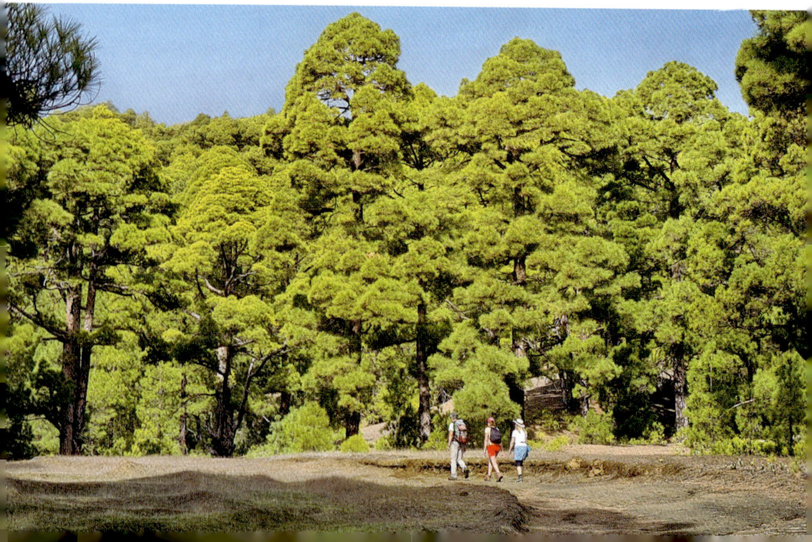

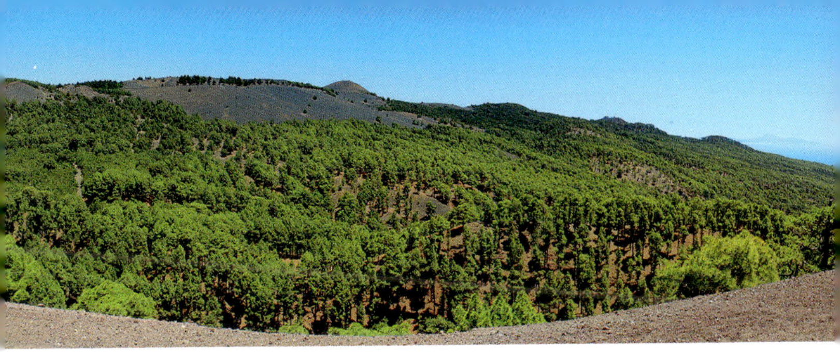

direkt auf Pfad rechts ansteigen). An der nächsten Gabelung, nach 50 m, wenden wir uns rechts der Piste zur »Montaña Mercadel« (Tafel) zu. Links über uns sehen wir nun bereits den Brandwachturm auf dem Gipfel. Unsere Piste beschreibt einen weiten Bogen um den Vulkankrater herum und führt bequem in einer guten Viertelstunde hinauf zu einem Refugio und einer Zisterne am Kraterrand. Von dort ist es nur mehr ein Katzensprung vorbei am Brandwachturm hinauf zum höchsten Punkt des **Mercadel** 4, 1253 m, der einen grandiosen Panoramablick vor allem über den Süden El Hierros eröffnet.

Der Rückweg erfolgt zunächst auf dem Anstiegsweg (wer will, kann vom höchsten Punkt auch direkt über den Kraterrand zurückkehren). Wir halten uns also an der ersten Gabelung nach einer Viertelstunde links, 50 m danach an der zweiten Gabelung dann rechts und auch an der dritten Kreuzung nach weiteren 150 m 3 (Baum mit Wasserhähnen) rechts. Etwa 3 Minuten später zweigt der vom Aufstieg her bekannte Wanderweg ab. Wir lassen diesen rechts liegen und verbleiben auf der Forstpiste. Sie erreicht nach 10 Minuten, direkt nach einer Mini-Haarnadelkurve, eine größere Lichtung inmitten des lichten Kiefernwaldes, auf der wir einen Lavatunnel passieren 5 (Cueva El Mocán, 15 m rechts unterhalb der Forstpiste). Eine Viertelstunde später zweigt rechts ein kleiner Fahrweg ab, der uns hinabbringt zur 150 m entfernten Straßenkreuzung am Rastplatz **Hoya del Morcillo** 1.

Cueva El Mocán.

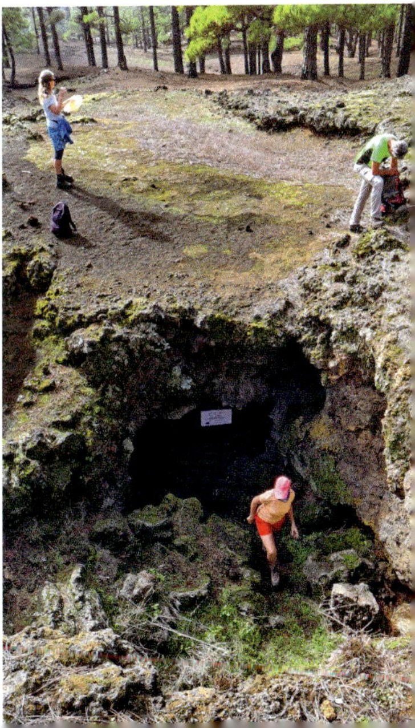

TOP

↗ 700 m | ↘ 700 m | 16.3 km

23 Von El Pinar auf den Malpaso, 1501 m

4.30 h

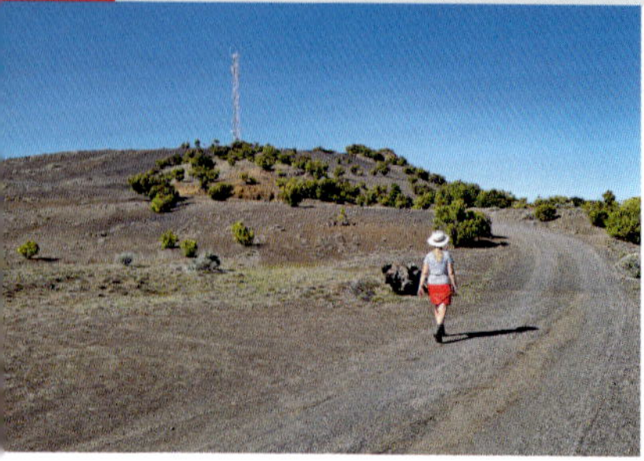

Auf Waldwegen zum höchsten Gipfel El Hierros

Die höchste Erhebung El Hierros, der 1501 m hohe Malpaso, wird von den meisten Wanderern von der Höhenstraße am Cruz de Los Reyes aus angegangen – manche verzichten sogar auf diesen kurzen Anstieg und kriechen mit ihrem Gefährt über die holprige Piste hinauf zum Gipfel. Wesentlich abwechslungsreicher ist da schon ein Anstieg von Taibique. Er verläuft überwiegend durch herrlichen Kiefernwald. Wer den Weg verkürzen will, kann immer noch am Rastplatz Hoya del Morcillo in den Wanderweg einsteigen.

Ausgangspunkt: Plaza im Ortszentrum von Taibique, 825 m, einem Ortsteil von El Pinar (Buslinien 2, 8).
Anforderungen: Durchwegs leichte Wanderung auf Forstwegen und -pisten, kurze Abschnitte etwas steil.
Einkehr: Bar-Restaurants in Taibique.
Variante: Abstieg vom Malpaso nach Sabinosa: Vom Gipfel mit dem GR 131 (weiß-rot) auf dem von Steinen eingefassten Fahrweg in westlicher Richtung über die sandige Hochfläche weiter. Der Fahrweg verläuft stets etwas abseits der Kammhöhe und senkt sich nach 5 Minuten leicht links haltend ab. 10 Minuten später mündet von scharf links ein Fahrweg ein. Der Weg führt nun kurz sanft bergan und fällt dann wieder etwas steiler ab zu einer Senke. Etwa 50 m vor dem tiefsten Punkt (1422 m) zweigt rechts zwischen zwei Mäuerchen der Wanderweg PR EH 1 (weiß-gelb) ab, der am Fuß des Tanganasoga vorbei nach Sabinosa hinabführt (weitere Beschreibung →Tour 40, bis hierher 20 Min. ab Malpaso).
Kombinationsmöglichkeit: Touren 22, 35 und 44.

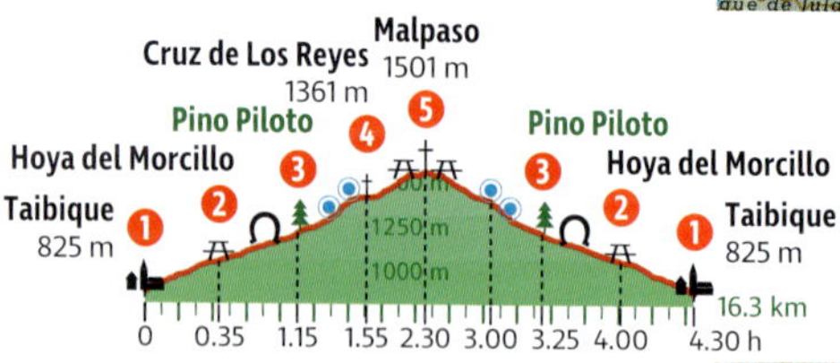

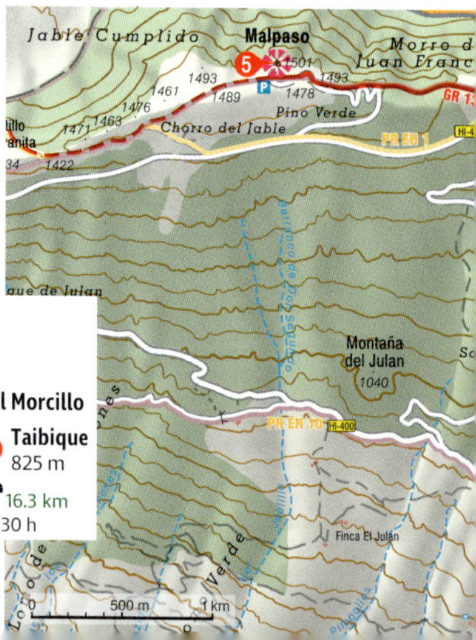

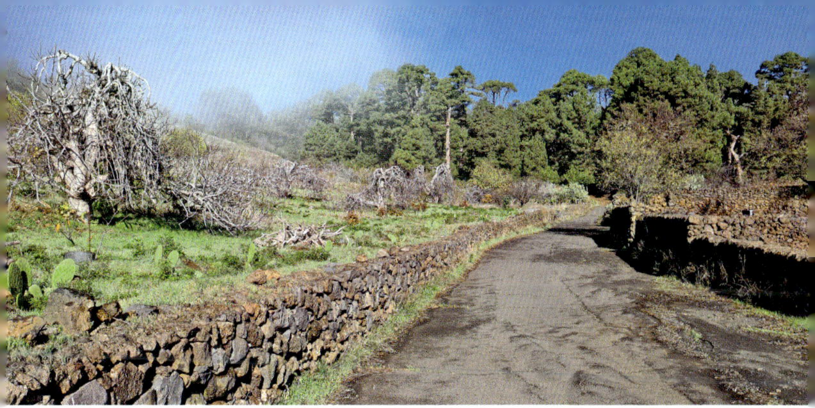

Feigen, Wein und Kiefern begleiten uns am Weg zum Rastplatz Hoya del Morcillo.

Gegenüber der Plaza an der Hauptstraße in **Taibique** 1 gehen wir die Seitenstraße rechts der Bar El Mentidero (neben der Librería) hinauf (*PR EH 1/2, weiß-gelb*). Nach wenigen Minuten halten wir uns an der Kreuzung (Plaza de San Estedan) halb rechts und folgen der Straße immer geradeaus hinauf bis zu einer großen Kreuzung. Hier halblinks (geradeaus) auf dem Sträßchen entlang der Barrancorinne weiter bergan. Gut 5 Minuten später kreuzen wir eine weitere Straße. Geradeaus setzt sich eine schöne Pflasterstraße fort, die an idyllischen Obst- und Weingärten vorbeiführt. Sie gabelt sich nach gut 5 Minuten am Rand des Kiefernwaldes. Wir wenden uns hier nach links (rechts die Aula de Naturaleza) und folgen dem mit kleinen

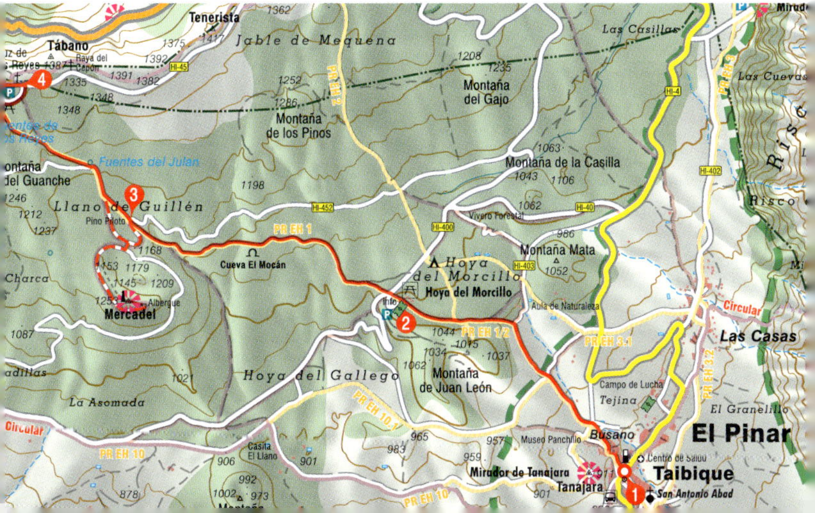

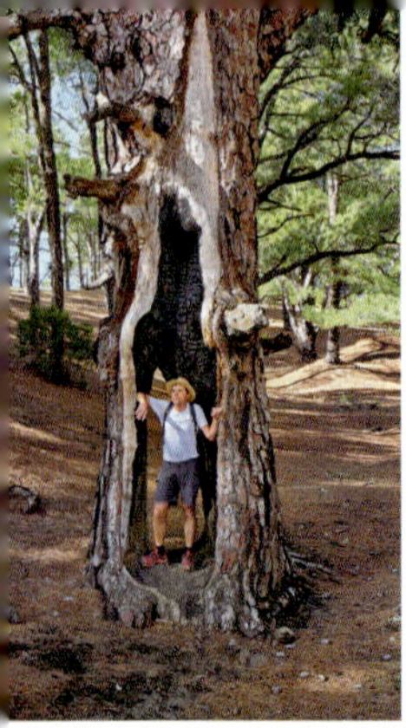

Steinsäulen markierten Waldweg immer geradeaus (an Gabelung links auf PR EH 1; rechts PR EH 2 zum Zeltplatz) durch das Tal hinauf bis zum Rastplatz **Hoya del Morcillo** ❷, 1000 m (¼ Std.).
Hinter dem Fußballplatz befindet sich der Parkplatz, von dem wir kurz zur Straßenkreuzung hinaufgehen – hier bei den Wegweisern geradeaus auf dem Waldweg weiter bergan. Nach etwa 100 m treffen wir auf eine quer führende Forstpiste, der wir links aufwärts folgen (*PR EH 1, weiß-gelb*). Sie führt stets links haltend durch den Hang, durchschreitet nach 5 Minuten eine kleine Barrancorinne und überquert wenige Minuten später eine größere Lichtung mit stattlichen Kiefernbäumen. Kurz darauf gehen wir an der Gabelung halb links auf der Hauptpiste weiter bergan. Sie führt sogleich durch eine weitere lang gestreckte Lichtung, an deren Ende wir links auf der ebenen Hauptpiste weitergehen (kurz davor vorbei an der Cueva El Mocán, der Lavatunnel befindet sich 15 m unterhalb der Forstpiste; oberhalb eine Messstation). Bald darauf steigt die Forstpiste wieder spürbar an. Sie quert nach einigen Minuten einen Taleinschnitt, gleich darauf mündet in der Rechtskurve von links ein von der Hoya del Gallego kommender Wanderweg ein (→Tour 22). 5 Minuten später treffen wir an einem Baum mit Wasserhähnen auf eine quer führende Piste (links zum Mercadel).
An der Kreuzung gehen wir geradeaus, vorbei an der Pino Piloto ❸ auf der Forstpiste sanft bergan. Sie vereint sich nach gut 5 Minuten auf dem Llano

Blick vom Malpaso auf den Golfo, La Palma (links) und La Gomera/Teneriffa (Mitte).

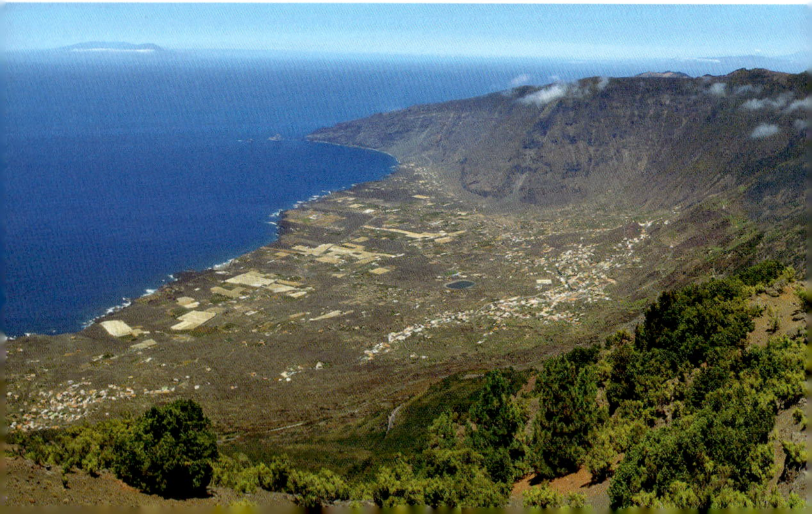

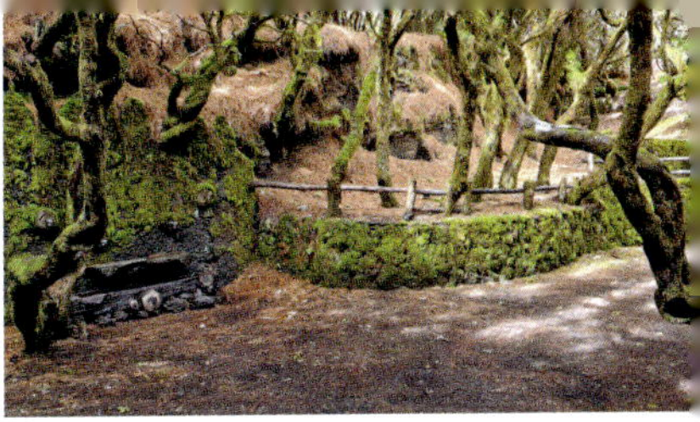

de Guillén mit einer weiteren Piste, gut 5 Minuten später erreichen wir in einer Linkskurve die **Fuentes del Julan** (hinter der Zisterne eine gefasste Quelle). Hier wenden wir uns halb rechts dem breiten, links der Zisterne abzweigenden Weg zu. An der Gabelung nach 5 Minuten gehen wir halb links auf dem etwas schmaleren Weg weiter. Nach gut 5 Minuten eine weitere Gabelung – hier halb links weiter zum nahen Picknickplatz **Fuente Cruz de Los Reyes** (Wasserstelle). Auf dem terrassenförmig angelegten Gelände passieren wir mehrere Zisternen, gleich danach mündet der Weg in eine Asphaltstraße. Die Markierung weist hier geradeaus – wir aber gehen auf der Straße rechts hinauf zur Höhenstraße, die uns links nach 100 m zum **Cruz de Los Reyes** 4 bringt (großer Parkplatz). Das Holzkreuz mit kleinem Altar ist eine Station der alle vier Jahre am ersten Julisamstag stattfindenden Prozession Bajada de la Virgen de Los Reyes.

Wir folgen der Hauptpiste, vorbei unter der roten Skulptur, die einen Pflug stilisieren soll (Homenaje al Campesino Canario), und biegen nach wenigen Minuten am Linksknick der Piste mit dem *GR 131* (*weiß-rot*) auf den geradeaus ansteigenden Fahrweg ab. Er führt hinauf zur Kammhöhe der Cumbre und folgt dieser weiter bergan. Nach etwa 20 Minuten berührt er eine Pistenstraße. Nun entweder auf dieser oder auf direktem Weg zum Gipfel des **Malpaso** 5 (Funkmast, Messstation). Von hier oben genießen wir einen großartigen Panoramablick über die Cumbre und den weit geschwungenen Golfo sowie nach Teneriffa, La Gomera und La Palma.

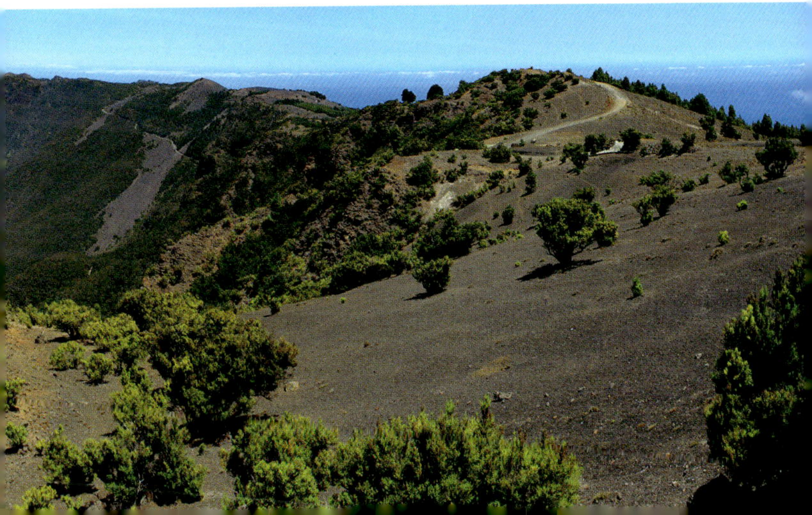

24 Von El Pinar zum Mirador de La Llanía

3.00 h

Rundtour durch herrliche Kiefern- und Nebelwälder zum Hauptkamm

»¡Arriba, arriba!« – »immer nach oben!«, das war die Auskunft einer Anwohnerin in Las Casas, als wir nach dem günstigsten Weg zur Hoya de Fireba fragten. Dem ist nichts hinzuzufügen: In direkter Linie, aber niemals wirklich steil, zieht der Waldweg hinauf zur Cumbre – und wieder hinunter.

Ausgangspunkt: Las Casas, 850 m, Ortsteil von El Pinar (am Ortsbeginn von El Pinar links abbiegen, hier Buslinie 2).
Anforderungen: Leichte Wanderung auf teilweise undeutlichen Forstwegen (evtl. hin und wieder leichte Orientierungsprobleme).

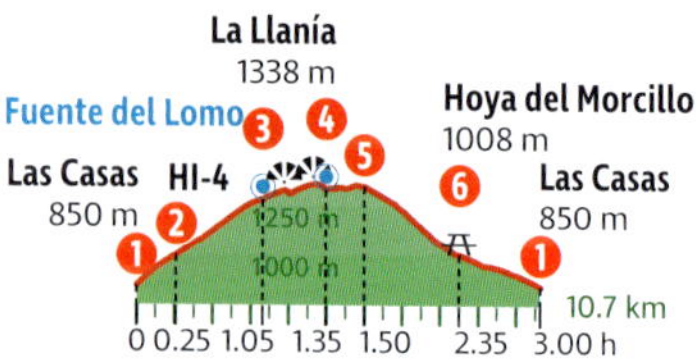

Einkehr: Unterwegs keine Einkehrmöglichkeit, in Taibique Bars und Restaurants.
Variante: Abstieg nach Frontera: Zwischen Bailadero de las Brujas und Mirador de La Llanía zweigt über die Kammhöhe ein deutlicher Pfad ab (s.u.), der steil zur Hoya Pequeña hinabführt (→Variante Tour 31, 1¼ Std.). Mit Tour 31 weiter nach Frontera.
Kombinationsmöglichkeit: Touren 22, 23, 25, 36 und 44.

Von der Plaza im Ortszentrum von **Taibique** folgen wir zunächst der Hauptstraße in Richtung Valverde. Nach knapp 10 Minuten zweigt vor einer Linkskurve geradeaus ein Sträßchen ab, das wir immer geradeaus durch El Pinars Ortsteil **Las Casas**, 850 m, verfolgen. Nach einigen Minuten schwenkt das Sträßchen links hinauf und trifft nach gut 100 m auf eine große Kreuzung, an der mehrere Straßen abgehen ❶. Wir gehen hier geradeaus weiter (Calle Asomada El Pueblo) und wenden uns nach 5 m halb rechts dem steil hinaufführenden Betonweg zu. Er geht sogleich in einen schönen, steingepflasterten Camino über, der gemütlich zwischen idyllischen Terrassengärten ansteigt. Später geht er wieder in einen Fahrweg über, der nach 10 Minuten eine Piste kreuzt. 50 m danach biegen wir an der Gabelung halb rechts ab auf den Camino, der rechts an den Wasserreservoirs vorbeiführt. Kurze Zeit begleitet uns ein Wasserkanal. Später verläuft der Camino in einer felsigen Barrancorinne, von der er sich kurz vor Erreichen der Hauptstraße (knapp 10 Min.) links abwendet. Wir folgen der Hauptstraße ❷ kurz nach rechts. 20 m nach Überqueren der Barrancorinne setzt sich links durch den hochstämmigen Kiefernwald ein Forstweg fort (Tafel »Camino La Fuente«). Er führt in direkter Linie, parallel zur Barrancorinne, bergan. In der Folge gehen wir immer geradeaus bergan, bleiben also stets rechts der Barrancorinne, die sich schon bald nach links entfernt. Nach etwa 10 Minuten kreuzt der Forstweg einen quer verlaufenden (trockenen)

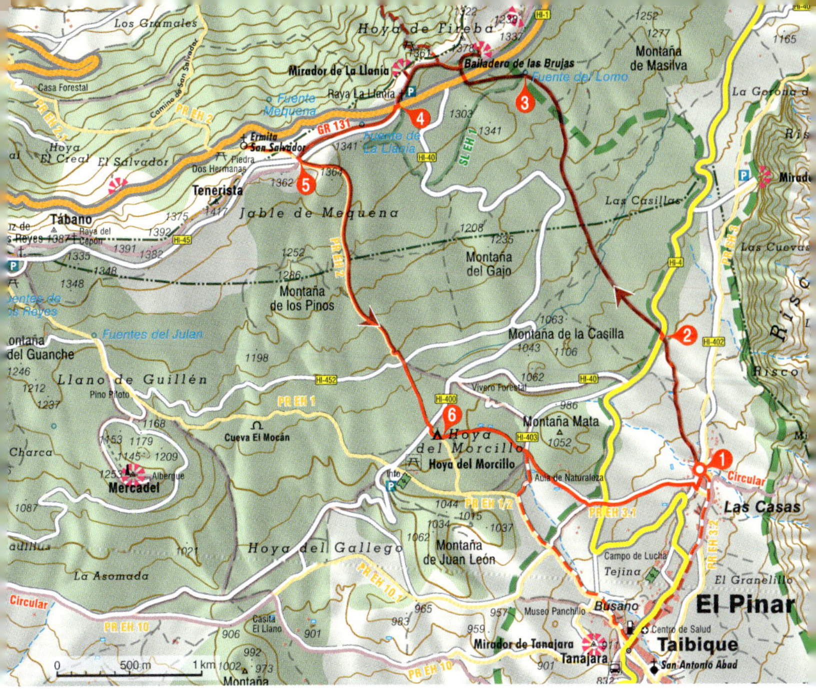

Aufstieg auf dem Camino La Fuente durch schönen, lichten Kiefernwald.

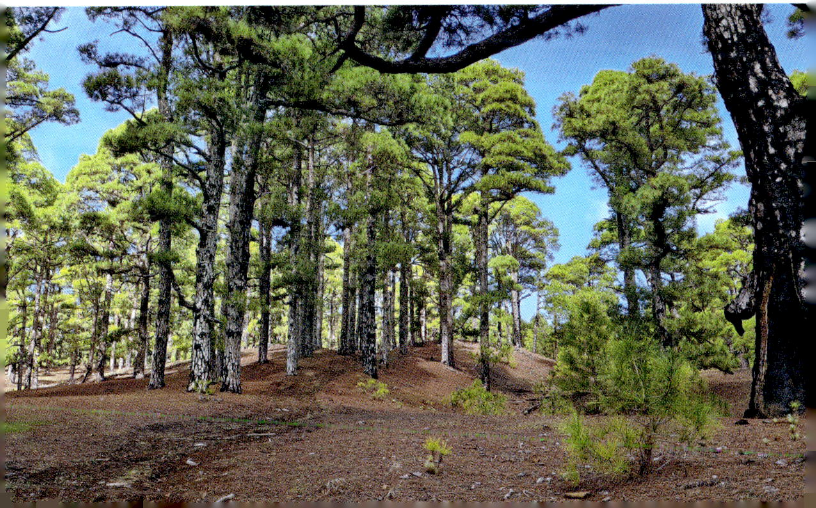

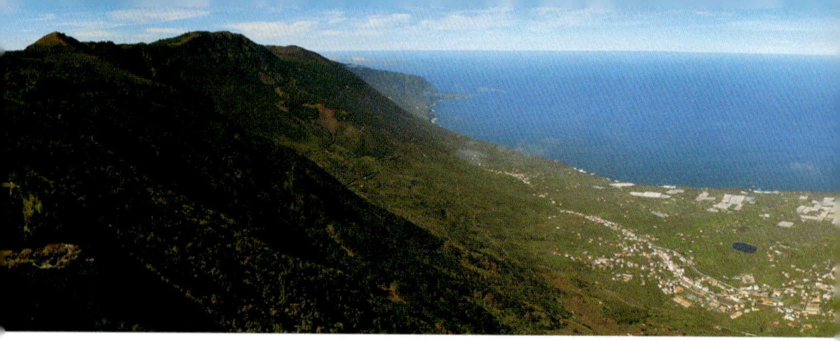

Am Mirador de La Llanía – Panoramablick auf den Golfo.

Wasserkanal, 2 Minuten später einen quer verlaufenden Forstweg. Wir gehen weiter in direkter Linie auf dem Forstweg bergan. Etwa 10 Minuten nach dem Wasserkanal sehen wir 100 m weiter links die Straße, die ebenfalls zur Hoya de Fireba hinaufzieht. Unser Weg durchschreitet hier eine Lichtung mit jungen Kiefern. Danach heißt es wieder »¡arriba, arriba!«, also in direkter Linie leicht rechts haltend bergan. Gut 5 Minuten später kreuzt unser Forstweg einen quer führenden Forstweg – nun mischen sich bereits einige Baumheidebäumchen in den Kiefernwald. Der Forstweg führt links am Rand einer großen Lichtung (Hochfläche) vorbei und gabelt sich nach weiteren 5 Minuten – hier vereint sich unser Wanderweg mit dem blauen Sendero La Llanía, mit dem wir geradeaus (halb links) auf dem Pfad rechts des kleinen Taleinschnittes in den Fayal-Brezal-Wald eintreten und eine Minute später an der Gabelung rechts mit blau/oranger Markierung zwischen zwei Taleinschnitten bergan zur **Fuente del Lomo** ❸ gelangen (Wassersammelstelle). Hier zweigen zahlreiche Pfade ab, auf denen man vortrefflich den Nebelwald erkunden kann.
Wir biegen neben der Zisterne links auf den zweiten, grün markierten Wanderweg ab. Er führt nach wenigen Minuten unterhalb eines Kiefernwäldchens entlang – an der Gabelung halb links mit den Markierungssteinen weiter – und unterquert in einem Tunnel die Hauptstraße. Nun folgen wir rechts dem mit Steinen markierten Weg, der parallel zur Hauptstraße verläuft. Er führt hinauf zum kleinen **Mirador de Fireba**, der uns die Hoya de Fireba, einen der größten Krater der Insel, zu Füßen legt (Abstieg in den Krater →Tour 25). Vom Mirador senkt sich der Weg links hinab zu einem Kiefernwäldchen mit dem »Hexentanzplatz« Bailadero de las Brujas – hier geradeaus weiter auf dem Waldweg in Richtung Mirador de La Llanía. Kurz unterhalb der Kammhöhe der Cumbre gabelt sich der Weg – hier geradeaus eben hinein in den verträumten Nebelurwald (rechts über den Kamm zweigt ein Wanderweg nach La Frontera ab, →Variante). Wir verlassen diesen nach 5 Minuten wieder und gehen über ein Lavagrusfeld (Markierungssteine) hinüber zum **Mirador de La Llanía**. Der Aussichtsbalkon eröffnet

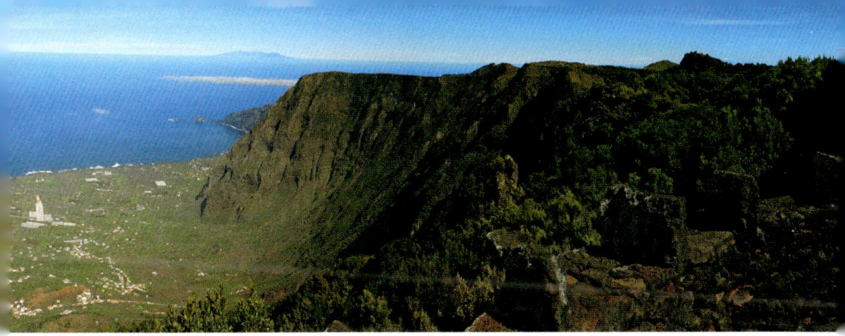

uns einen großartigen Blick auf das Golftal und auf den Kammverlauf der Cumbre. Unser Weg senkt sich nun, nach 50 m rechts vorbei an einem Aljibe (Zisterne) mit einem Baumheidebusch in der Mitte, wieder durch den Nebelwald hinab zur wenige Minuten entfernten Hauptstraße, die wir an der **Raya La Llanía** ❹ (Wasserstelle) erreichen. Gegenüber zweigt die Höhenstraße zum Cruz de Los Reyes ab, die unseren weiteren Wanderweg vorgibt – teilweise kann man auch links bzw. rechts der Straße gehen. Nach gut 10 Minuten kreuzt ein deutlicher, beiderseits von Steinmauern eingefasster Weg die Höhenstraße ❺ (Tafel *PR EH 2, weiß-gelb*).
Wir wenden uns dem linken Weg zu (der rechte Weg führt über den Jable de Mequena hinab zur Ermita de San Salvador, ein schöner 10-minütiger Abstecher, →Tour 32). Er trifft sogleich auf der Kammhöhe auf eine Forstpiste – auf dieser links weiter – und führt nach wenigen Minuten rechts haltend durch eine breite Feuerschneise im Nebelwald hinab. Nach einer knappen Viertelstunde gabelt sich die Forstpiste am Beginn des Kiefernwaldes. Rechter Hand sehen wir die Montaña de los Pinos, zu der eine Trasse hinabzieht. Wir verbleiben auf der halb links hinabführenden Piste. Schon bald öffnet sich der Blick auf den Mercadel, später auch auf Taibique mit dem Tanajara. Nach einer Viertelstunde mündet unsere Forststraße in eine quer führende Piste (diese führt rechts zum Mercadel). Gegenüber führt der weiß-gelb markierte Weg weiter in direkter Linie hinab zur Straße zum Picknickplatz **Hoya del Morcillo**, in die der Weg 50 m neben dem Zeltplatz einmündet. Wir kreuzen die Straße und anschließend eine Rinne und erreichen gleich darauf eine Wegetafel auf dem Gelände des Zeltplatzes ❻. Hier mit *PR EH 3.1* links weiter durch das Gelände und nach 100 m geradeaus den *weiß-gelb* markierten Waldweg hinab. Nach 10 Minuten mündet der Wanderweg in eine Straße, der wir nach rechts, nach 50 m links folgen (rechts zur Aula de Naturaleza). Die Straße führt eben durch eine Hochfläche mit Feigen, Mandeln und Kiefern und senkt sich nach 5 Minuten bei ersten Häusern sanft hinab, mit schönem Blick nach El Pinar. 5 Minuten später mündet das Sträßchen in eine Straße, die links nach 50 m die Hauptstraße HI-4 kreuzt und in knapp 10 Minuten nach **Las Casas** ❶ hinabführt (50 m links der Abzweig des Aufstiegsweges, rechts nach Taibique).

↗ 140 m | ↘ 140 m | 4.1 km

25 Von der Fuente de La Llanía zur Fuente del Lomo

1.15 h

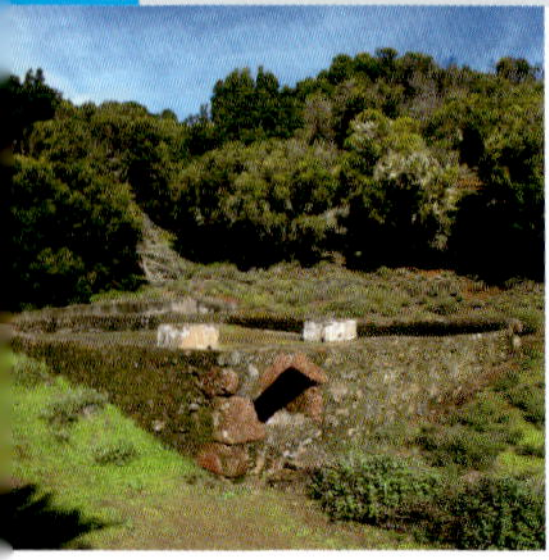

Kurzweilige Runde durch den Nebelurwald

Trotz ihrer Kürze darf diese Wanderung als eine der zauberhaftesten der Insel bezeichnet werden. Unser romantischer Weg durch den Nebelurwald berührt eine Quelle, einen alten Hexentanzplatz, einen formvollendeten Krater und einen der großartigsten Aussichtsplätze der Insel, den Mirador del Golfo. Wenn sich dann noch der Wolkennebel über den Wald legt, dann fühlt man sich vollends versetzt in das Reich der Märchen und der Sagen.

Ausgangspunkt: Raya La Llanía, 1338 m (Parkplatz), an der Hauptstraße San Andrés – La Frontera bei Km 15,5, am Abzweig der Höhenstraße zum Cruz de Los Reyes.
Anforderungen: Leichte Wanderung auf gemütlichen Waldwegen.
Kombinationsmöglichkeit: Touren 24, 26 und 44.

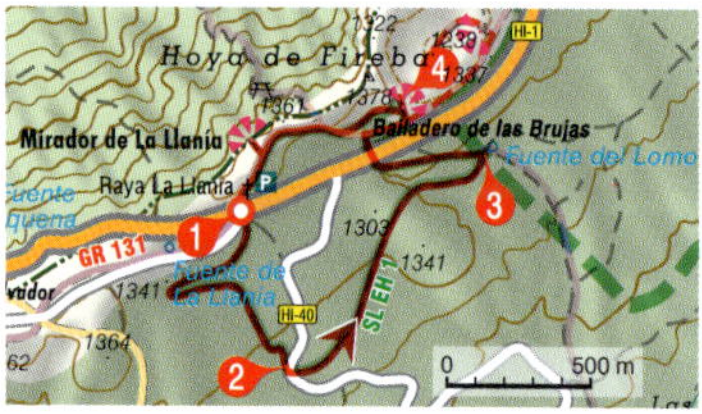

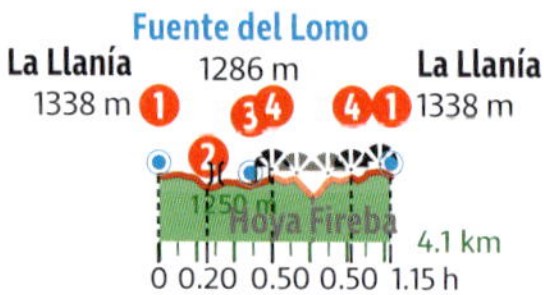

Wir wenden uns an der **Raya La Llanía** ❶ (mit gefasster Quelle), direkt am Abzweig der Straße zum Cruz de los Reyes, dem in südlicher Richtung abzweigenden Fahrweg zu (Tafel »El Brezal«). Diesen verlassen wir schon nach 40 m auf einem kleinen, rechts abbiegenden Waldweg, der etwa höhehaltend, parallel zu einem kleinen Taleinschnitt, dahinführt. Nach knapp 10 Minuten knickt der Weg scharf links ab, um auf der anderen Talseite auf einen Fahrweg zu treffen. Diesem folgen wir links am Taleinschnitt entlang. Nach 5 Minuten knickt der Weg nach rechts und gabelt sich gleich darauf: hier geradeaus weiter auf dem grün markierten Weg (rechts zweigen rote und blaue Varianten ab). Nun immer geradeaus auf dem Hauptweg hinab. Er durchschreitet nach 5 Minuten einen ausgeprägteren Taleinschnitt, in dem von rechts unten die Varianten einmünden, um gleich darauf die Straße zum Rastplatz Hoya del Morcillo (bzw. nach El Pinar) zu erreichen ❷.
Auf der gegenüberliegenden Straßenseite setzt sich unser Wanderweg in Richtung »Fuente del Lomo« (Tafel) fort. Der wunderschöne, geradezu idyllische Waldweg, den wir immer geradeaus verfolgen, überquert nach we-

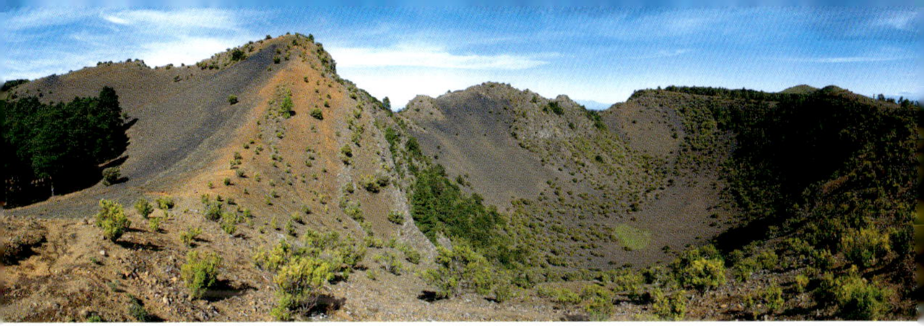

Blick vom Mirador de Fireba auf den gleichnamigen Krater.

nigen Minuten ein Brücklein (am Wegrand Wasserlöcher). Kurz darauf treffen wir auf einen Fahrweg, dem wir links bergan folgen. 10 Minuten später halten wir uns an der Gabelung rechts. Bald darauf gelangen wir auf eine große Lichtung, wo sich der Weg vor ein paar Zypressen gabelt (hier zweigt rechts eine rote Variante ab). Hier halb links weiter auf dem Weg, der schon bald in einen kleinen Taleinschnitt hinabführt (hier zweigt links eine orange Variante ab) und nach knapp 5 Minuten scharf links hinüberschwenkt zu einer Zisterne, in der das Wasser der **Fuente del Lomo** ❸ gesammelt wird. (Davor zweigt rechts eine blaue Variante ab, die orange mündet ein.) Neben der Zisterne, in die man auch hinabsteigen kann, weist uns der Wegweiser »Bailadero de las Brujas« scharf links hinauf den Weiterweg. Nach wenigen Minuten führt der Weg unterhalb eines Kiefernwäldchens entlang und gabelt sich – hier halb links mit den Steinen weiter und kurz darauf rechts durch den Tunnel auf die andere Seite der Hauptstraße. Dort folgen wir rechts dem mit Markierungssteinen markierten Weg, der parallel zur Hauptstraße verläuft. Er führt hinauf zum **Mirador de Fireba** ❹, der uns die Hoya de Fireba, einen der größten Krater der Insel, zu Füßen legt (wer einen Abstecher in den Krater unternehmen will, folgt dem weiß-rot markierten GR 131 bis zum gegenüberliegenden Kraterrand und biegt dort am Wegweiser »Hoya de Fireba« links ab auf einen Wanderweg, der in den Krater hinabführt; ¼ Std. ab Mirador de Fireba). Vom Mirador senkt sich der Weg links hinab zu einem Kiefernwäldchen mit dem »Hexentanzplatz« Bailadero de las Brujas – hier geradeaus weiter auf dem Waldweg in Richtung Mirador de La Llanía. Kurz unterhalb der Kammhöhe der Cumbre gabelt sich der Weg – hier geradeaus eben hinein in den verträumten Nebelurwald (rechts über den Kamm zweigt ein Pfad nach Frontera ab, →Variante Tour 31). Wir verlassen diesen nach 5 Minuten wieder und gehen über ein Lavagrusfeld (Markierungssteine) hinüber zum **Mirador de La Llanía**, 1361 m. 30 m vor dem Aussichtsbalkon gabelt sich der Weg – hier scharf links weiter in Richtung »La Llanía« (Tafel). Nach 50 m kommen wir rechts an einem Aljibe mit einem Baumheidebusch in der Mitte vorbei. Hier tritt der Weg wieder in den Nebelwald ein und senkt sich hinab zur **Raya La Llanía** ❶ an der Hauptstraße.

TOP

26 Von der Hoya de Fireba zum Mirador de Jinama

↗ 300 m | ↘ 300 m | 7.2 km

2.30 h

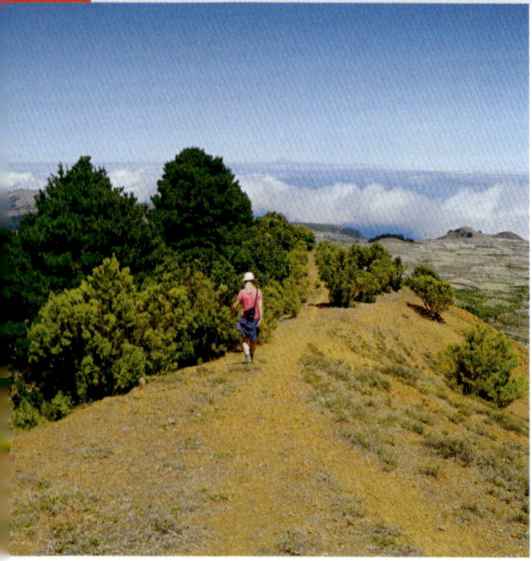

Großartige Panoramarunde über dem Golfo

Warten Sie einen ruhigen, möglichst wolkenlosen Tag ab – dann werden Sie mit uns übereinstimmen, dass diese Panoramawanderung auf der Cumbre eine der tollsten und aussichtsreichsten Touren der Insel ist. Der Pfad entlang der Kammkante ist wenig bekannt, er legt uns Frontera zu Füßen und bietet herrliche Ausblicke auf die Meseta de Nisdafe und zu den Nachbarinseln. Konditionsstarken Bergwanderern ermöglicht er zudem eine großzügige Tages-Rundtour von Frontera (→ Variante).

Ausgangspunkt: Km 14,1 der Hauptstraße San Andrés – Frontera (HI-1), zwischen Raya La Mareta und Hoya de Fireba. An dieser Stelle kreuzt der Camino de la Virgen neben einem einfachen Picknickplatz die Hauptstraße, gute Parkmöglichkeit.
Anforderungen: Bis auf kurze Abschnitte meist bequeme, aber etwas anstrengende Rundwanderung. Der Kammweg ist nicht markiert, an seinem Ende muss ein Tor überstiegen werden. Der Rückweg erfolgt auf dem markierten, breit ausgebauten Camino de la Virgen.
Variante: Rundtour für konditionsstarke Bergwanderer (knapp 6 Std.): Aufstieg von Frontera (Joapira) über die Hoya Pequeña zur Cumbre (→ Tour 31; am Mirador de Fireba links auf dem GR 131 zum Ausgangspunkt bei Km 14,1 der HI-1) und Rückweg vom Mirador de Jinama über den Camino de Jinama (→ Tour 29).
Kombinationsmöglichkeit: Touren 25, 29, 30, 31 und 44.

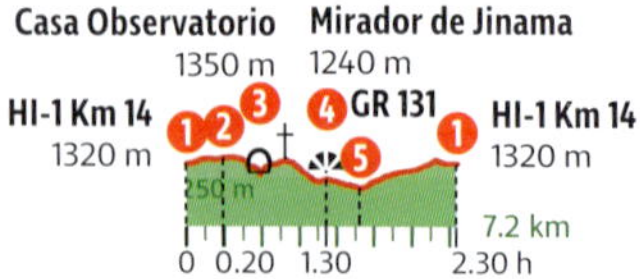

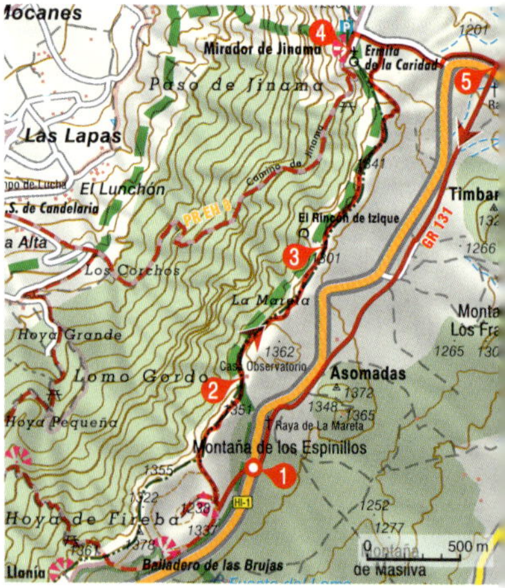

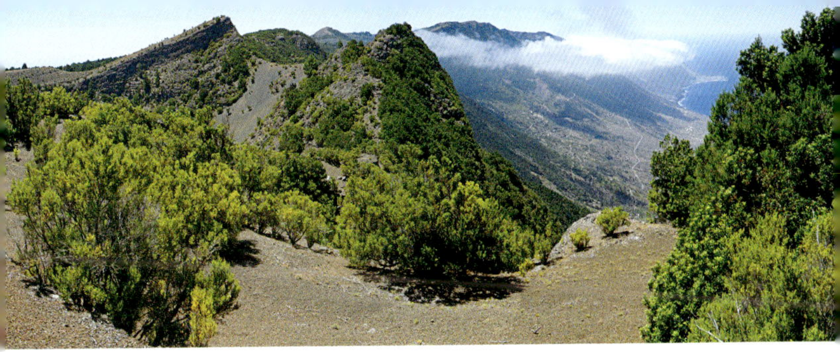

Blick auf die Hoya de Fireba und das Golftal.

Wir starten bei **Km 14 der HI-1** ❶ – hier kreuzt der Camino de la Virgen (GR 131) die Hauptstraße. Wir folgen dem Pilgerweg in Richtung »Ermita Virgen de Los Reyes« (Tafel) und verlassen ihn nach 150 m auf einem rechts zum Mirador de Fireba abzweigenden Weg (Tafel). Der Hauptweg wendet sich nach 35 m links dem Fireba-Krater zu, ein schöner Abstecher (gut ¼ Std.) – wir verbleiben hier jedoch halb rechts auf dem deutlichen Weg, der am Kraterrand (und Waldrand) entlang ansteigt. Anschließend verläuft er gemütlich in leichtem Auf und Ab über den Kamm, mit herrlichen Ausblicken auf den Golfo. Nach gut 10 Minuten kommen wir an einem privaten Häuschen mit Observatorium vorbei, ein netter Rastplatz ❷. Der Weg verläuft nun direkt an der Abbruchkante zum Golfo. Vor uns sehen wir bereits den Mirador de Jinama, direkt unter uns Frontera, am Horizont tauchen neben La Palma auch La Gomera und dahinter Teneriffa auf. Der Pfad wendet sich in der Folge etwas von der Kammkante ab, wir ignorieren rechts abzweigende Feldwege und bleiben stets auf dem Kammpfad, bald mit Blick auf ein Tor in einer Felsmauer. Im Sattel oberhalb des Felstors und der Erosionslandschaft gabelt sich der Pfad – hier lohnt links ein kleiner Abstecher zum **Felstor**. ❸ Der Weiterweg über den Kamm wird mit Verbotsschild umgeleitet

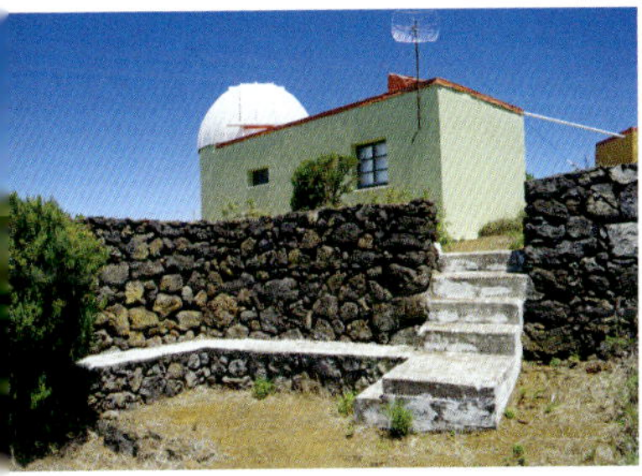

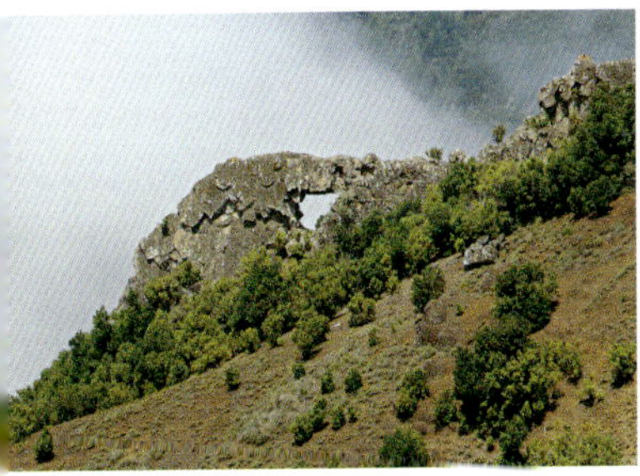

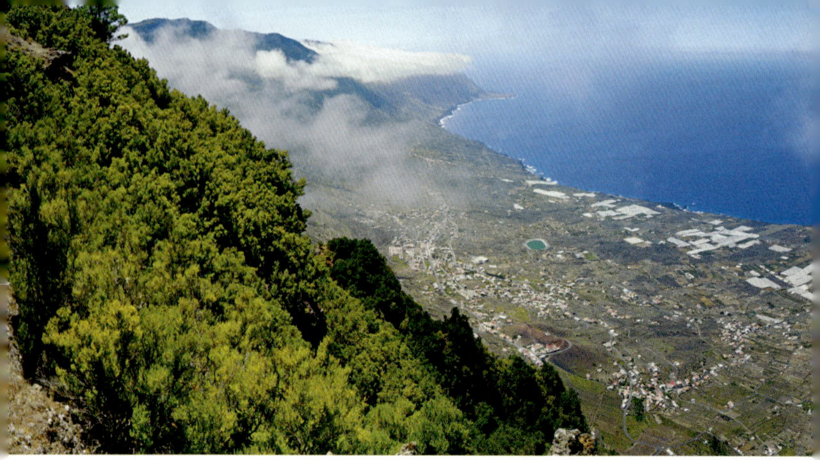

Vom Kammweg blicken wir hinab auf das Golftal mit La Frontera.

– allerdings führt diese Umleitung hinab zur Hauptstraße und Wanderer sind am Kammweg sehr wohl geduldet. Also setzen wir unsere Wanderung über den Kammpfad fort, der nun am Rand einer Erosionszone mit herrlich geriffelten Felsformationen verläuft und bald kurz steiler ansteigt – rechts unter uns breiten sich die Wiesenterrassen von San Andrés aus, eingefasst von Vulkankuppen. Nach der Kuppe wendet sich der Weg mit dem Rücken rechts vom Kamm ab. Im folgenden Sattel hält er rechts, dann links ein Stück steil hinab (unangenehm geröllig) bis zu einem Querweg, dem wir nach links folgen, nach 50 m entlang einer Kiefernreihe. Direkt unter uns sehen wir die Jinama-Straßenkreuzung. Am

Am Ende des Kammweges breitet sich vor uns die Meseta de Nisdafe aus.

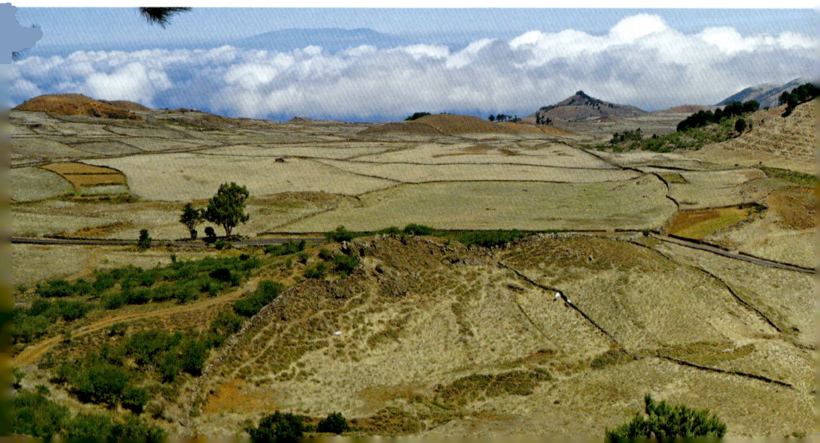

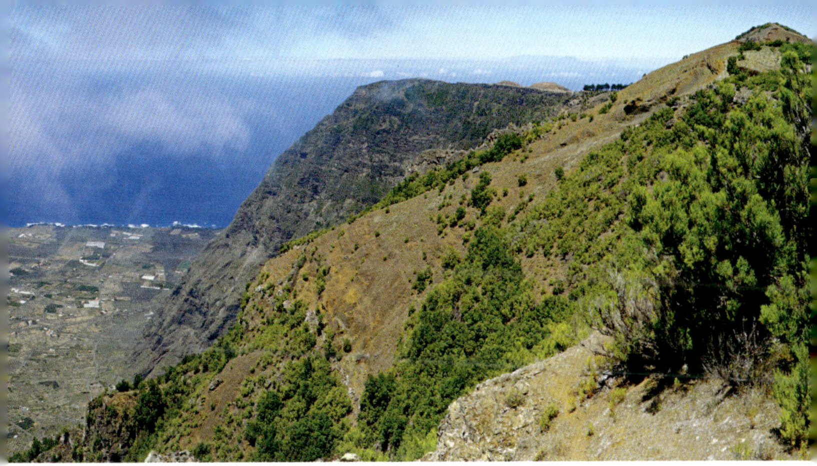

Ende der Kiefernreihe erreichen wir wieder den Kamm (unter uns der Camino de Jinama). Der Pfad führt nun rechts durch das Zaungatter hinab zu einem Feldweg, der uns rechts zur Straße hinabbringt (hier müssen wir das Tor übersteigen, da verschlossen!) – auf dieser sind es links nur wenige Minuten zum **Mirador de Jinama** ❹, einem der berühmtesten Aussichtsplätze der Insel, der zu einer ausgiebigen Rast einlädt (Wasserstelle). Nach dem Abstecher gehen wir wieder auf der Straße zurück und weiter zur Hauptstraße HI-1, der wir geradeaus 250 m in Richtung San Andrés folgen, bis der **Camino de la Virgen** ❺ (*GR 131, weiß-rot*) kreuzt. Auf diesem wandern wir rechts, zwischen Wiesenfeldern und Hügelkuppen, zurück zum Ausgangspunkt ❶, den wir nach etwa 40 Minuten am Ende eines Kiefernwäldchens erreichen.

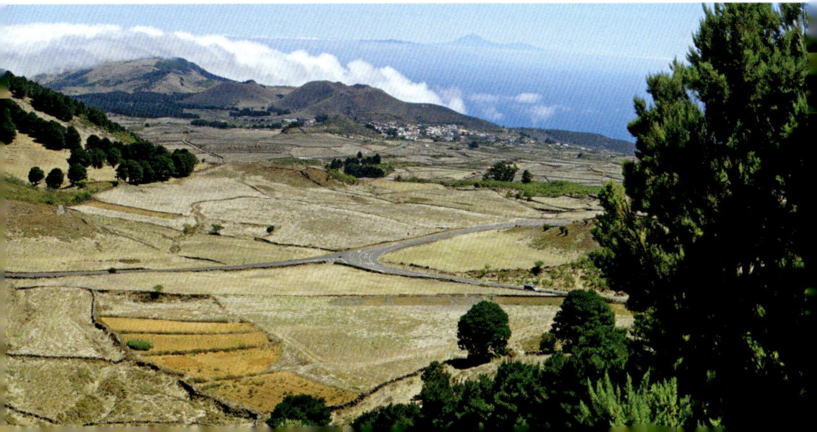

↗ 200 m | ↘ 200 m | 8.4 km

27 Von La Maceta nach Las Puntas

2.25 h

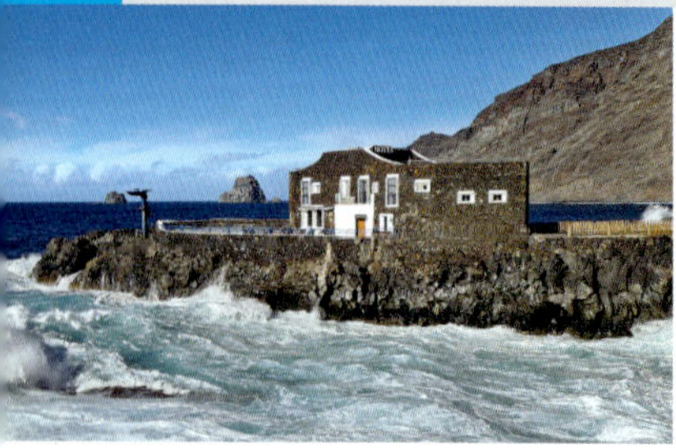

Spaziergang an der eindrucksvollen Lavaküste

Im Jahr 2010 wurde an der Küste zwischen dem Meeresschwimmbad La Maceta und Puntagrande eine schöne Promenade mit mehreren überdachten Miradores angelegt, die sich seither bei Einheimischen wie bei Touristen großer Beliebtheit erfreut. Immer wieder ergeben sich herrliche Blicke auf die Klippen und Felsbuchten, auf Felstore und natürlich über das weite Golftal, Meerwasserpools laden ein zu einem Bad.

Ausgangspunkt: Meeresschwimmbad La Maceta (bei Busanfahrt startet man die Wanderung in Las Puntas, Buslinie 4).
Anforderungen: Durchwegs leichte Küstenpromenade.
Einkehr: Bar-Restaurants in La Maceta und in Las Puntas.
Kombinationsmöglichkeit: Tour 28.

Bevor wir uns in **La Maceta** ❶ dem Küstenweg nach Las Puntas zuwenden, lohnt ein Abstecher nach Los Sargos: Hinter dem ehemaligen Restaurant am Parkplatz setzt sich eine Piste entlang der Küste fort (*PR EH 8.1, weiß-gelb*). Sie führt hinüber zum nur knapp 10 Minuten entfernten Parkplatz beim Meeresschwimmbecken **Los Sargos** ❷, das zwar weniger zum Baden einlädt, dafür aber durch seine eindrucksvollen Lavaformationen bezaubert.

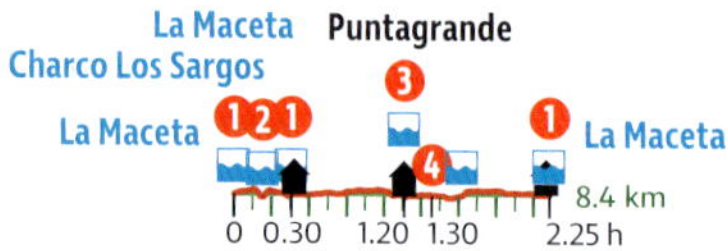

Zurück in **La Maceta** ❶, folgen wir dem Küstenweg *PR EH 8.1* in östlicher Richtung. Der Holzplankenweg wendet sich 2 Minuten nach dem Kiosk vom Fahrweg ab und passiert kurz darauf den Mirador Punta del Pozo, mit Blick zum vorgelagerten Roque del Pozo und zurück nach La Maceta (etwas rechts vom

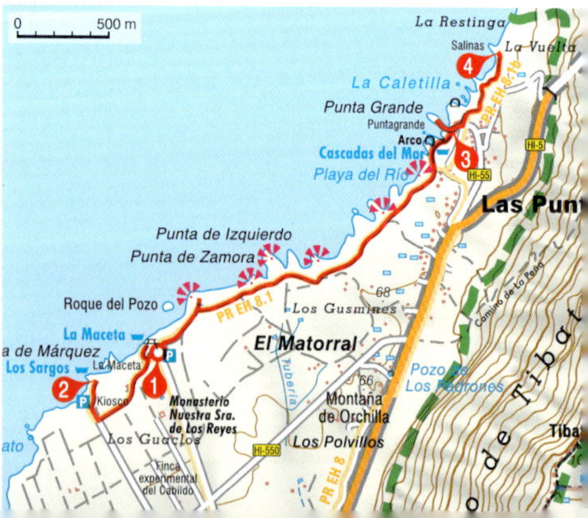

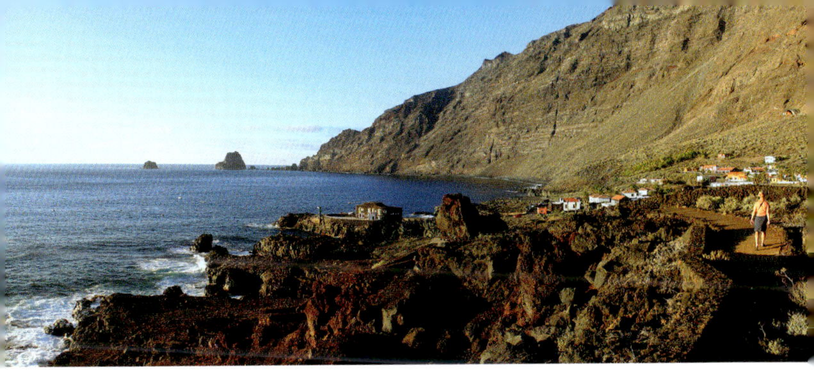

Kurz vor Las Puntas, mit Blick zu den Roques de Salmor.

Mirador eine Zisterne mit Waschplatz). Anschließend wandern wir weiter auf dem Küstenweg, bald vorbei am Mirador Los Gusmínes. Einige Minuten später knickt unser Weg neben einem Fahrweg links ab und führt hinaus zum Mirador Punta de Zamora auf einer riesigen, vom Meer umspülten Halbinsel, die nur durch einen schmalen, abgrundtiefen und etwa 100 m langen Spalt vom Festland getrennt ist. Nach dem Abstecher geht es weiter auf dem schönen Holzplankenweg, direkt an dem Meeresspalt entlang und anschließend vorbei an einer Felsbucht mit herrlichen Basaltsäulen. Wir passieren den Mirador Punta Izquierdo, den Mirador Las Puntas und kurz darauf bei einem Felskopf den Mirador Playa del Río (herrlicher Blick nach Puntagrande), dann geht es über Stufen hinab zum Meeresschwimmbad Cascadas del Mar. Wir gehen links am Bad vorbei, sogleich vorbei am kleinen Meerespool von El Río (man kann auch mit der Markierung rechts am Bad vorbei und rechts hinauf zur Hauptstraße). Ein Fahrweg leitet nun hinüber zum nahen Hotel **Puntagrande 3**. Unterwegs kann man ein weiteres Felstor bewundern – der mustergültige Torbogen hat eine Spannweite von wenigstens 10 Metern! Der Küstenweg setzt sich jenseits noch fort bis zu den ehemaligen **Salinen 4** (10 Min.). Hier endet die Markierung, der weiterführende Pfad zur Playa del Cantadal kann nur bei ruhiger See empfohlen werden (schöner Steinstrand).

Bequemer geht es kaum: Der komplette Wanderweg ist mit Holzplanken ausgelegt.

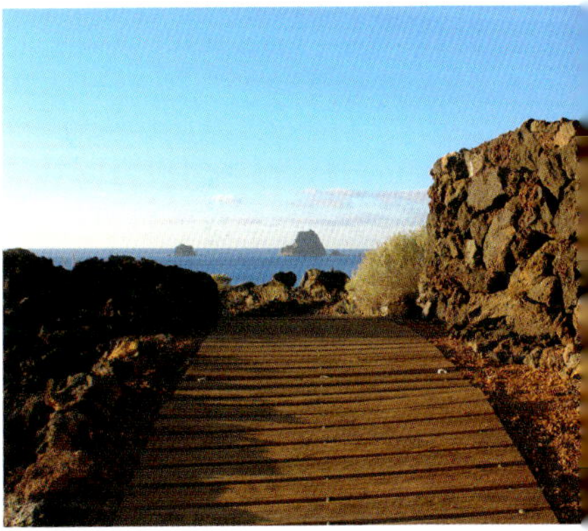

↗ 350 m | ↘ 350 m | 9.7 km

28 Von Frontera nach La Maceta

2.45 h

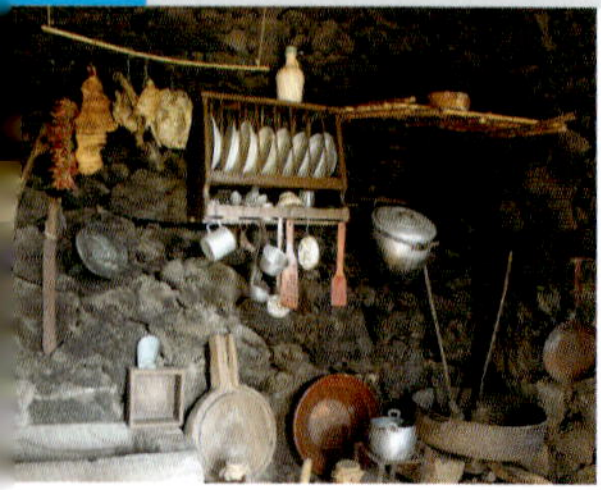

Beschauliche Runde durch das Golftal – mit Badegelegenheiten

Wer einmal nur gemütlich dahinbummeln, das weite Golftal kennenlernen und die Wanderung vielleicht auch noch mit einem Bad im Meer verbinden will, für den bietet sich dieser Ausflug zum Meeresschwimmbad La Maceta an. Unterwegs lockt außerdem ein Besuch des Ecomuseo de Guinea und des Lagartario. Ambitioniertere Wanderer, die die Tour erweitern wollen, können noch einen insgesamt etwa eineinhalbstündigen Abstecher von La Maceta entlang der Küste nach Las Puntas unternehmen (→Tour 27).

Ausgangspunkt: Plaza de la Candelaria mit der Pfarrkirche in Frontera, 355 m (Buslinie 4).
Anforderungen: Leichte, bis auf einen kurzen Steilaufstieg gemütliche Wanderung, die häufig auf wenig befahrenen Nebenstraßen verläuft.
Einkehr: Bar-Restaurants an der Plaza von Frontera und in La Maceta.
Kombinationsmöglichkeit: Tour 27.

Von der Plaza de la Candelaria in **Frontera** ❶ zweigt in östlicher Richtung eine Straße nach El Lunchón ab (Tafel; links davon zweigt ein breiter Wanderweg mit *PR EH 8* ab, unser Rückweg und eine Alternative für Wanderer, die auf direktem Weg nach La Maceta absteigen wollen). Die Straße bringt uns in knapp 10 Minuten durch Weinfelder in den idyllisch am Fuß der Golfo-Steilwand gelegenen Weiler **El Lunchón** ❷ und gabelt sich nach 5 Minuten. Hier links weiter die breite Straße zwischen Weinbergen hinab und an der folgenden Straßengabelung nach 200 m halb rechts auf dem kleineren Sträßchen. Es schwenkt schon bald nach rechts und trifft auf eine Querstraße, der wir nach rechts leicht bergan folgen zum Fuß der Steilwand. An der folgenden Gabelung gehen wir geradeaus, an der Gabelung wenige Minuten später rechts weiter leicht bergan. Bald darauf halten wir uns an der Straßengabelung vor der Steilwand links etwas steiler hinab. Die Terrassenfelder beiderseits des Sträßchens

La Maceta, der beste Badeplatz des Golftals.

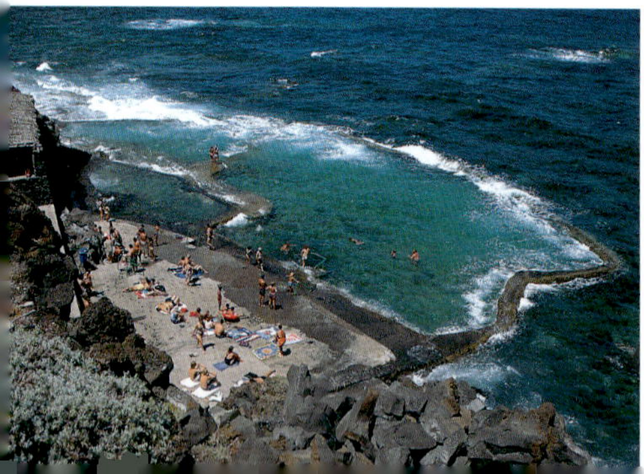

sind nur mehr teilweise bewirtschaftet. Nach einer Viertelstunde knickt die Straße nach links, kurz danach geht es rechts vollends hinab zur Hauptstraße nach Las Puntas. Hier sollte man unbedingt einen Abstecher nach rechts zum nur 100 m entfernten Museumsdorf **Guinea** ❸ unternehmen, das einen hervorragenden Einblick in die einfache Lebensweise der Herreños vor dem Zeitalter der Motorisierung vermittelt. Gleich dahinter schließen sich die Gebäude des Lagartario an, in dem die einst fast ausgestorbenen Rieseneidechsen Hierros zu bewundern sind.

Wieder zurück an der Straßeneinmündung in die Hauptstraße, gehen wir jenseits auf dem Sträßchen in Richtung Küste weiter (*PR EH 8.1, weiß-gelb*). Wir passieren einzelne Gehöfte und Plantagen und erreichen nach etwa 10 Minuten (zuletzt links) eine breitere Straße, in die wir rechts einbiegen. Sie bringt uns in einer Viertelstunde geradewegs hinab zum Meeresschwimmbecken **La Maceta** ❹, dem besten Badeplatz im Golfo – wenigstens bei rauer See.

Wir kehren auf demselben Weg zurück zur Hauptstraße bei Guinea ❸ und gehen mit *PR EH 8* weiter hinauf in Richtung Jinama. Nach einer Viertelstunde zweigt der *weiß-gelb* markierte Wanderweg rechts ab auf ein Sträßchen, das nach einigen Minuten in **Los Mocanes** in eine Straße einmündet. Auf dieser links steil bergan (nach einigen Minuten zweigt PR EH 2.3 rechts nach Tigaday/Sabinosa ab). Einige Minuten später gabelt sich die Straße in **Las Lapas** – hier links mit der Markierung die steile Pflasterstraße hinauf zu einem Sträßchen, das wir weiter steil bergan verfolgen (immer geradeaus). Wir lassen bald die Häuser des Ortes hinter uns und erreichen nach einer Viertelstunde (zuletzt breiter Pflasterweg) wieder die Plaza de Candelaria in **Frontera** ❶.

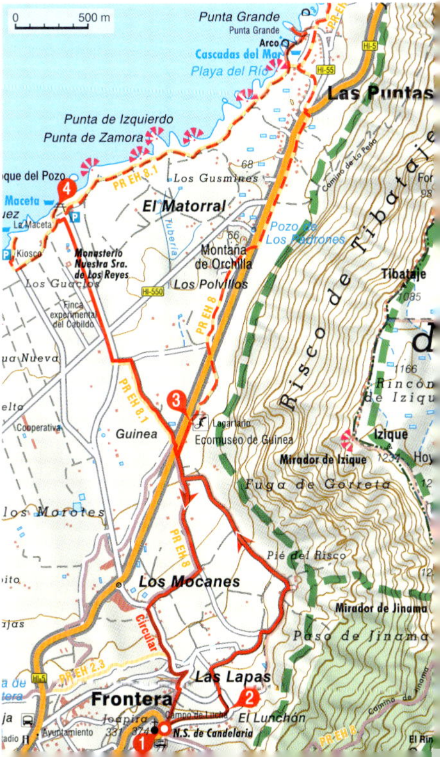

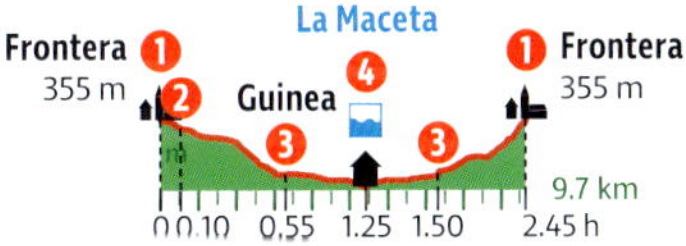

TOP

29

↗ 900 m | ↘ 900 m | 8.5 km

Camino de Jinama: Von Frontera zum Mirador de Jinama

4.15 h

Eine Wanderung wie aus dem Bilderbuch

Der Camino de Jinama, ein alter, hervorragend instand gehaltener Verbindungsweg zwischen dem Golfo und dem Dorf San Andrés auf der Nisdafe-Hochebene, gehört zu den Paradetouren der Insel. Er darf ohne Übertreibung als einer der schönsten und abwechslungsreichsten Wanderwege El Hierros überhaupt bezeichnet werden und bezaubert durch einen steten Wechsel des Landschaftsbildes und durch herrliche Panoramablicke. Vor allem aber bietet er einzigartige Eindrücke vom Nebelurwald in der häufig von Wolken eingehüllten Steilwand des Golfo.

Ausgangspunkt: Plaza de la Candelaria (Pfarrkirche) in Frontera, 355 m (Buslinie 4).
Anforderungen: Insgesamt leichte Wanderung auf stets ausreichend breitem, mitunter jedoch etwas steil angelegtem Camino. Bei Regen bzw. bei unsicherem Wetter sollte man den Wanderweg wegen der Steinschlaggefahr meiden.
Einkehr: Bar-Restaurants in Frontera.
Variante: Anschlusswanderung vom Mirador de Jinama nach San Andrés (40 Min. einfach): Von der Aussichtsplattform geradeaus die Straße hinab und nach etwa 8 Min. in der Linkskurve der Straße rechts auf Camino immer geradeaus nach San Andrés (Bar-Restaurants, Buslinien 2 und 5).
Kombinationsmöglichkeit: Tour 30.
Wichtiger Hinweis: Der Weg war zuletzt (April 2023) wegen eines massiven Hangrutsches zwischen Picknickplatz und Mirador de Jinama gesperrt.

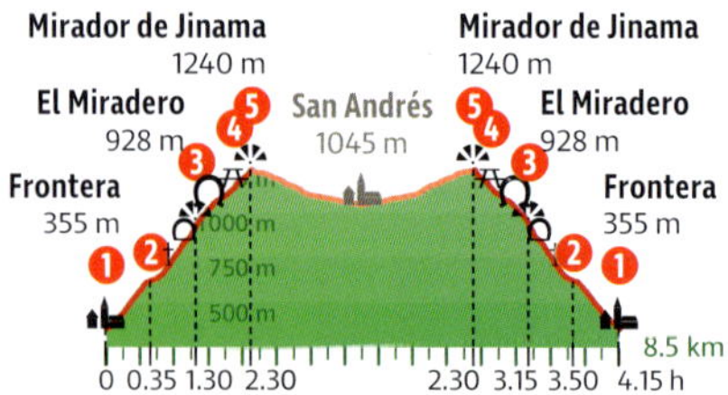

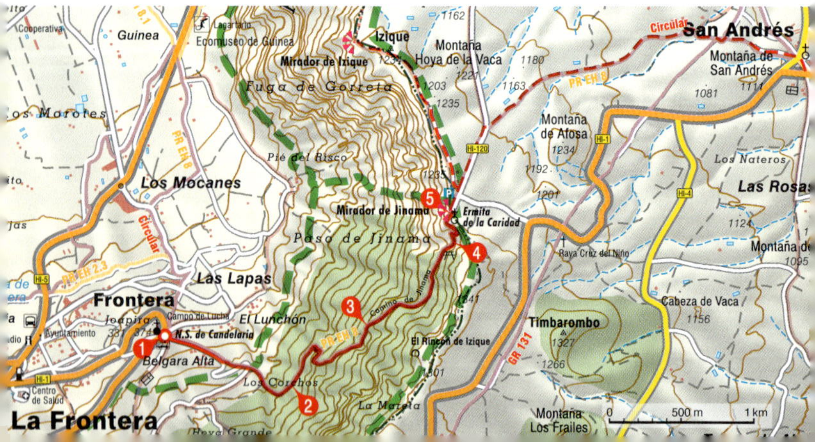

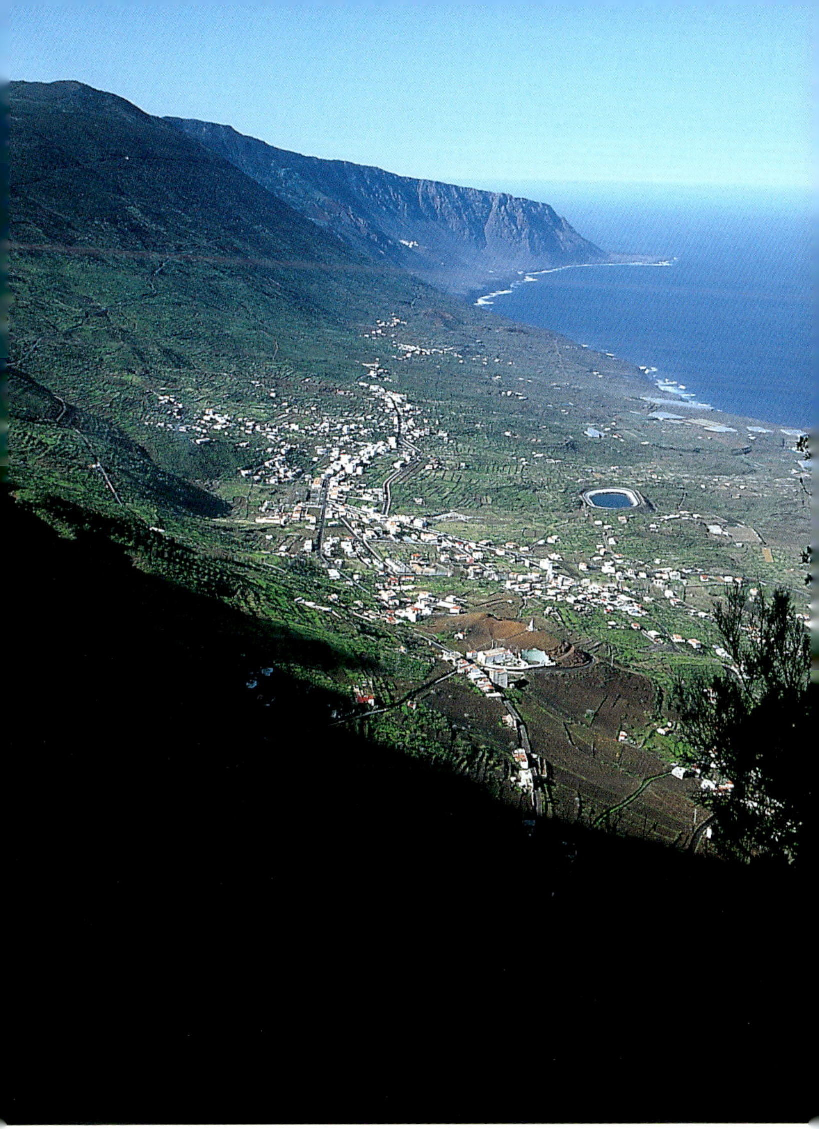

Der Wanderweg eröffnet großartige Ausblicke auf das Golftal.

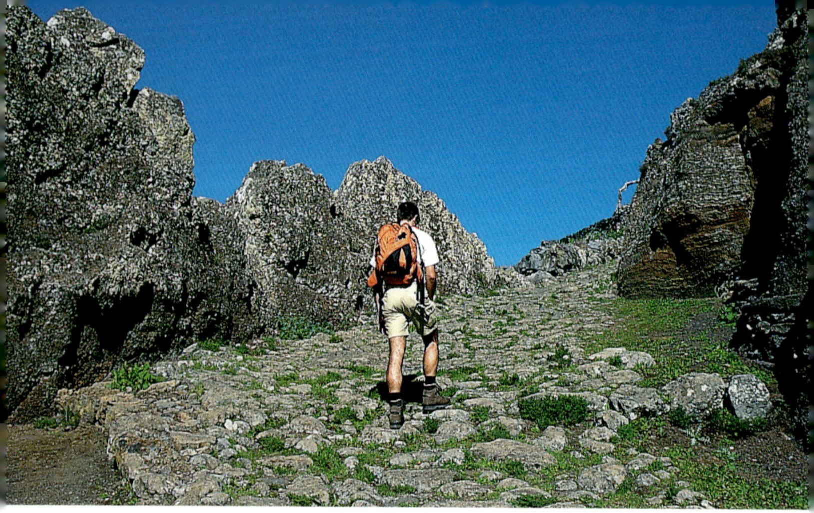

Der wunderschöne, steingepflasterte Camino de Jinama.

Der Wanderweg beginnt an der Plaza von **Frontera** ❶ gegenüber der Pfarrkirche Nuestra Señora de Candelaria. Wir gehen zwischen den Bars die Straße hinauf und halten uns mit *PR EH 8* (*weiß-gelb*) sogleich an der Gabelung links (Tafel »Jinama«). Nach gut 10 Minuten verlassen wir das Sträßchen in einer scharfen Rechtskurve auf einem geradeaus weiterführenden Pflasterweg. Er kreuzt nach wenigen Minuten die Straße, kurz darauf noch einmal. Vorbei an einer mächtigen, allein stehenden Kiefer hält unser Weg nun auf die Steilwand zu. Wir lassen die Weinterrassen Fronteras hinter uns und gelangen nach wenigen Minuten auf einen schmalen, steilen Geländerücken zwischen zwei tief eingeschnittenen Barrancorinnen. Knapp 10 Minuten nach dem Gatter führt der Camino links hinüber zur Steilwand, wo er in den märchenhaften Nebelurwald eintritt und den Barranco de las Esquinas quert ❷. Der Weg verflacht sich nun für ein paar Minuten und steigt dann wieder spürbar, aber meist gemütlich an. Nach insgesamt 50 Minuten kommen wir an einem mannshohen Felsblock mit Kreuz vorbei, der sich inmitten des Weges aufbaut. Eine Viertelstunde später, in gut 800 m Höhe, folgt der vielleicht schönste Wegabschnitt: Wir durchschreiten ein »Felsportal« und gelangen durch eine Steilrinne (Hoyo de Tincos), an deren linkem Rand sich unser Aufstieg über einen schmalen, steilen Bergrücken fortsetzt. Nach einer weiteren Viertelstunde passieren wir einen großartigen **Aussichtsplatz** ❸ (El Miradero) mit Blick über den Golfo. Die Szenerie wird jetzt immer eindrucksvoller. Farne machen sich im Unterholz breit, Moospolster überziehen die Steine und Stämme, Bartflechten hängen von den Bäumen herab – und vor uns baut sich die mächtige, beigerot leuchtende

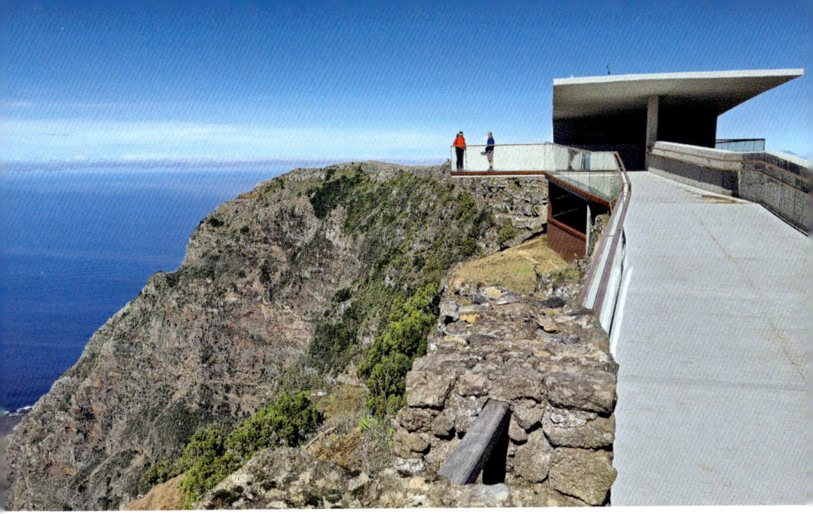

Nicht unbedingt ein architektonischer Glanzpunkt: der Mirador de Jinama am Rand der Hochfläche von Nisdafe.

Felswand des Risco de Tibataje auf. 10 Minuten nach dem Aussichtsplatz passieren wir den Descansadero de la Virgen und die Cueva Las Pipas, nach weiteren 10 Minuten eine Steilrinne, über die nach starken Regenfällen ein etwa 10 Meter hoher Wasserfall herabschießt. Immer dem steingepflasterten Hauptweg folgend, passieren wir 10 Minuten später einen kleinen, schön gelegenen **Picknickplatz** ❹ mit steinernen Bänken und Tischen, der einen herrlichen Ausblick über La Frontera bis Sabinosa gewährt. Nun ist es nur mehr eine Viertelstunde bis zum **Mirador de Jinama** ❺, 1240 m: Vorbei an einer markanten Lavamauer, dann an einer Wasserstelle und der Ermita de la Caridad erreichen wir die Aussichtsplattform auf der Nisdafe-Hochebene, die durch eine Stichstraße erschlossen ist. Von hier oben überblicken wir fast den gesamten Golfo und die Cumbre, im Osten und Norden zeigen sich bei guter Sicht die Nachbarinseln La Gomera, Teneriffa und La Palma.

Die Kapelle am Wegausstieg.

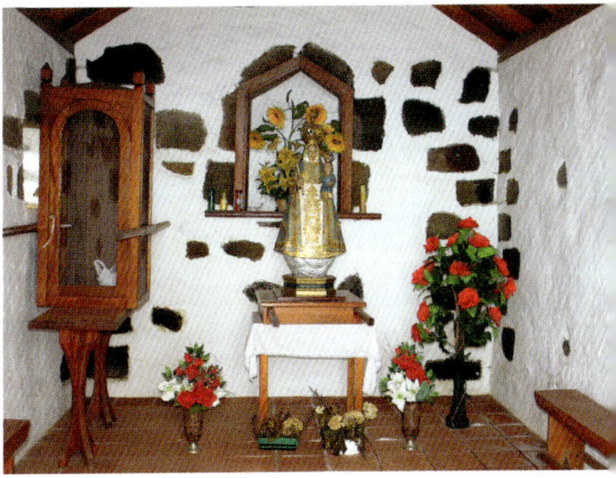

↗ 600 m | ↘ 600 m | 15.6 km

30 Vom Mirador de Jinama zum Mirador de La Peña

5.00 h

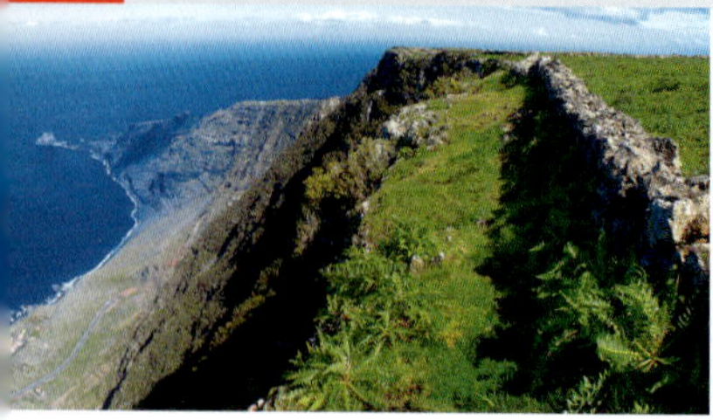

Nichts für schwache Nerven: Traumwandeln auf luftigem Aussichtsbalkon – zwischen Irland und Ozean

Bei klarem, ruhigem Wetter gibt es kein traumhafteres, luftigeres Vergnügen als diese Wanderung entlang dem Abgrund des Golfo. Wer nicht schwindelfrei ist, wird sich zwar bevorzugt abseits der Abbruchkante auf der sicheren Hochfläche halten und so manchen spektakulären Blick auf die Spielzeuglandschaft an der Küste verpassen. Aber grandios ist die Tour auch so, denn sie eröffnet neben den einzigartigen Tiefblicken auch wunderschöne, stimmungsvolle Ausblicke auf die grüne Weidelandschaft der Meseta de Nisdafe mit ihren malerisch eingestreuten Vulkankuppen und dem Bergland dahinter.

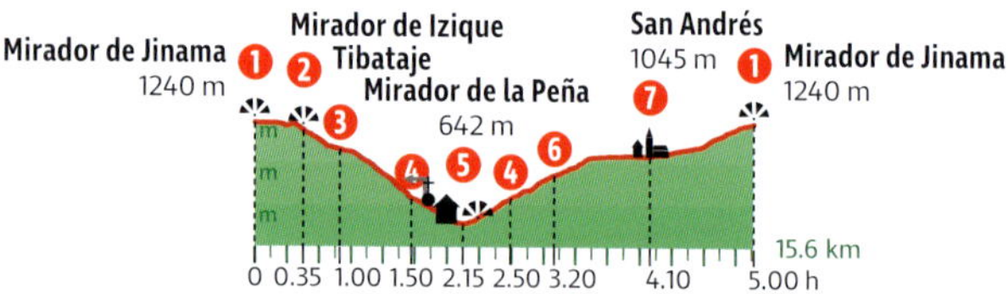

Ausgangspunkt: Mirador de Jinama, 1240 m, etwas abseits der Hauptstraße HI-1 San Andrés – La Frontera. Wer mit dem Bus anfährt, startet die Tour am Mirador de La Peña (Buslinie 5).

Anforderungen: Mühsame, zum Teil fast weglose Wanderung entlang der Abbruchkante zum Golfo, die streckenweise Trittsicherheit und Schwindelfreiheit erfordert. Achten Sie immer gut auf den Weg (Vorsicht: Am Wegrand befinden sich zum Teil abgrundtiefe Erdlöcher, die man leicht übersieht!) und treten Sie niemals zu nahe an die häufig stark unterhöhlte, abrutschgefährdete Abbruchkante heran! Unangenehm abschüssige bzw. luftige Passagen können in der Regel problemlos auf der Hochfläche umgangen werden – mit dem Nachteil, dass dort häufig Steinmauern überstiegen werden müssen. Bei starkem Wind bzw. Regen wird von einer Begehung des Weges dringend abgeraten.

Einkehr: Restaurant am Mirador de La Peña, Bar-Restaurants in San Andrés.

Variante: Wer eine kurze Runde bevorzugt, wendet sich kurz vor der Vermessungssäule Tibataje rechts dem von Steinmauern eingefassten Camino zu. Er knickt nach gut 5 Min. links ab (jetzt Fahrweg) und geht bald darauf in eine Piste über, die rechts zu einer Straße hinüberführt. Auf dieser rechts zurück zum Mirador de Jinama (¾ Std. ab Abzweig).

Kombinationsmöglichkeit: Touren 6, 7, 10, 26 und 29.

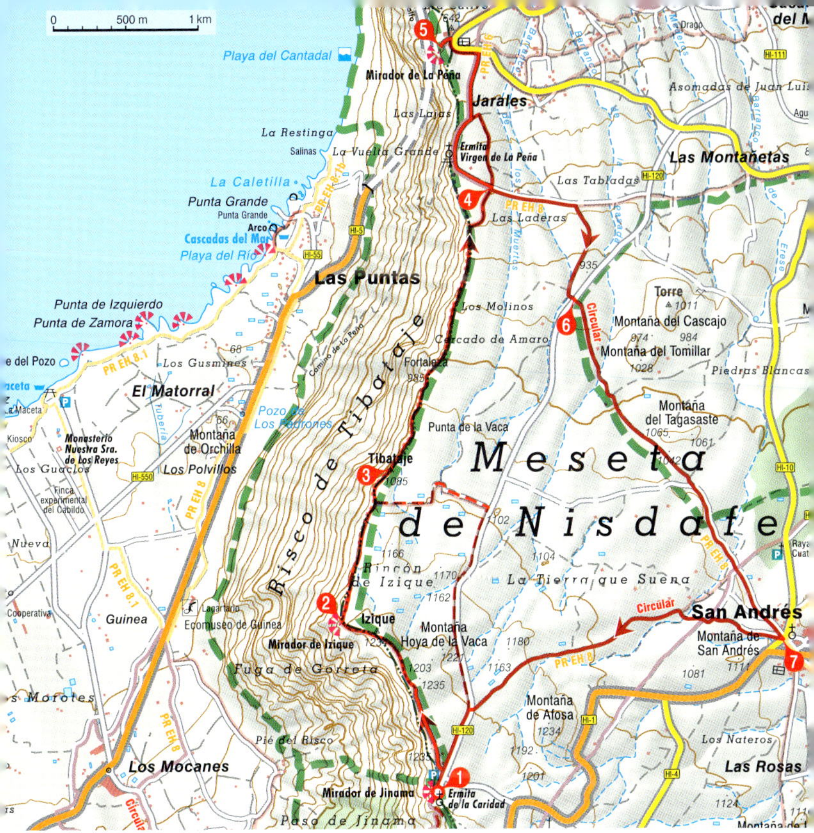

Vom **Mirador de Jinama** ❶, an dem sich auch eine kleine Kapelle befindet (Ermita de la Caridad), folgen wir der Straße in nördlicher Richtung und biegen nach 100 m auf eine links abzweigende Piste ab. Sie verläuft unmittelbar am Rand der weiten Hochfläche und verwöhnt uns mit herrlichen Panoramablicken in das Golftal und über die Meseta de Nisdafe. Nach einer knappen Viertelstunde endet die Piste vor einer Steinmauer. Jenseits setzt sich ein deutlicher Pfad fort, der uns in einigen Minuten zur bereits sichtbaren Vermessungssäule auf der nur schwach ausgeprägten Geländekuppe des **Izique**, 1234 m, bringt. Von dort ergibt sich ein eindrucksvoller Überblick über das sanft geneigte, von unzähligen Lesesteinmauern parzellierte Weidehochland, aus dem sich mehrere kleine Vulkankegel erheben. Wir wenden uns nun wieder links dem Rand der Hochfläche zu und steigen

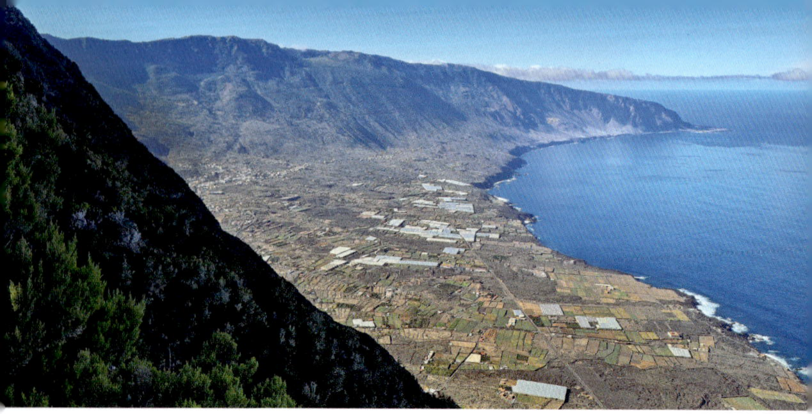

Stets begleitet uns der Blick auf die Spielzeuglandschaft des Golfo.

auf Trittspuren (auf Mauerdurchlässe achten, zuletzt muss eine Steinmauer überstiegen werden) hinab zum äußersten Eckpfeiler der Hochebene, dem sogenannten **Mirador de Izique** ❷. Nach etwa 10 Minuten erreichen wir diesen vielleicht grandiosesten Aussichtsplatz der Insel – er befindet sich direkt oberhalb der Felswand der Fuga de Gorreta und legt uns praktisch das gesamte Golftal zu Füßen. (Vorsicht: Treten Sie nicht zu nahe an die Abbruchkante heran, da manche Felsbrocken überhängen!)
Fortan verläuft unser Pfad immer unmittelbar am Rand der Hochfläche, mit atemberaubenden Blicken auf die gut 1000 m tiefer gelegene Küstenebene bei El Matorral. Achten Sie trotz aller Euphorie sorgsam auf den Weg, an dem sich einige tiefe Erosionslöcher auftun! Nach einer Weile – zwischendurch müssen wir auf die Weide rechts der Steinmauer ausweichen – nimmt uns ein Camino auf, der sich eine gute Viertelstunde ab dem Mirador de Izique nach rechts verabschiedet (→Variante). Wir verbleiben auf dem Pfad entlang der Abbruchkante, der nun wieder ein kurzes Stück rechts der Steinmauer verläuft (auf Mauerlücken achten), und erreichen nach weiteren 5 Minuten die Vermessungssäule **Tibataje** ❸. Auch auf dem Weiterweg müssen wir hin und wieder durch Mauerlücken rechts auf die sichere Seite der Steinmauer ausweichen und dort manche Quermauer übersteigen. Nach einer guten Viertelstunde kommen wir etwas abseits eines markanten, vorgelagerten Felssporns mit einer kleinen Felsnadel unterhalb (Fortaleza) vorbei. Bald darauf verläuft der Pfad wieder hart am Rand des Abgrunds – wie aus der Vogelperspektive blicken wir nun hinab auf Las Puntas mit dem schiffförmigen Hotel Puntagrande auf einer Landzunge.

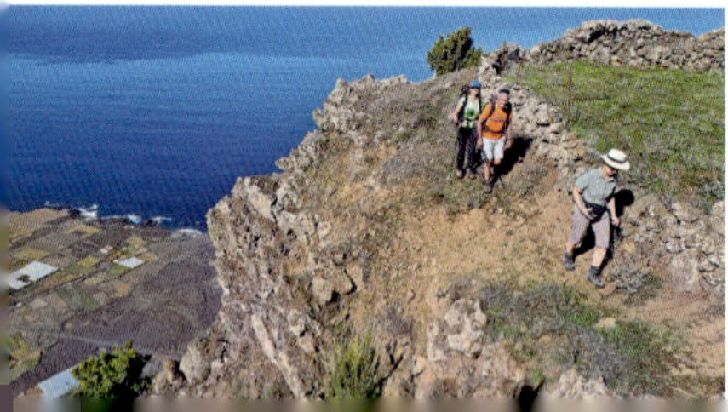

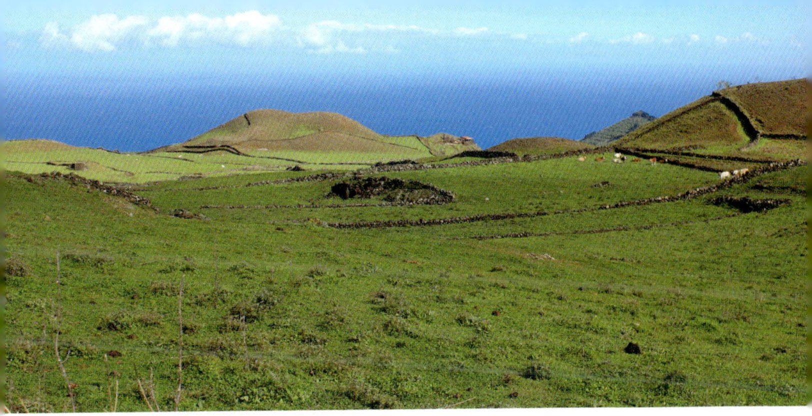

Blick vom Wanderweg über die sanft nach Norden hin abfallende Meseta de Nisdafe.

Nach 20 Minuten, zuletzt spürbar absteigend auf deutlichem Weg, verlassen wir den Pfad am Rand der Hochfläche und biegen rechts auf den von Steinmauern eingefassten Camino ab. Nach 50 m knickt der Hauptweg links ab und trifft einige Minuten später neben einer ehemaligen Materialseilbahn auf eine Piste ❹ mit dem Wanderweg *PR EH 8* (*weiß-gelb*).
Hier muss man sich entscheiden: Links bietet sich ein Abstecher zum **Mirador de La Peña** ❺ mit dem gleichnamigen Aussichtsrestaurant an (20 Min., nach 2 Min. zweigt der Camino de La Peña ab). Nach dem Abstecher folgen wir der Piste nach rechts. Nach gut 10 Minuten verflacht sich die Piste und der Wanderweg zweigt ab auf einen Camino, begleitet von Erosionsrinnen und einem kleinen Tubo (Lavaröhre). Eine Viertelstunde später geht der schöne Camino in einen Fahrweg über, kurz danach wendet sich der Wanderweg kurz vor einem großen runden Betonsilo nach links und kreuzt nach 20 m die Straße Richtung Jinama ❻, um gleich darauf wieder als schöner Camino anzusteigen. Nach 10 Minuten verflacht sich der Camino – er verläuft nun 50 m durch eine breite felsige Barrancorinne und wendet sich links wieder von dieser ab. Wenige Minuten später steigt der Wanderweg an einer Gabelung rechts an, um 10 Minuten danach in einen Fahrweg einzumünden. Dieser wiederum mündet einige Minuten später in eine Piste, die uns in einer guten Viertelstunde nach **San Andrés** ❼ bringt (nach 10 Min. kann man rechts mit GR 131 Richtung Jinama abkürzen). An der ersten Straßenkreuzung (nach dem Stadion) biegt der Wanderweg *PR EH 8* scharf rechts ab auf eine Piste (geradeaus zum Ortszentrum an der Hauptstraße). Nach 10 Minuten treffen wir auf eine Piste mit dem GR 131, verlassen diese aber nach 30 m wieder auf dem rechts abzweigenden Fahrweg. Er geht später in einen Camino über und mündet nach einer guten halben Stunde in die Straße Jinama – Las Montañetas (HI-120), die uns links in knapp 10 Minuten zum **Mirador de Jinama** ❶ zurückbringt.

↗ 650 m | ↘ 650 m | 9.4 km

31 Von Tigaday zur Hoya Pequeña

3.35 h

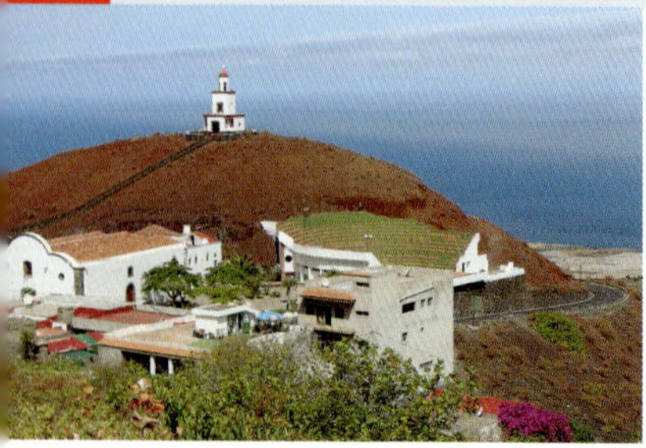

Kurzweilige Runde oberhalb von Frontera

Diese Kurzwanderung entführt uns auf die aussichtsreichen, von Weinbau geprägten Hanglagen oberhalb von Frontera und in ein wunderschönes, abgeschiedenes Hochtal mit Kastanien-, Nuss- und Obstbäumen inmitten des Nebelwaldes am Fuß der Cumbre.

Ausgangspunkt: Große Straßenkreuzung bei der Tankstelle in Tigaday/Frontera, 264 m (Buslinien 3, 4).
Anforderungen: Leichte, kurze Wanderung überwiegend auf Straßen, kurz aber auch auf etwas steilen Wegen.
Einkehr: Bar-Restaurants in Frontera und in Tigaday.
Variante: Aufstieg zur Cumbre: An der Gabelung vor der Hoya Pequeña zweigt rechts der Sendero Las Carboneras ab. Der schöne Pfad verläuft zunächst durch den Hang und steigt nach 15 Min. in Serpentinen an. 10 Min. später lohnt links ein kurzer Abstecher zu einer Kuppe und einem kleinen Aussichtsplatz mit Blick auf die Hoya Pequeña. Der Pfad steigt nun steil an, passiert nach 40 Min.

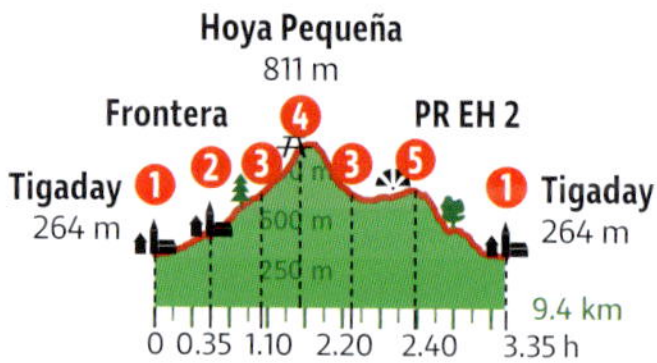

einen Aussichtsplatz mit Tisch/Bank und erreicht gut 10 Min. danach die Kammhöhe der Cumbre. Gleich danach mündet der Pfad in den Llanía-Wanderweg (→Tour 25, rechts 5 Min. zum Mirador de La Llanía; knapp 1½ Std. ab Hoya Pequeña).
Kombinationsmöglichkeit: Touren 28, 29 und 32.

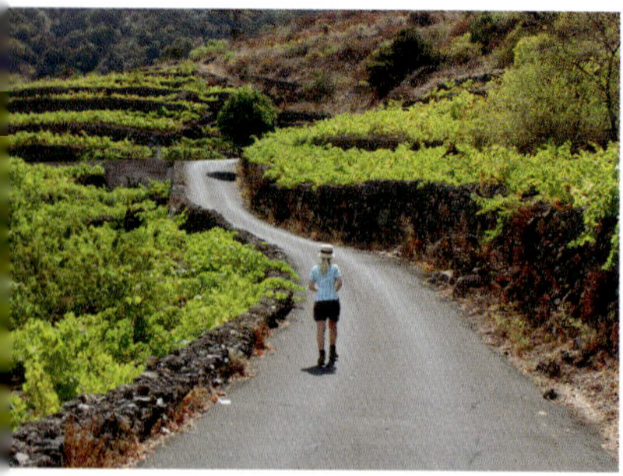

Wir gehen von der großen Kreuzung in **Tigaday** ❶ ein paar Schritte die Hauptstraße hinauf in Richtung Tankstelle und biegen vor dieser links ab auf die Parallelstraße. Sie führt direkt auf den Glockenturm von Frontera zu. An der nächsten Kreuzung bleiben wir halb rechts auf der oberen Straße, dann immer geradeaus. Gleich nach dem Hoteli-

Häufig begleiten uns Weinberge.

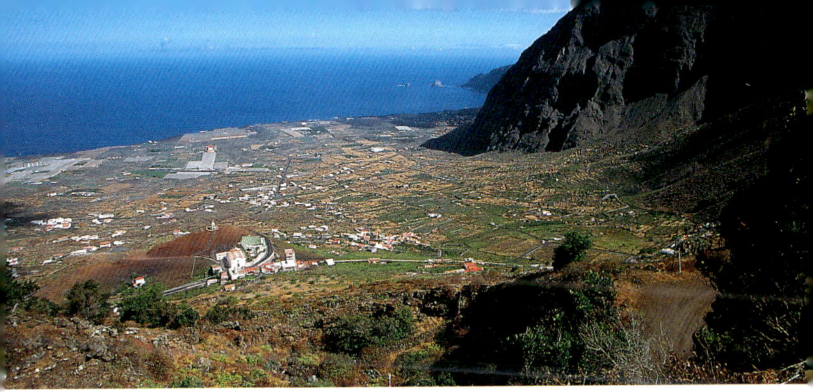

Während des Aufstiegs ergeben sich herrliche Blicke auf das Golftal.

to Ida Inés (gegenüber eine Weinpresse) kreuzen wir neben der Policía local die Hauptstraße HI-1, 5 Minuten später stoßen wir neben der Pfarrkirche von **Frontera** 2 abermals auf die Hauptstraße. Hier lohnt links ein kurzer Abstecher zum aussichtsreich auf einem Aschehügel gelegenen Glockenturm (Campanario de Joapira), auch die Kirche und die Ringkampfarena daneben sind einen kurzen Besuch wert, sofern geöffnet.

Wir gehen nun gegenüber der Kirche die Straße in Richtung Jinama hinauf und halten uns an der Gabelung nach wenigen Metern links. Nach einigen Minuten kürzen wir zwei Straßenschleifen mit dem Camino de Jinama ab, dann verabschieden wir uns (50 m vor einer großen Kiefer) von dem Wanderweg und gehen rechts auf der Straße weiter. Sie führt mit herrlichem Blick auf das Golftal bergan und gabelt sich nach 10 Minuten an ihrem Scheitelpunkt 3, von dem sich ein Abstecher zur Hoya Grande und zur Hoya Pequeña anbietet (wer darauf verzichten will, geht geradeaus weiter). Wir verlassen also die Straße nach 30 m auf dem links abzweigenden Camino, der im Tal zwischen Weinbergen ansteigt. Er geht bald in ein Sträßchen über, das durch ein wildromantisches Tal mit Weinterrassen, Obst- und Kastanienbäumen (**Hoya Grande**) hinaufführt. Am höchsten Punkt auf der anderen Talseite zweigt scharf rechts ein Weg ab, der bald in den Nebelwald eintritt und steil, in Serpentinen ansteigt. Nach einigen Minuten passieren wir einen Rastplatz. 5 Minuten später gabelt sich der Weg direkt vor der **Hoya Pequeña** 4. Rechts zweigt ein Weg zur Cumbre ab (→Variante,

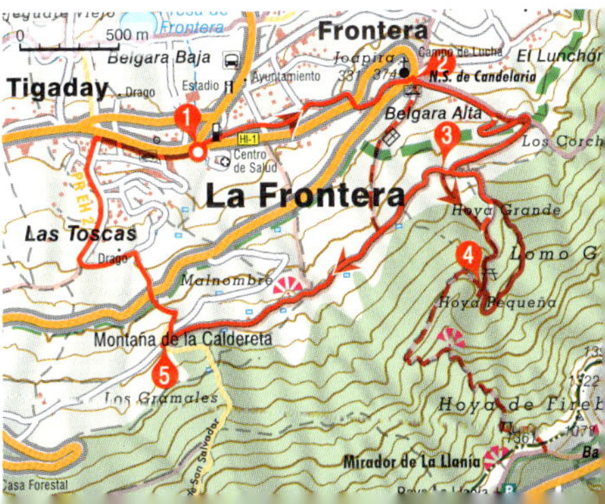

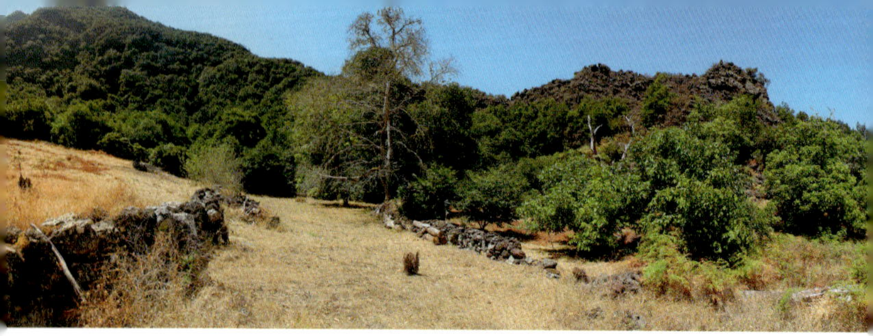

Die Hoya Pequeña – ein herrliches Hochtal am Fuß der Cumbre.

lohnend!) – wir nehmen den linken Weg, der am linken Rand des idyllischen, von Wiesen und Kastanien geprägten Hochtales ansteigt (sollte der Weg verwachsen sein, dann kehrt man auf dem Hinweg und der Straße zum Abzweig zurück). Nach 20 m lohnt ein Abstecher über den Wiesenweg in den Talkessel. Am höchsten Punkt knickt der Weg nach links, kreuzt einen Urwaldbarranco und führt in einer Hangquerung hinüber zu einem Querweg. Dieser steigt links, über einen aussichtsreichen Rücken, steil hinab zur Straße, die rechts zur Straßengabelung vom Hinweg hinabführt 3 (gut 5 Min).

Nun folgt der bequemste – und aussichtsreichste – Abschnitt der Wanderung: Wie auf einem Aussichtsbalkon verläuft das Sträßchen durch die Weinberge oberhalb Fronteras, mit großartigem Panoramablick auf das Golftal. Nach 10 Minuten kommen wir an einem Felssporn mit einem kleinen (privaten) Picknickplatz vorbei, ein grandioser Aussichtsplatz! Einige Minuten später zweigen wir scharf rechts auf eine Straße mit dem Camino San Salvador 5 (*PR EH 2, weiß-gelb*) ab, mit dem wir nach Tigaday zurückkehren: Der Wanderweg wendet sich nach 100 m links einem Camino zu, der nach einigen Minuten die Hauptstraße HI-1 kreuzt und kurz darauf in eine Straße einmündet. Diese verlassen wir nach 100 m wieder links mit dem Wanderweg (sogleich vorbei an einem Drago), der in 5 Minuten zu einer Dorfstraße hinüberführt. Auf dieser immer geradeaus hinab zur Hauptstraße im Ortszentrum von **Tigaday** (gegenüber Supermarkt Yanira), die uns rechts zum Ausgangspunkt 1 zurückbringt.

Der Wanderweg verläuft wie auf einem Aussichtsbalkon über dem Golftal.

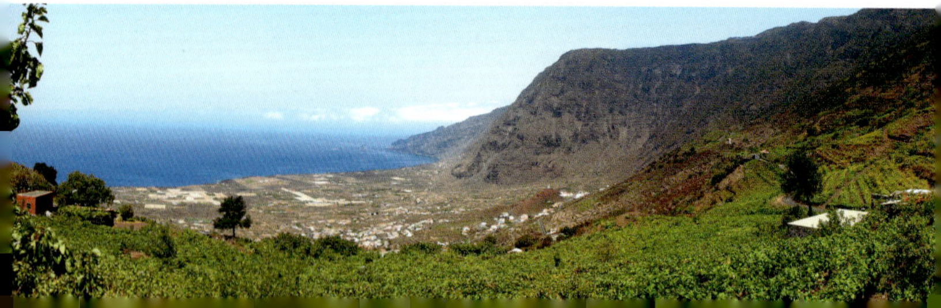

↗ 1000 m | ↘ 1000 m | 10.4 km

TOP 32

4.30 h

Camino de San Salvador: Tigaday – Ermita de San Salvador

Alter Verbindungsweg zur Kapelle auf der Cumbre

Der Camino de San Salvador steht nicht ganz zu Unrecht im Schatten seiner berühmteren Nachbarn – er ist weder so spektakulär wie der Camino de La Peña noch kann er mit so schönen Landschaftsbildern aufwarten wie der Camino de Jinama. Trotzdem bezaubert der alte Verbindungsweg zwischen Tigaday und El Pinar durch großartige Ausblicke über das Golftal und durch herrliche Eindrücke vom Nebelwald in der Steilwand.

Ausgangspunkt: Ortszentrum von Tigaday, 275 m (Buslinien 3, 4).
Anforderungen: Leichte, jedoch anstrengende Wanderung auf überwiegend guten Wegen, streckenweise etwas steil.
Einkehr: Bar-Restaurants in Tigaday.
Variante: Rückweg über Los Llanillos (knapp 1 Std. zusätzlich): An der Gabelung (s.u.) geradeaus auf dem weiß-gelb markierten Hauptweg hinab. Er kreuzt nochmals die Hauptstraße und führt in direkter Linie hinab nach Los Llanillos. Bei den ersten Häusern kreuzt man eine Straße, kurz darauf eine Dorfstraße, dann trifft man auf die Hauptstraße (250 m links Bar Los Llanillos). Gegenüber setzt sich der Weg zum Charco Azul fort. Er kreuzt nach 5 Min. die Pista del Canal mit PR EH 2.3, dem man nach rechts folgt. Nach 2,4 km (½ Std.), 100 m nach einer Straßenkreuzung, zweigt rechts eine steile Straße ab (PR EH 2), die zum Ortszentrum von Tigaday führt.
Kombinationsmöglichkeit: Touren 24, 31, 33 und 36.

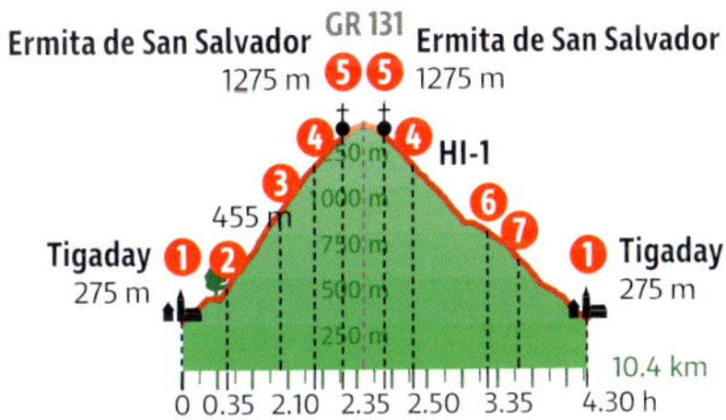

Gegenüber vom Bazar El Tucán/Supermercado Yanira an der Hauptstraße in **Tigaday** ❶ gehen wir mit *PR EH 2* (*weiß-gelb*) die zunehmend steile Dorfstraße hinauf, passieren nach gut 10 Minuten einen Heiligenschrein und lassen kurz darauf die letzten

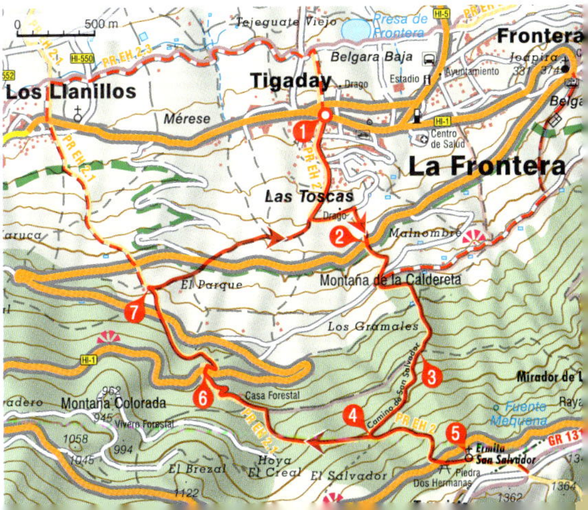

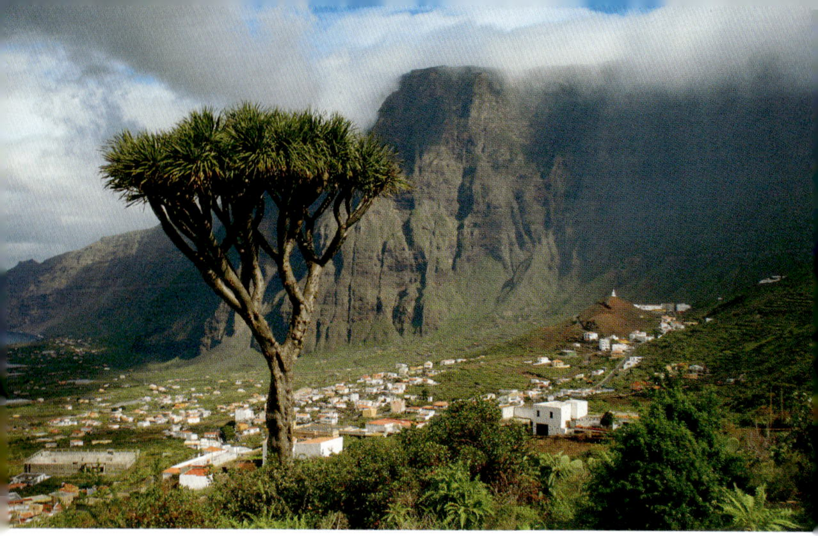

Drago am Wegrand – Blick über Frontera zur Fuga de Gorreta.

Häuser hinter uns. Nach dem letzten Haus biegt der Wanderweg links ab auf einen Camino, der fast eben durch den Hang verläuft, einen Drago passiert und kurz darauf in eine Straße mündet. Wir folgen dieser 100 m rechts bergan und biegen links auf den steilen, gerölligen Camino ab, der zwischen Weinbergen ansteigt und nach einigen Minuten die Hauptstraße HI-1 ❷ kreuzt. Bald darauf lässt der nun schöne, häufig steingepflasterte Camino die letzten Weinterrassen hinter sich und schraubt sich weiter steil empor. Nach einer Viertelstunde mündet er neben einer Weinpresse in ein

Der Wanderweg verläuft häufig durch Schatten spendenden Nebelwald.

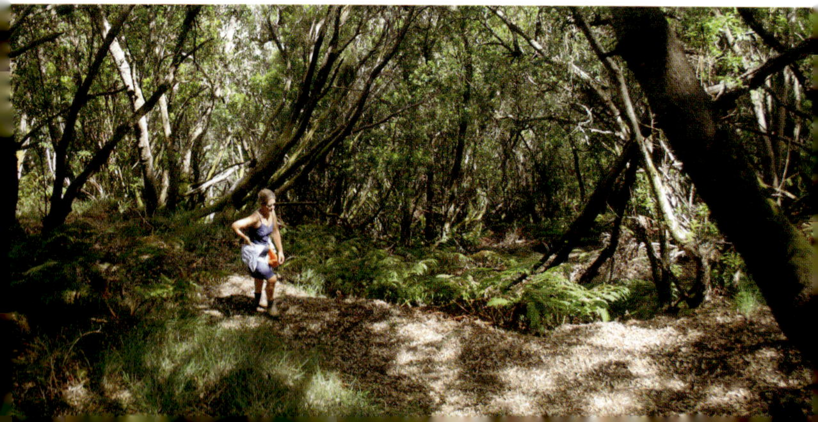

Sträßchen (50 m links ein Gleitschirm-Startplatz mit herrlichem Blick auf den Golfo), das sich nach 100 m mit einem Sträßchen vereint – hier links und nach 40 m rechts auf dem Camino weiter bergan. Er steigt zunächst etwas steiler, in engen Serpentinen, durch den lichten Fayal-Brezal-Wald an und führt nach 5 Minuten links am Rand einer kleinen, kastanienbestandenen Mulde vorbei. Nach insgesamt 10 Minuten kreuzen wir eine Forststraße und kurz darauf abermals einen Fahrweg. 20 Minuten danach kreuzen wir auf einer kleinen Lichtung einen breiten, quer führenden **Forstweg** ❸. Je höher wir kommen, desto urwüchsiger präsentiert sich der Nebelwald. Eine halbe Stunde ab dem Forstweg queren wir ein größeres Jablefeld nach rechts. Bald darauf mündet von rechts der Wanderweg PR EH 2.1 ein ❹ (unser späterer Rückweg). Nun ist es nur noch eine gute Viertelstunde hinauf zur Hauptstraße HI-1, die wir bei Km 26 erreichen. Auf der gegenüberliegenden Straßenseite setzt sich ein breiter, steiler Weg fort, der vorbei an einem Picknickgelände (Wasserstelle) zur nahen **Ermita de San Salvador** ❺, 1275 m, hinaufzieht (gut 5 Min.). Von der kleinen, in den Berg hineingebauten Kapelle sollten Sie unbedingt einen Abstecher zur Kammhöhe der Cumbre unternehmen, von der man einen großartigen Blick über den Golfo genießt. Am besten folgt man dem *weiß-gelb* markierten Pfad durch das Jablefeld (Jable de Mequena), immer diagonal durch den Hang (knapp ¼ Std.). Auf der Kammhöhe trifft man auf eine Straße (HI-45) mit dem Camino de la Virgen (Tour 44); gegenüber, durch den Mauerdurchlass, kann man mit Tour 24 nach El Pinar absteigen. Etwas abseits befindet sich ein Gleitschirmflieger-Startplatz.

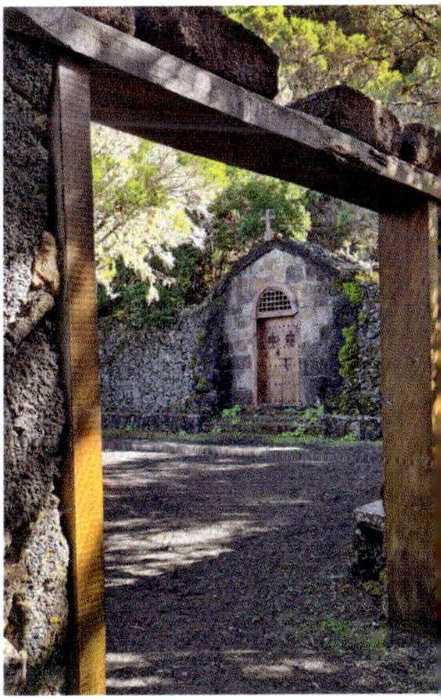

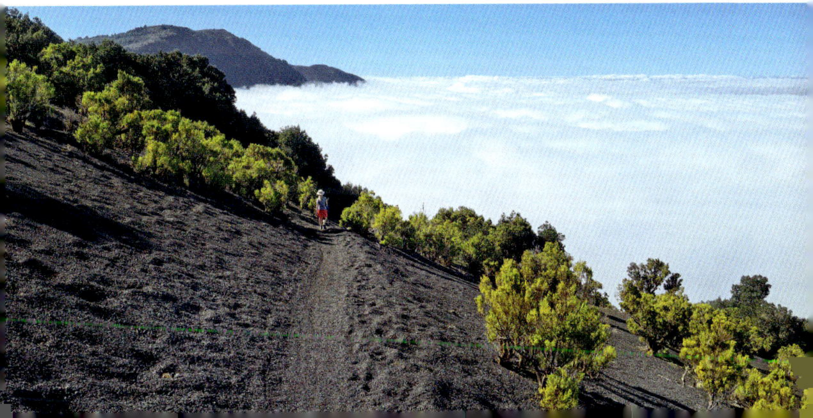

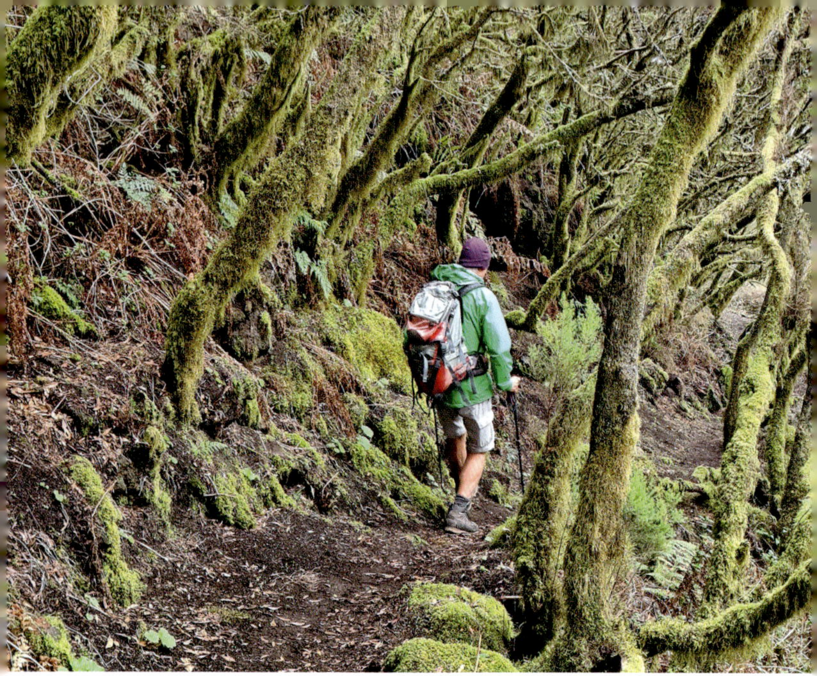

Eine schöne Alternative für den Rückweg: Der Sendero Las Carboneras, der von der Cumbre (zwischen Mirador de La Llanía und Hoya de Fireba) über die Hoya Pequeña nach Frontera hinabführt (siehe Variante Tour 31).

Wir kehren nun auf demselben Weg zurück zum Linksabzweig des Wanderwegs *PR EH 2.1* 4 (*weiß-gelb*; gut 10 Min. ab Hauptstraße). Der Camino führt gemütlich, in Schleifen, dann diagonal links durch den herrlichen Nebelwald hinab und trifft nach einer guten halben Stunde auf einen Forstweg. Dieser bringt uns links, vorbei an einem Forsthaus (ab hier Asphaltstraße), zur Hauptstraße HI-1 6 (gut 10 Min.). Auf dieser 50 m nach rechts, bis links der markierte Wanderweg abzweigt. Nach einer Viertelstunde kreuzt der Camino abermals die Hauptstraße. 5 Minuten später gabelt sich der Weg vor einer Steinmauer 7 – hier verlassen wir den markierten Hauptweg und biegen rechts ab auf den Camino. Er verläuft für ein paar Meter eben, dann diagonal durch den Hang. Kurz nach einer Weinpresse kreuzt der Camino ein letztes Mal die Hauptstraße. Kurz darauf quert er den Hang. An einer Gabelung bleiben wir auf dem hangquerenden Weg, bald darauf geht der Weg in einen Betonfahrweg über, der sich mit dem Hinweg vereint und immer geradeaus zum Supermercado Yanira an der Hauptstraße in **Tigaday** 1 hinabführt.

↗ 300 m | ↘ 300 m | 8.6 km

2.40 h

Von Tigaday zum Charco Azul

33

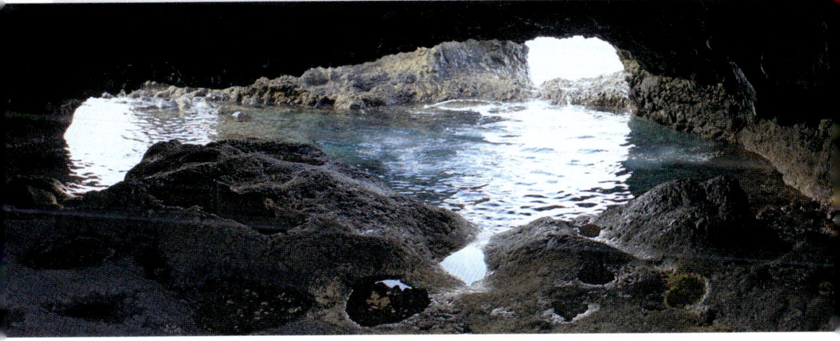

Bequemer Ausflug zur »Blauen Gumpe«

Die Plantagenlandschaft unterhalb von Tigaday ist durch zahlreiche kleine Straßen und Wege erschlossen, die zu gemütlichen Streifzügen einladen. Ziel einer solchen Wanderung ist der versteckte Höhlenpool des Charco Azul an der Steilküste.

Ausgangspunkt: Ortszentrum von Tigaday, 275 m (Buslinien 3, 4).
Anforderungen: Meist bequeme Wanderung, häufig auf Straßen, kurz weglos (Trittspur) und stark verwachsen.
Einkehr: Bars/Restaurants in Tigaday, Restaurant Volcán del Hierro und El Submarino.

Im Ortszentrum von **Tigaday** ❶, schräg gegenüber der Pension El Guanche, zweigt von der Hauptstraße eine kleine Seitenstraße (Calle El Drago) ab, die hinabführt zur 100 m entfernten Umgehungsstraße. Auf dieser 100 m nach links (in Richtung Sabinosa) und rechts die Straße hinab (*weiß-gelb*). Während des Abstiegs genießen wir einen schönen Blick über das Staubecken der Presa de Frontera hinweg auf den östlichen Golfo, in der Ferne – hinter den Roques de Salmor – zeigt sich La Palma. Nach 5 Minuten treffen wir auf die quer verlaufende Pista del Canal (*PR EH 2.3*), die 30 m wei-

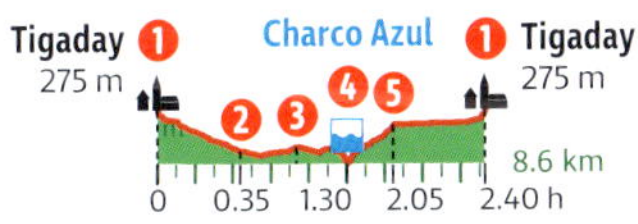

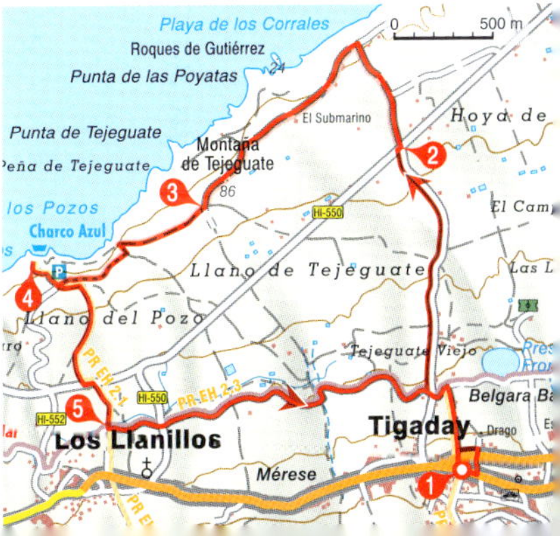

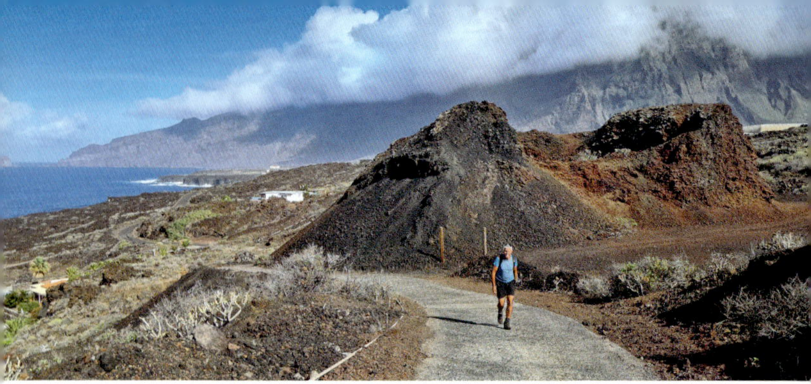

Entlang der Küste: zunächst bequem auf der Straße, dann (fast) weglos (Foto rechts).

ter links eine Straße kreuzt. Wir wandern an dieser Kreuzung rechts auf der wenig befahrenen Straße weiter hinab, vorbei an großzügigen Fincas und an Ananas-, Papaya- und Bananenplantagen. Nach gut 20 Minuten mündet unsere Straße in die Matorral-Straße ein ❷. Hier setzt sich schräg rechts gegenüber eine Straße fort, der wir bis hinab zur Gabelung an der Steilküste folgen, wo wir uns links halten. Die Straße verläuft nun stets in Küstennähe, vorbei am Restaurant Volcán del Hierro und am El Submarino (Tapas, großartiger Lavatunnel). Nach einigen Minuten steigt sie vorbei an den dunklen Vulkankuppen der Montaña de Tejeguate, 86 m, steiler bergan, um sich anschließend landeinwärts zu wenden. Hier, gleich nach den Vulkankuppen, biegen wir rechts entlang der Plantagenmauer auf einen anfangs breiten, dann von Steinmauern eingefassten Camino ab ❸. Der wildromantische Weg führt in Verlängerung zur Plantagenmauer in leichtem Auf und Ab durch ein Lavafeld (schöne Formationen) oberhalb der Küste weiter und ist stellenweise stark verwachsen (mannshohe Tabaiba-Büsche, man kann neben den Weg ausweichen). Nach gut 10 Minuten

Einladend: das Restaurant Volcán del Hierro. Im Submarino zeigt Antonio gerne den Einstieg in den 150 m langen Lavatunnel, der vom Keller zum Meer führt.

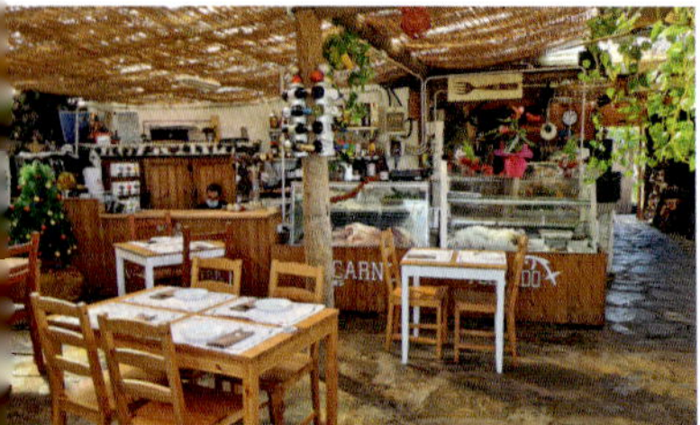

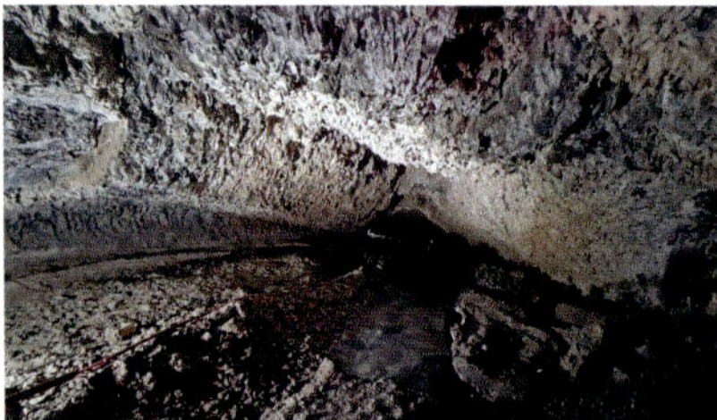

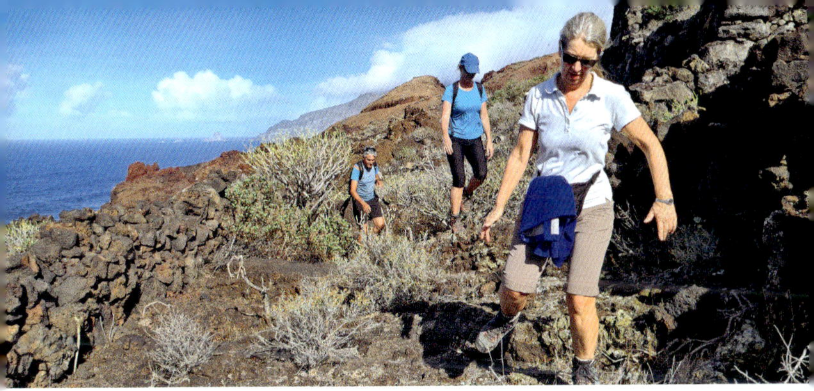

kommt er nahe an die Steilküste heran – er vereint sich hier mit einem verwilderten, von einer Plantage zum Meer hinabziehenden Weg, der einst zum Charco Azul führte, aber verschüttet ist. Wir gehen geradeaus fast weglos weiter auf dem undeutlichen Pfad, der stetig durch den Hang oberhalb des Steilabbruchs verläuft (und anfangs entsprechend etwas ansteigt), mit Blick zum bereits sichtbaren Parkplatz am Ende der Zufahrtspiste zum Charco Azul. Während des faszinierenden, gut 10 minütigen Quergangs (halten Sie sich stets deutlich abseits der Abbruchkante zur Küste) können wir großartige Lavaformationen entdecken. Vor dem Parkplatz treffen wir auf den Wanderweg PR EH 2.1 – von hier sind es dann nur mehr 5 Minuten hinab zum **Charco Azul** 4 – links vom Höhlenpool lädt ein kleines Meeresschwimmbecken zum Baden ein.

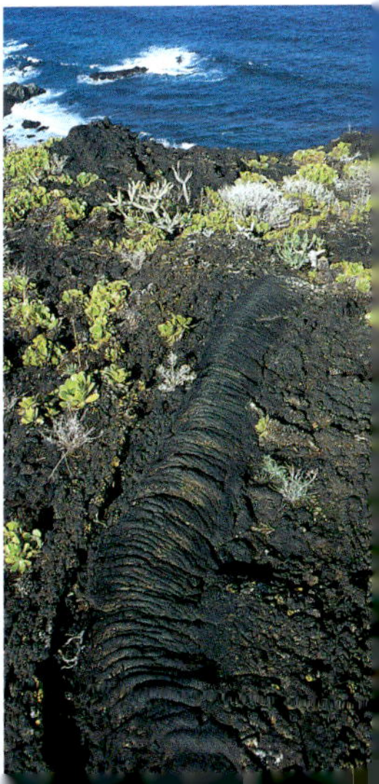

Wir gehen zurück zum Parkplatz und biegen in der nachfolgenden Straßenkurve mit *PR EH 2.1* (*weißgelb*) links aufwärts ab. Der Camino mündet nach gut 5 Minuten neben einem Haus in einen Fahrweg, der gut 5 Minuten später die Straße Las Puntas – Pozo de la Salud kreuzt. Hier 25 m nach links, bis rechts ein Fahrweg abzweigt. Er geht nach 5 Minuten in einen Camino über und kreuzt 5 Minuten später eine mächtige Rohrleitung. Gleich darauf trifft er auf die Pista del Canal 5. Hier kann man entweder geradeaus weiter ansteigen nach Los Llanillos (gut 5 Min. zur Hauptstraße, links 2 km nach Tigaday, gegenüber setzt sich der Camino de San Salvador fort) – oder man folgt mit *PR EH 2.3* der Kanalpiste nach links, bis man nach 2,4 km (½ Std.) kurz vor der Presa de Frontera wieder auf den bekannten Abstiegsweg mit PR EH 2 trifft – auf diesem rechts zurück zum Ortszentrum von **Tigaday** 1.

↗ 100 m | ↘ 100 m | 1.9 km

34 Sendero Hoya del Pino

0.50 h

Gemütliche Rundtour durch stimmungsvollen Nebelurwald

Der herrlich am Fuß des Malpaso gelegene Picknickplatz Hoya del Pino ist ein beliebtes Ausflugsziel der Herreños. Er bietet dem Wanderer einen wunderschönen, wenn auch kurzen Rundweg durch den Nebelwald und eignet sich daneben auch hervorragend für einen Aufstieg zum Tanganasoga oder auch zum höchsten Inselgipfel, dem Malpaso (→Tour 35).

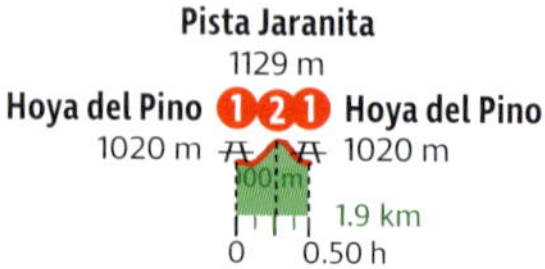

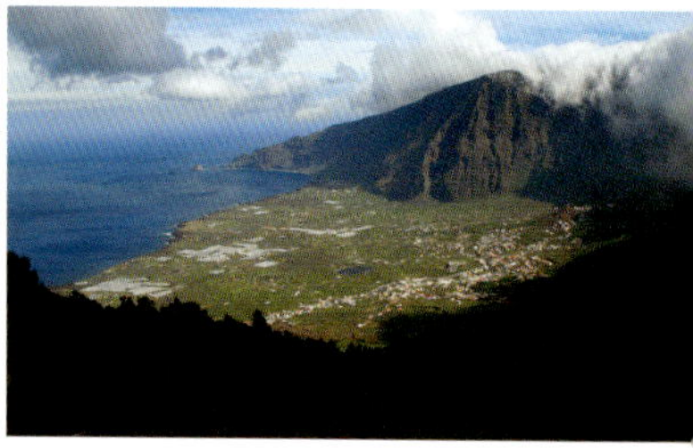

Ausgangspunkt: Picknickplatz Hoya del Pino, 1020 m, bei Km 20,4 der Hauptstraße HI-1.
Anforderungen: Leichte, teilweise etwas steile Wanderung auf schönen Pfaden.
Einkehr: Keine Einkehrmöglichkeit.
Variante: Wanderung zur **Hoya El Creal** (1½ Std.): Bei Km 19,5 kreuzt die Pista Jaranita die Hauptstraße HI-1 (Parkplatz). Dieser folgt man 50 m nach links (Tafel »A Pista Vivero«) und biegt vor der kleinen Vulkankuppe rechts ab auf eine Forststraße (Kettensperre), die nach wenigen Minuten endet. Hier den breiten Weg hinab zur nächsten Forststraße (5 Min.), der man nach rechts folgt. Sie verläuft leicht ansteigend durch schönen Nebelwald und passiert nach 10 Min. einen Umkehrplatz. 50 m danach endet sie, links abwärts setzt sich ein Weg fort. Er mündet nach knapp ¼ Std. in einen breiten Forstweg, der rechts nach wenigen Minuten in eine Forststraße einmündet (diese endet rechts kurz darauf bei der Hoya El Creal). Auf dieser nach links, hin und wieder mit schönen Ausblicken auf den Golfo, insbesondere bei der Umrundung der Montaña Colorada. Anschließend passiert man den Vivero Forestal. 3 Min. danach zweigt man scharf links ab auf die Forststraße, die zum Ausgangspunkt zurückführt.

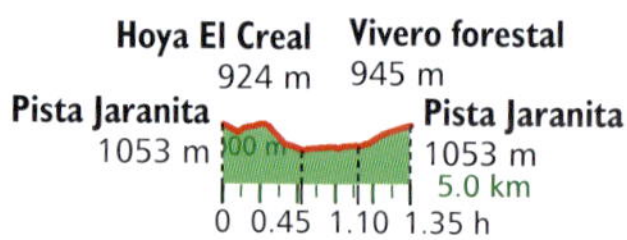

Wir folgen dem breiten Weg durch den Picknickplatz **Hoya del Pino** ❶ und verbleiben am Abzweig des Sendero Hoya del Pino auf dem geraden Fahrweg. Er geht

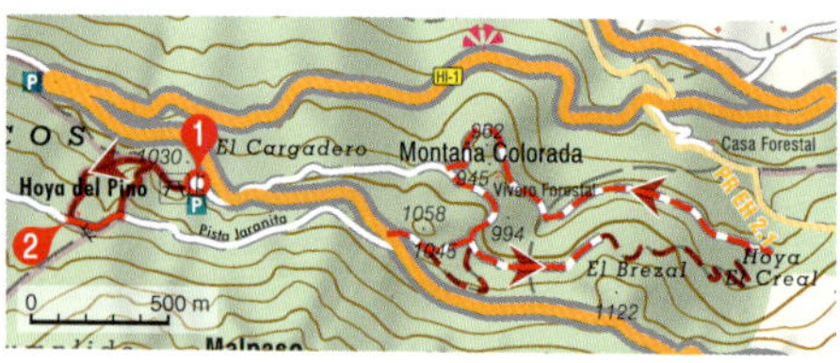

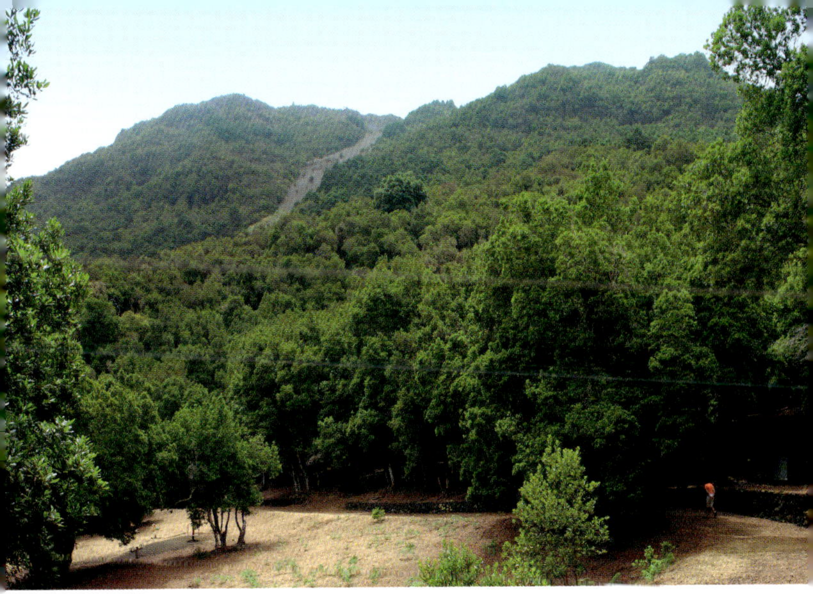

Vom Picknickplatz Hoya del Pino (hier mit Blick zum Malpaso) führt ein schöner Rundweg durch den stimmungsvollen Nebelwald.

nach wenigen Minuten in einen kleinen, schönen Camino über, der kurz darauf in Serpentinen durch den Nebelurwald ansteigt (in der ersten scharfen Linkskurve, 100 m ab Pfadbeginn, ignorieren wir einen geradeaus abzweigenden Pfad zur Pista al Derrabado). Nach einer guten Viertelstunde mündet der Weg in die **Pista Jaranita** ❷, der wir nach links folgen. Nach 100 m könnte man rechts in Richtung Tanganasoga ansteigen (→Tour 35), 150 m danach zweigt links über Stufen unser Rückweg zum Picknickplatz ab. Der Pfad ist etwas schmaler und steiler als der Aufstiegsweg und bringt uns entsprechend zielstrebig zurück zum Ausgangspunkt der Wanderung ❶.

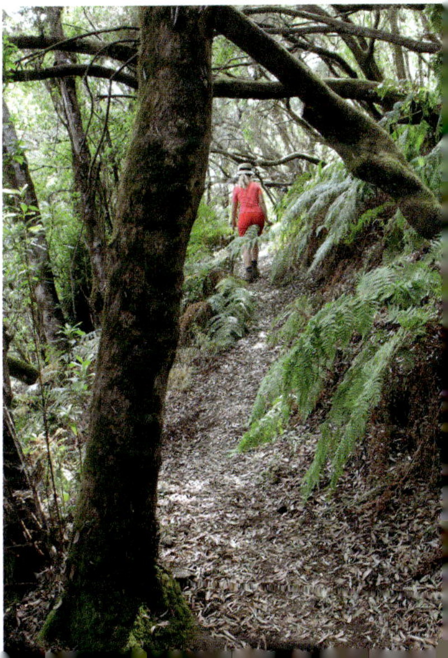

↗ 500 m | ↘ 500 m | 9.4 km

35 Vom Picknickplatz Hoya del Pino auf den Malpaso, 1501 m

3.30 h

Gemütliche Wanderung durch Nebel- und Kiefernwälder

Der Picknickplatz Hoya del Pino ist ein idealer Ausgangspunkt für einen Aufstieg zum höchsten Inselgipfel, dem Malpaso, oder zum Tanganasoga. Letzterer ist ein kleines, weitgehend wegloses Abenteuer, der Gipfel vermittelt wegen seiner Entrücktheit eine ganz besondere Atmosphäre.

Ausgangspunkt: Picknickplatz Hoya del Pino, 1020 m, bei Km 20,4 der Hauptstraße HI-1.
Anforderungen: Leichte, kurz etwas steile Wanderung auf Pfaden und Forstwegen.
Einkehr: Keine Einkehrmöglichkeit.
Kombinationsmöglichkeit: Touren 23, 36, 37, 40 und 44.

Wir folgen dem breiten Weg durch den Picknickplatz **Hoya del Pino** ❶ und passieren zuletzt zwei Gebäude. 40 m danach zweigt links ein Treppenpfad ab (Tafel »Sendero Hoya del Pino«). Er steigt kurz steil an und führt dann in weiten Schleifen durch den herrlichen Nebelwald, später wieder in direkter Linie über den Rücken bergan. Nach einer Viertelstunde treffen wir auf eine breite Forststraße (Pista Jaranita ❷), der wir gut 100 m nach rechts folgen, bis links durch eine Kettensperre ein Fahrweg abzweigt. Diesen verfolgen wir immer geradeaus aufwärts. Nach gut 10 Minuten verflacht sich der Fahrweg spürbar – rechts von uns erstreckt sich nun das weite Tanganasoga-Lavafeld. Achten Sie in der Folge gut darauf, dass Sie stets auf dem Fahrweg entlang dem Lavafeld bleiben (nicht links). Nach 10 Minuten knickt der breite Forstweg nach links – hier geradeaus weiter auf dem Fahr-

Im Aufstieg zur Cumbre – Rückblick zum Tanganasoga.

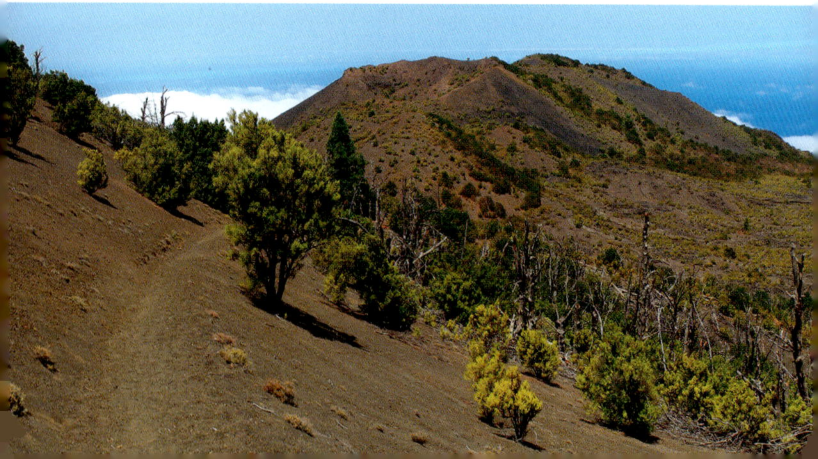

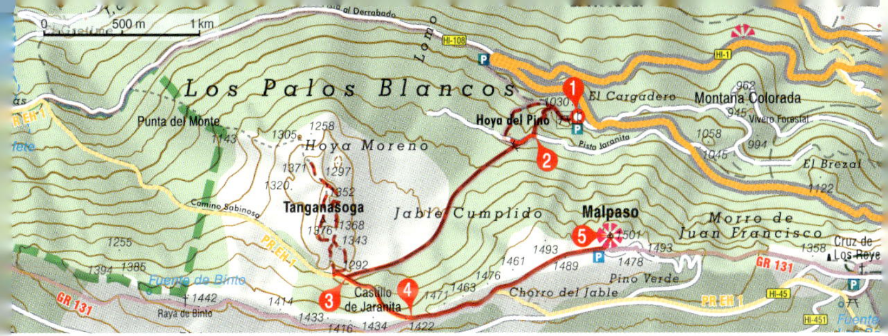

weg. Die Hänge zur Linken sind im Jahr 2006 einem verheerenden Waldbrand zum Opfer gefallen – jetzt läuft ein groß angelegtes Wiederaufforstungsprogramm. Eine Viertelstunde nach der Gabelung erreichen wir einen flachen Sattel, 1300 m, neben

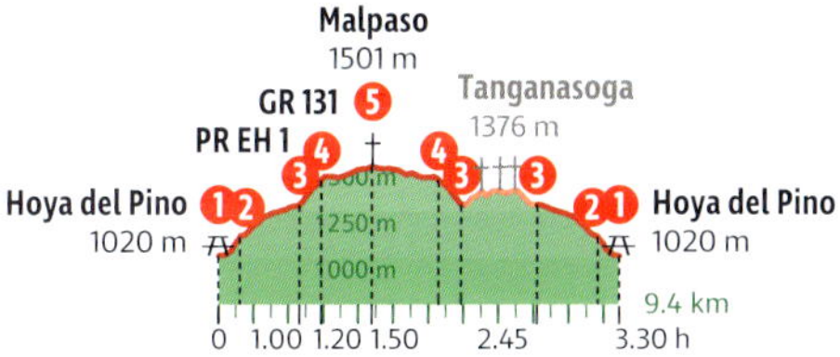

dem Tanganasoga, in dem unser Weg in den Camino de Sabinosa einmündet ❸ (*PR EH 1, weiß-gelb*; →Tour 40).

Wir folgen diesem nun links bergan. Der Weg steigt diagonal durch den vom Waldbrand geprägten Hang hinauf zur Kammhöhe der Cumbre, auf der wir nach 20 Minuten auf den Camino de la Virgen ❹ (*GR 131, weiß-rot*) treffen. Wir folgen diesem nach links. Er steigt kurz steiler an und verläuft stets in Kammnähe. Nach gut 5 Minuten zweigt rechts ein Fahrweg mit PR EH 1 ab – wir gehen geradeaus weiter auf eine weite, sandige Hochflä-

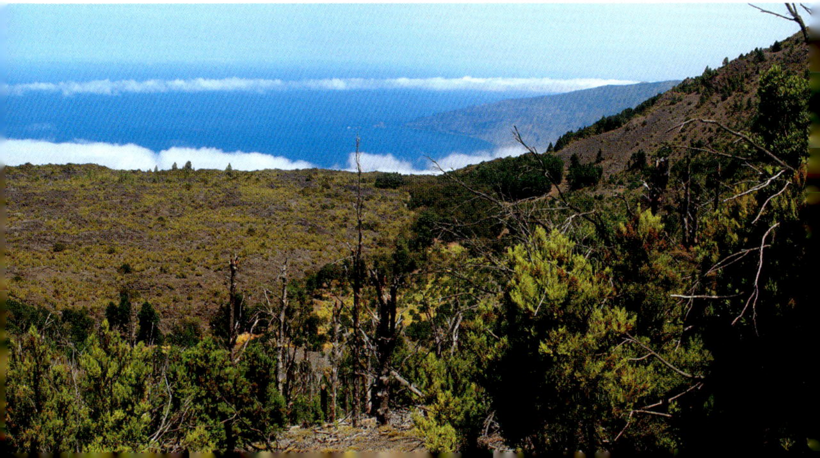

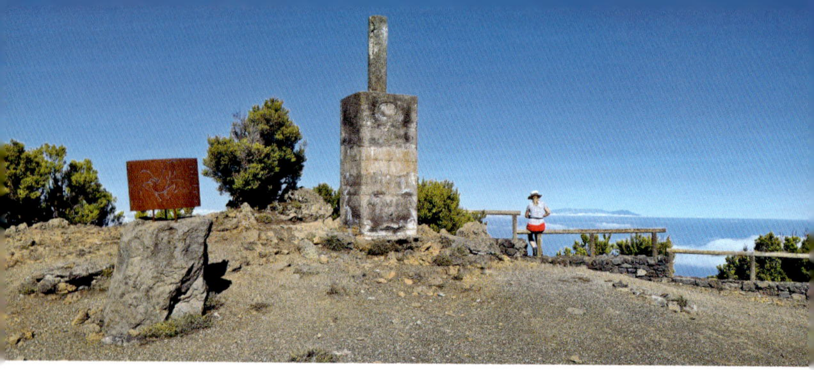

Am Malpaso-Gipfel. – Unten: Auf dem Tanganasoga-Grat.

che zu, über die der Weg (Markierungssteine) sanft hinaufführt zum Gipfel des **Malpaso** **5**, auf dem ein Funkmast und eine Messstation stehen (½ Std. ab Kammhöhe).

Beim Rückweg (an der Fahrweggabelung rechts) sollte man noch einen Abstecher zu einem kleinen Eckpfeiler am Kamm unternehmen (Messstationen), von dem wir einen herrlichen Blick auf den **Tanganasoga** genießen. Wer auch noch diesem mehrgipfeligen, von mehreren kleinen Kratern geprägten Vulkan seine Aufwartung machen will (20 Min. einfach; sehr lohnend, jedoch weglos und teilweise etwas anspruchsvolles, steiles Lavagelände!), folgt vom Sattel neben dem Tanganasoga eine Minute dem Weg in Richtung Sabinosa. Hier, beim Steinhaufen am Ende der Lichtung, steigt man rechts haltend weglos über den Grat hinauf zum kleinen Vorgipfel und weiter über den Ostgipfel (1368 m) zum Nordgipfel (1371 m). Von dem weit vorgeschobenen Gipfel ergibt sich einer der schönsten Ausblicke der Insel. Zurück sollte man dann über den Westgipfel (1376 m) gehen, der einen Tick anspruchsvoller ist.

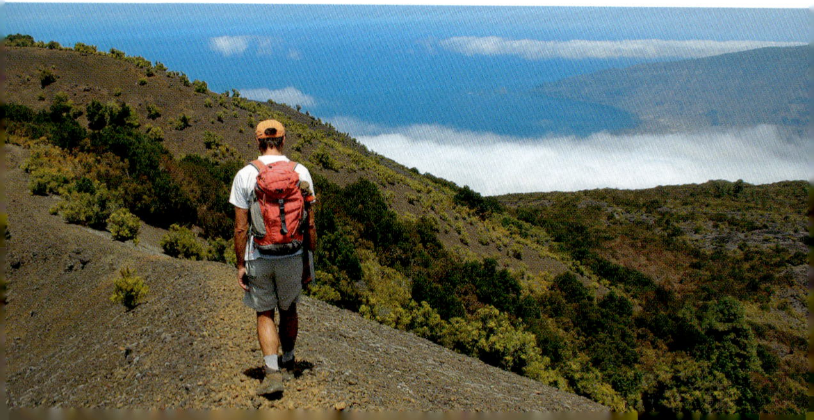

↗ 435 m | ↘ 435 m | 9.4 km

TOP **36**

3.15 h

Von der Ermita de San Salvador auf den Malpaso, 1501 m

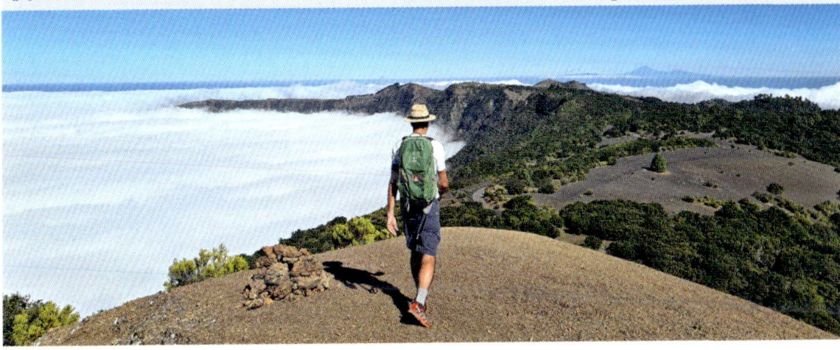

Lustwandeln auf dem Inselrücken

Noch einmal Malpaso – bei passendem Wetter gibt es einfach nichts Schöneres: Nur ein paar kurze steilere Passagen – ansonsten überzeugt diese äußerst bequeme Kammwanderung über knieschonenden Lavagrus durch stete grandiose Ausblicke auf den Golfo, zu den Nachbarinseln und zum Inselsüden. – Wer sich den ersten (schönen!) Anstieg sparen will, kann auch an der Höhenstraße HI-45 beim Gleitschirm-Startplatz starten.

Ausgangspunkt: HI-1, Km 17 (1,5 km westlich der Raya La Llanía), große Parkbucht am Camino de San Salvador (Tafel).
Anforderungen: Leichte, nur über kurze Abschnitte etwas steile Wanderung auf guten Wegen.
Einkehr: Keine Einkehrmöglichkeit.
Kombinationsmöglichkeit: Touren 24, 32, 35.

Wir folgen vom **Parkplatz** ❶ an der HI-1 dem breiten, ausgeschilderten Camino de San Salvador durch den Nebelwald bergan und passieren nach gut 5 Minuten die winzige, in den Fels hineingebaute **Ermita de San Salvador**. Kurz danach verlässt

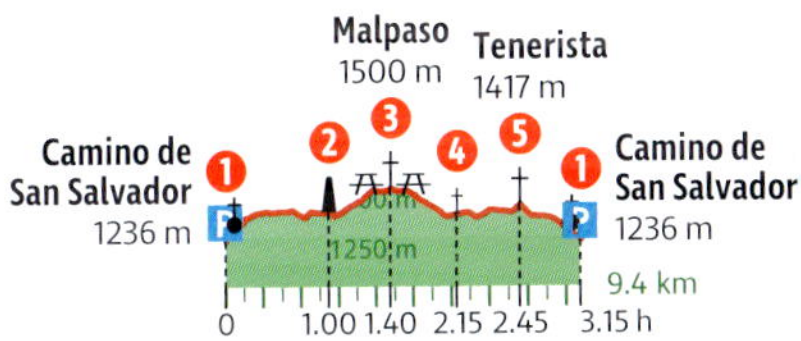

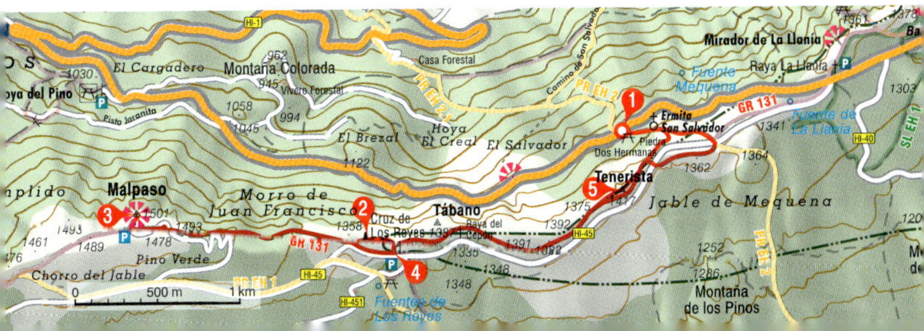

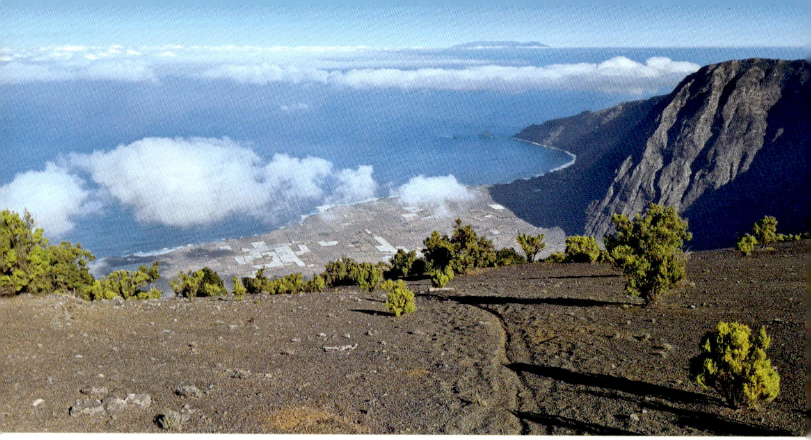

Der Auftakt: Lavagrus-Aufstieg mit Panoramablick.

der Wanderweg den Wald und gabelt sich – hier verlassen wir den weiß-gelb markierten Camino (der etwas bequemer, aber auch länger wäre) und folgen rechts dem steilen von Mountainbikes eingefahrenen Pfad durch den Lavagrushang – mit herrlichem Blick über die Cumbre zu den Nachbarinseln und auf den Golfo. Kurz vor der Höhenstraße HI-45 hält sich der Pfad rechts, parallel zur Straße (man kann auch der Straße folgen) und durchquert ein Waldstück (Brennesseln!), bevor er sich mit dem breiten, *weiß-rot* markierten **Camino de la Virgen** vereint (10 m links die Straße). Der Camino verläuft stets gemütlich über den Kamm, passiert sogleich den Vulkankegel des Tenerista, dann haben wir auch schon unser Gipfelziel im Blick. Bei der Raya del Cepón durchquert unser Weg eine Senke neben der Straße, kurz danach erreichen wir das **Cruz de Los Reyes**. Noch vor dem Kreuz halten wir uns rechts hinüber zum Monumento al Campesino **2** (die rote Skulptur soll einen Pflug stilisieren) und wandern danach links haltend hinab zur Pistenstraße mit dem Abzweig des Camino de la Virgen zum Malpaso. Dieser bringt uns rechts hinauf zur Kammhöhe der Cumbre und folgt

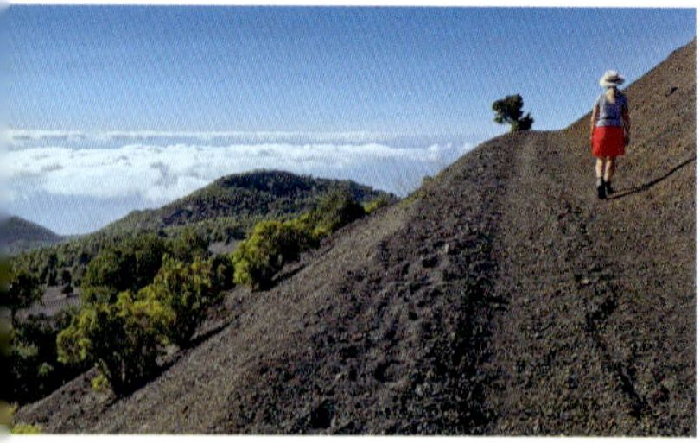

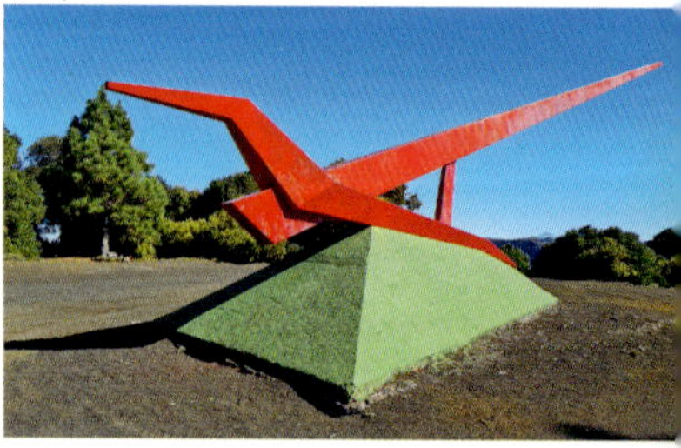

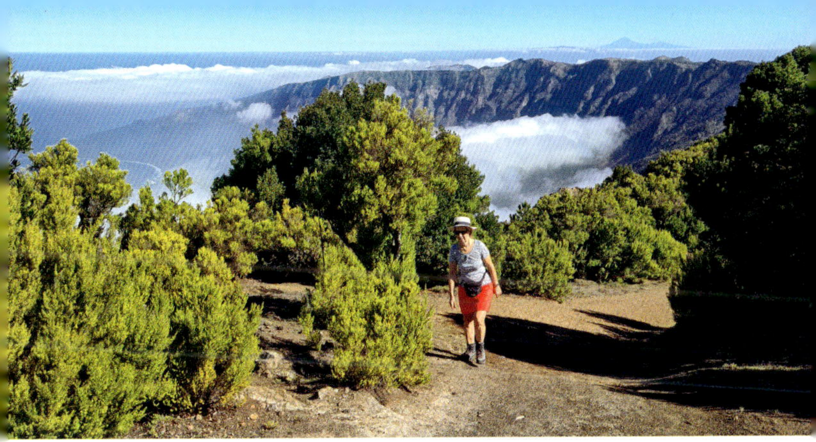

Bei Kaiserwetter nicht zu toppen: der Wanderweg über die Cumbre.

dieser weiter bergan. Nach etwa 20 Minuten berührt er eine Pistenstraße. Nun entweder auf dieser oder auf direktem Weg zum Gipfel des **Malpaso** 3 (Funkmast, Messstation). Von hier oben genießen wir einen großartigen Panoramablick über die Cumbre und den weit geschwungenen Golfo sowie nach Teneriffa, La Gomera und La Palma.
Am Rückweg halten wir uns an den *weiß-rot* markierten Camino de la Virgen, gehen also direkt am **Cruz de Los Reyes** 4 vorbei (je nach Gusto kann man ab hier auch die Straße nehmen) und biegen dann von der Höhenstraße links hinab auf den *weiß-gelb* markierten Camino de San Salvador. Und wenn Kondition und Wetter passen, dann sollten Sie unbedingt noch einen Abstecher auf den **Tenerista** 5, 1417 m, machen – das Sahnehäubchen dieser Tour!

Vor dem letzten Abstieg zur Ermita sollte man innehalten und den Ausblick genießen.

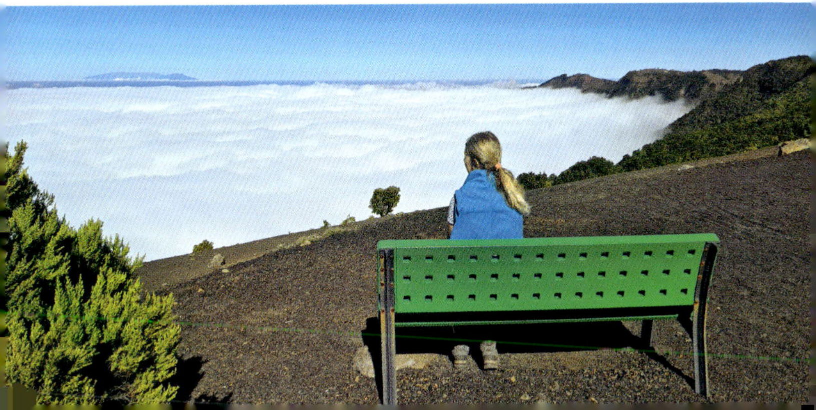

↗ 350 m | ↘ 350 m | 10.0 km

37 Fuente Mencáfete

3.00 h

Stille Waldwanderung durch die Golfo-Steilwand

An der Hauptstraße Frontera – Raya La Llanía laden zahlreiche Stichwege zu Streifzügen durch den Nebelwald in der Golfo-Steilwand ein. Ganz besonders zu empfehlen ist die hier vorgestellte Wanderung. Sie verläuft auf einer bequemen Forststraße, die unterhalb des Tanganasoga durch den Monteverde in das Naturschutzgebiet Mencáfete hineinführt. Am Wegende, bei der gleichnamigen Quelle, erwartet uns einer der schönsten und besterhaltenen Lorbeerwälder der Insel.

Ausgangspunkt: Abzweig der Pista al Derrabado, 940 m, in der obersten Haarnadelkurve der Hauptstraße La Frontera – San Andrés, bei Km 21,3. Alternativ kann man die Wanderung auch am Picknickplatz Hoya del Pino, 1020 m, starten (bei Km 20,4 der Hauptstraße HI-1), von dem ein Pfad zum Beginn der Pista al Derrabado führt (20 Min., →Tour 34).

Anforderungen: Bis zum Wendeplatz unterhalb der Fuente Mencáfete gemütliche Forststraßenwanderung, der Schlussanstieg erfolgt auf einem steilen, rutschigen Pfad.

Einkehr: Keine Einkehrmöglichkeit.

Kombinationsmöglichkeit: Touren 35 und 40.

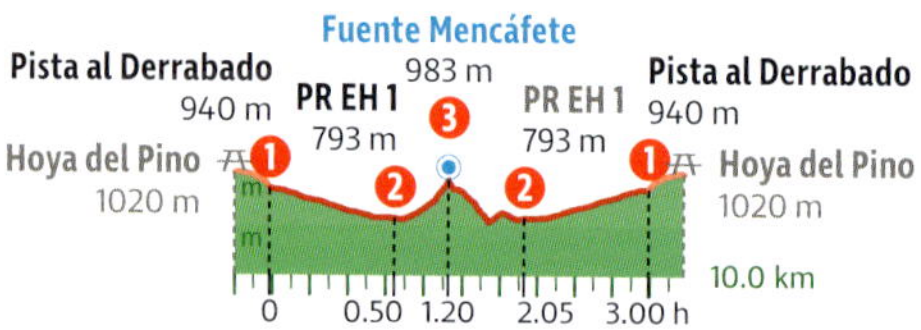

Direkt in der Haarnadelkurve der Hauptstraße zweigt in westlicher Richtung die **Pista al Derrabado** ❶ (Tafel »Fuente Mencáfete«) ab. Die Forststraße führt gemütlich, leicht absteigend durch den Nebelwald in der Golfo-Steilwand. Hin und wieder ergeben sich großartige Ausblicke – zunächst auf das östliche Golftal, nach einer halben Stunde auch auf das westliche. Nach 3,4 km (50 Min.) mündet von links der *weiß-gelb* markierte Camino de Sabinosa ein ❷ (→Tour 40), wenige Minuten später gehen wir an der Einmündung einer Straße geradeaus (links) weiter mit *PR EH 1.2* (*weiß-gelb*). Wir kommen sogleich unterhalb eines allein stehenden Hauses (**Las Tabla-**

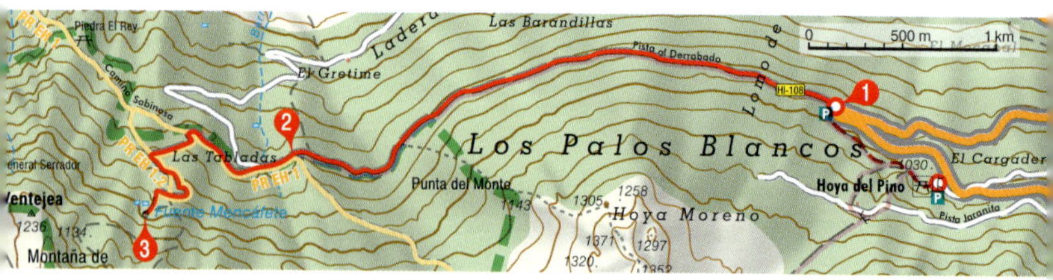

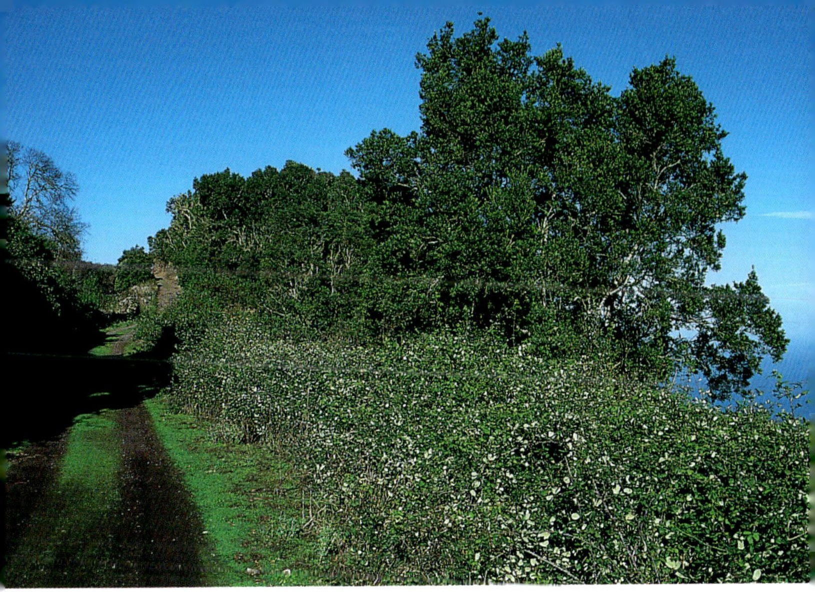

Die Pista al Derrabado führt durch den schönen Nebelwald am Fuß des Tanganasoga.

das) vorbei und passieren nach wenigen Minuten eine Finca. Gleich danach zweigt halb rechts wieder der Camino de Sabinosa ab – eine schöne Abstiegsvariante (→Tour 40). Wir verbleiben auf der Piste, die nun in weiten Schleifen hinaufführt. Nach knapp 10 Minuten mündet in einer Linkskurve von rechts ein Abzweig vom Camino de Sabinosa ein. 100 m danach zweigt rechts ein ausgeschilderter Pfad ab. 10 Minuten später erreichen wir das Pistenende in einem Taleinschnitt bei der **Fuente Mencáfete** (Wendeplatz, Wasserstelle). Talaufwärts setzt sich der markierte Weg fort, von dem nach 3 Minuten links ein (leider aufgelassener) Pfad zur Cumbre abzweigt – wir verbleiben auf dem geraden Hauptweg, der nach oben hin zunehmend steiler und schmaler wird. Nach knapp 10 Minuten, zuletzt vorbei an ein paar kleinen Wassersammelbecken und an einer Zisterne mit Gedenktafel, endet der Weg bei zwei kleinen, runden Zisternen im imposanten Talschluss **3**.

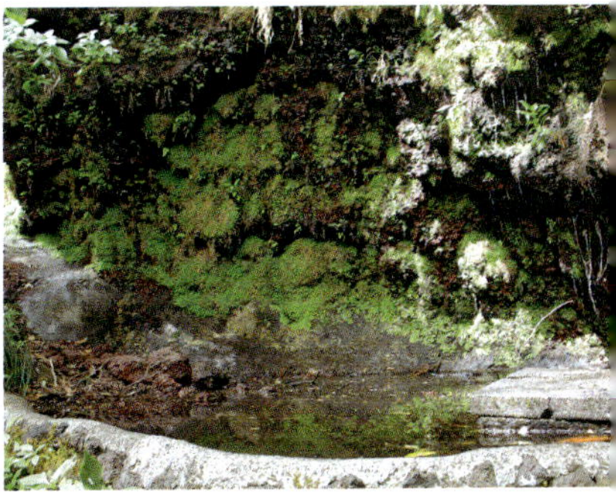

38 Punta de La Dehesa

↗ 70 m | ↘ 70 m | 5.6 km

1.15 h

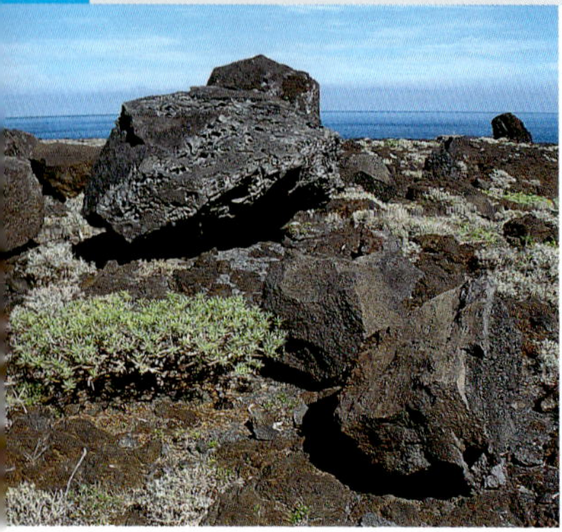

Eindrucksvolle Lavalandschaften im äußersten Nordwesten

Die Küstenwanderung an der Punta de La Dehesa ist eine der bezaubernndsten Touren der Insel. Sie führt uns durch faszinierende Lavalandschaften und vorbei an Klippen und Felsbuchten zum größten Felstor der Insel, dem Arco de la Tosca. Wer die Wanderung ausbauen will, der sollte in Sabinosa starten und/oder einen Abstecher zum herrlichen Sandstrand von Verodal unternehmen.

Ausgangspunkt: Großer Holzpfosten an der HI-500, am Beginn der Punta de La Dehesa (1,8 km ab Pozo de la Salud, Endstation der Buslinie 12). Oder Parkplatz Playa Arenas Blancas, am Ende der Pistenstraße HI-501 (Abzweig von der HI-500 0,5 km nach dem Holzpfosten).
Anforderungen: Durchwegs leichte Wanderung, wobei der Rückweg über die wenig befahrene Straße HI-500 erfolgt.
Einkehr: Unterwegs keine, Bar-Restaurants in Pozo de la Salud und in Sabinosa.
Variante: Von Sabinosa zur Playa Arenas Blancas (1 Std., 350 Hm): Vom Ortszentrum von Sabinosa (Buslinie 4) folgt man mit PR EH 1 (weiß-gelb) der Hauptstraße in Richtung Pozo de la Salud und wendet sich nach knapp 5 Minuten direkt vor der Linkskurve der Straße dem rechts hinabführenden Camino zu. Er führt steil durch den Lavagrushang zwischen Weinbergen abwärts, mit herrlichem Blick über das westliche Golftal, und kreuzt dreimal die Straße. Nach ¼ Std. geht er in ein Sträßchen über, das sich nach 100 m gabelt (hier links) und nach Pozo de la Salud hinabbringt. Schräg gegenüber dem Hotel trifft man auf die Hauptstraße HI-500, der man nach links folgt (vorher lohnt ein Besuch des »Gesundbrunnens« an der Steilküste bei der Casa Rosa). Sie führt nach gut 10 Minuten direkt an der Küste entlang. Gut 10 Minuten später – am Beginn der weiten Lava-Landzunge der Punta de La Dehesa – wendet sich die Straße von der Küste ab. Hier erreicht man bei einem großen Holzpfosten den Startpunkt der Wanderung (rechts ab auf einen Pfad zur Playa Arenas Blancas).

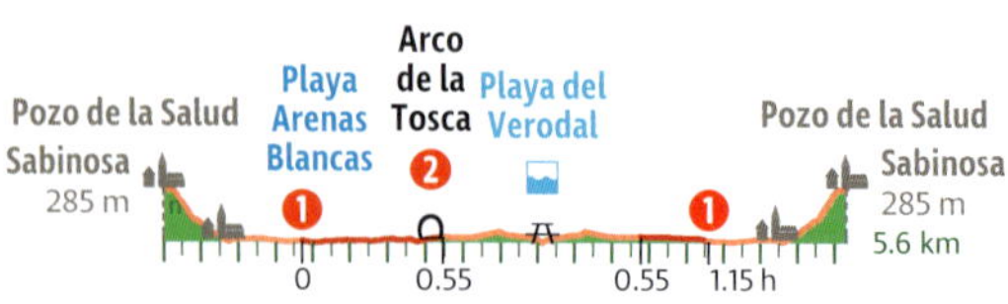

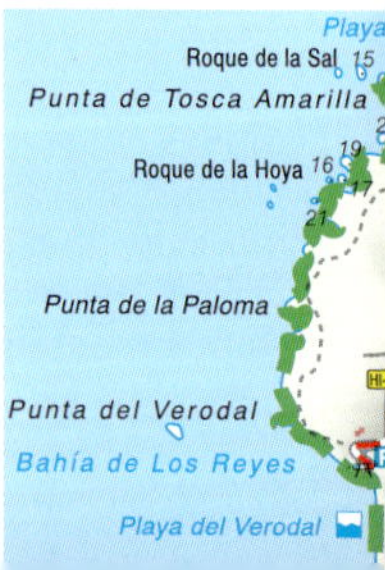

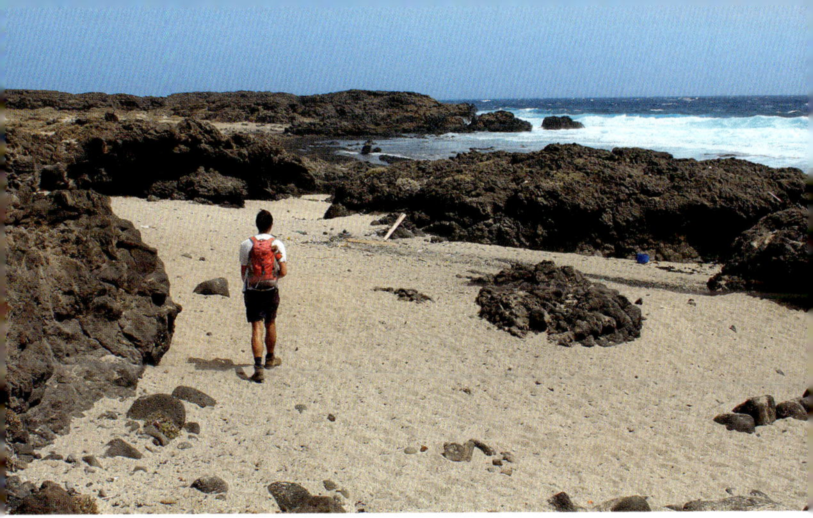

Bei der Playa Arenas Blancas startet der offizielle Wanderweg.

1,8 km ab Pozo de la Salud erreicht man auf der HI-500 den Beginn der weiten Lava-Landzunge der **Punta de La Dehesa**. Hier, bei einem großen Holzpfosten ❶, verlassen wir die Straße (die sich von der Küste abwendet), und wandern auf einem Pfad zur **Playa Arenas Blancas** (deutliche Trittspur etwas abseits der Küste). Nach gut 5 Minuten sind die hellen Sandflächen aus zerriebenen Muschelschalen erreicht – der felsige Strand ist allerdings nur bei absolut ruhiger See zum Baden geeignet, zudem wird hier viel Unrat angeschwemmt.

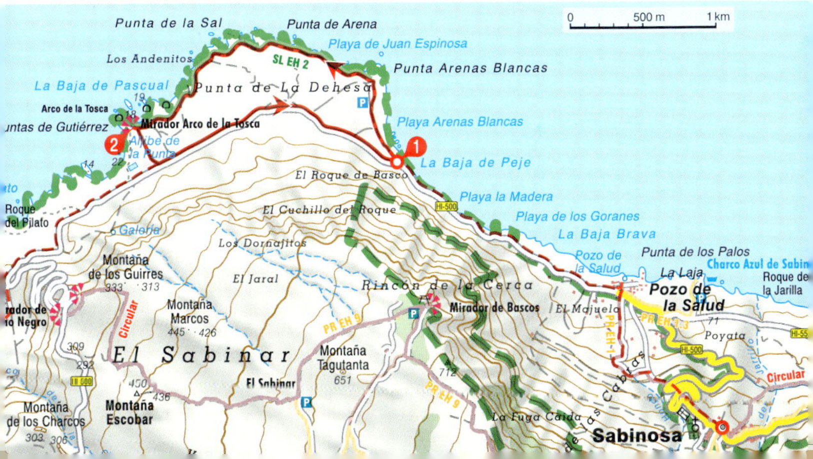

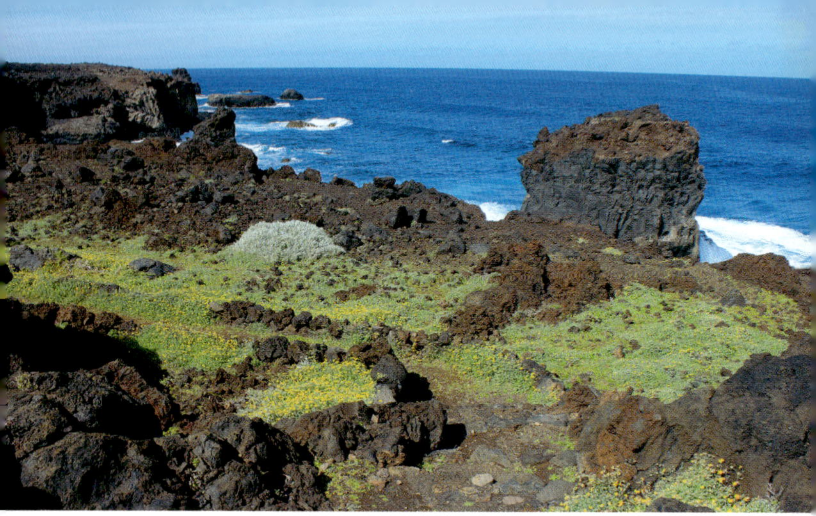

Am anderen Ende des Strandes setzt sich – etwas abseits der Küstenklippen – ein von Steinreihen eingefasster Pfad entlang der Küste fort (große Wandertafel hinter dem Parkplatz am Ende der HI-501/Pista Arenas Blancas). Nach wenigen Minuten verläuft er direkt entlang der Klippen und passiert zahlreiche Felstore, am Wegrand tun sich zudem riesige Löcher auf, durch die bei hoher See Wasser herausgepustet wird (Vorsicht mit Kindern!). Nach einer Viertelstunde erreichen wir eine eindrucksvolle Felsbucht mit zwei hintereinander liegenden Felstoren und einem weiteren auf der anderen Seite – großartig! Vorbei an natürlichen Salinen gelangen wir an eine weitere, nicht so spektakuläre Felsbucht (5 Min.). Im Anschluss

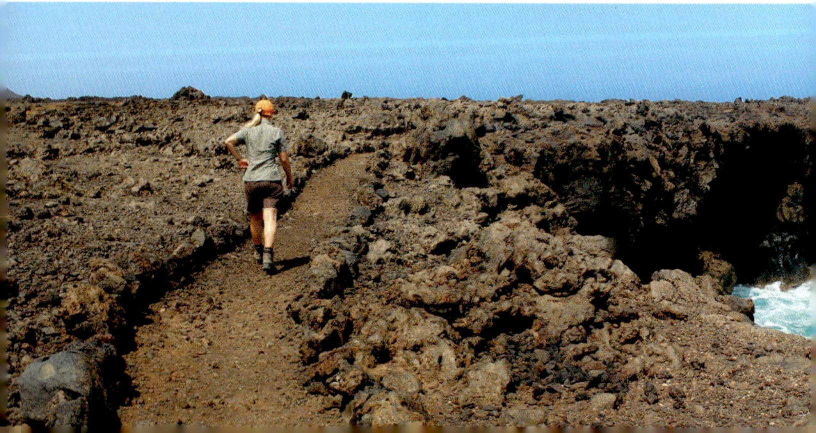

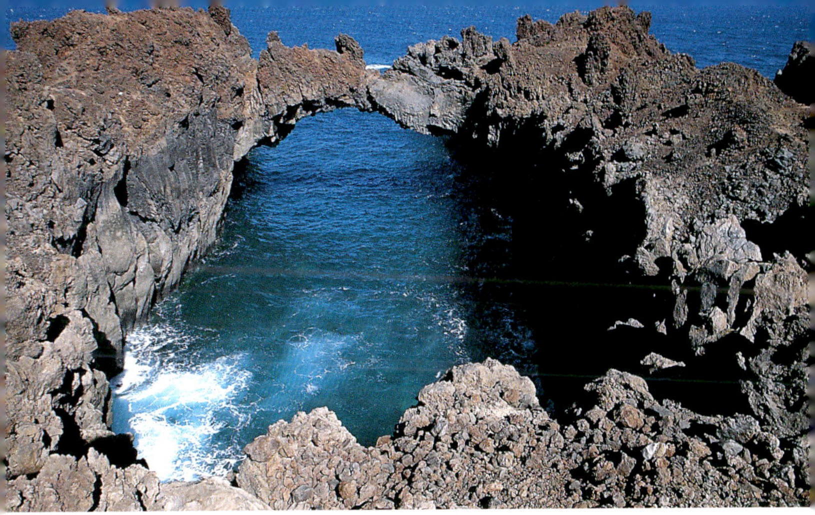

daran treffen wir auf ein Lavafeld. Etwa 10 Minuten danach überqueren wir eine kleine lavafreie Fläche direkt an der Küste mit einer 50 m langen Landzunge. Eine Viertelstunde später erreicht der Küstenpfad den riesigen, etwa 20 m hohen Felsbogen des **Arco de la Tosca** ❷.

Wir gehen nun auf der Piste zur Straße hinüber (5 Min.). Rechts könnte man weiterwandern zur Playa del Verodal (nach 1,5 km geradeaus auf der Piste, gut 1 km danach erreicht man den wunderschönen Sandstrand mit Picknickplatz; 40 Min. einfach) – wir aber kehren links zu unserem Ausgangspunkt zurück (20 Min. bis zum großen Holzpfosten ❶ am Pfadabzweig zur Playa Arenas Blancas).

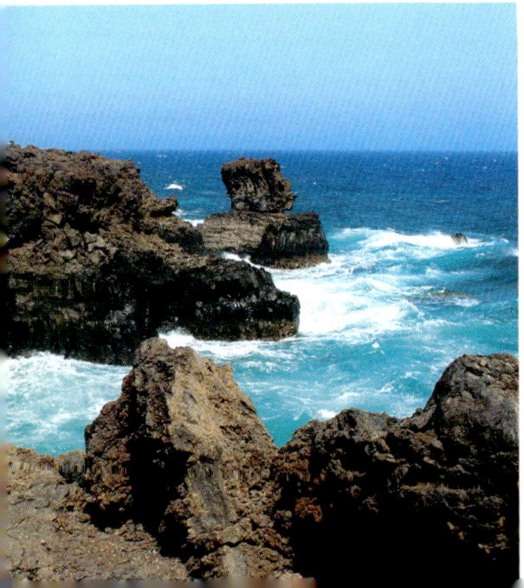

Oben: Arco de la Tosca.

Die Playa del Verodal ist der beste Strand der Insel (aber nur bei ruhiger See)!

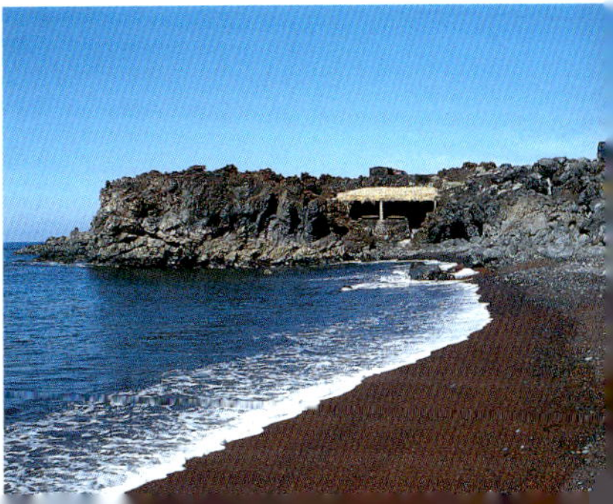

↗ 900 m | ↘ 900 m | 14.2 km

39 Von Sabinosa zur Ermita de Los Reyes

5.05 h

Durch den Nebelurwald zur Dehesa-Hochfläche

Der Mirador de Bascos am Nordostrand des kargen, von Weideflächen und Wacholderhainen geprägten Dehesa-Hochlandes ist einer der spektakulärsten Aussichtsplätze El Hierros. Pozo de la Salud und Sabinosa, der Ausgangspunkt der abwechslungsreichen Tour, liegen uns zu Füßen – bei guter Sicht können wir das gesamte Valle del Golfo bis hinüber nach Las Puntas überblicken. Am Rückweg lohnen sich Abstecher zum Sabinar und zur Wallfahrtskapelle Virgen de Los Reyes.

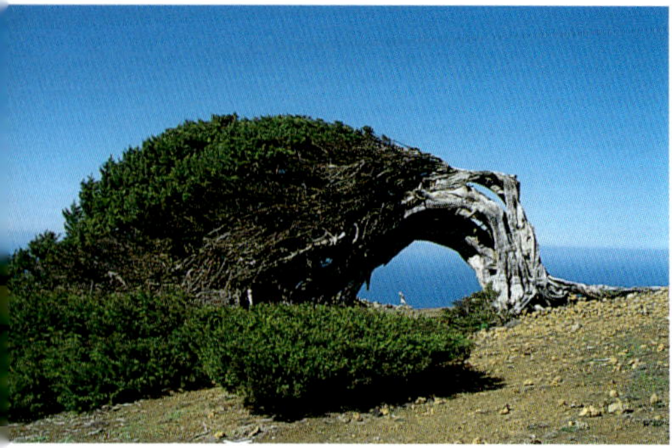

Ausgangspunkt: Plaza del Ingeniero José R. Vallabriga im Ortszentrum von Sabinosa, 290 m (Buslinie 12).
Anforderungen: Überwiegend leichte Wanderung auf guten Wegen und Pfaden.
Einkehr: Unterwegs keine Einkehrmöglichkeit, in Sabinosa Bar-Restaurants.
Kombinationsmöglichkeit: Touren 40, 41 und 44.

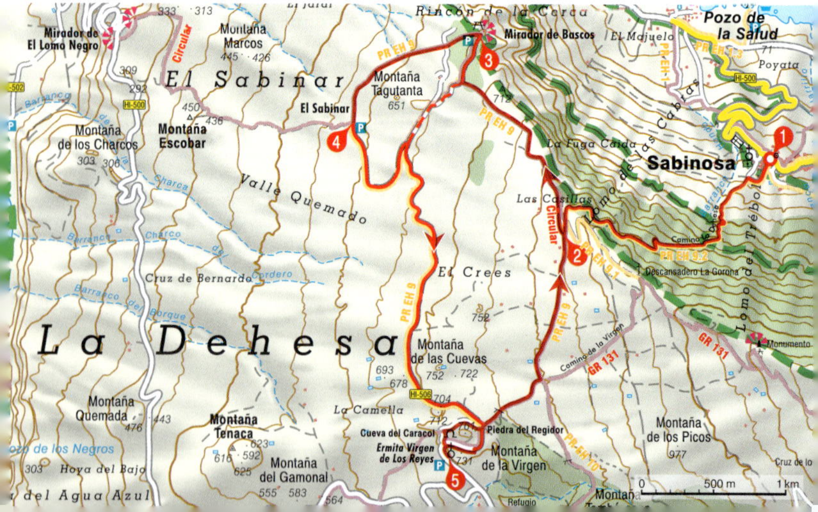

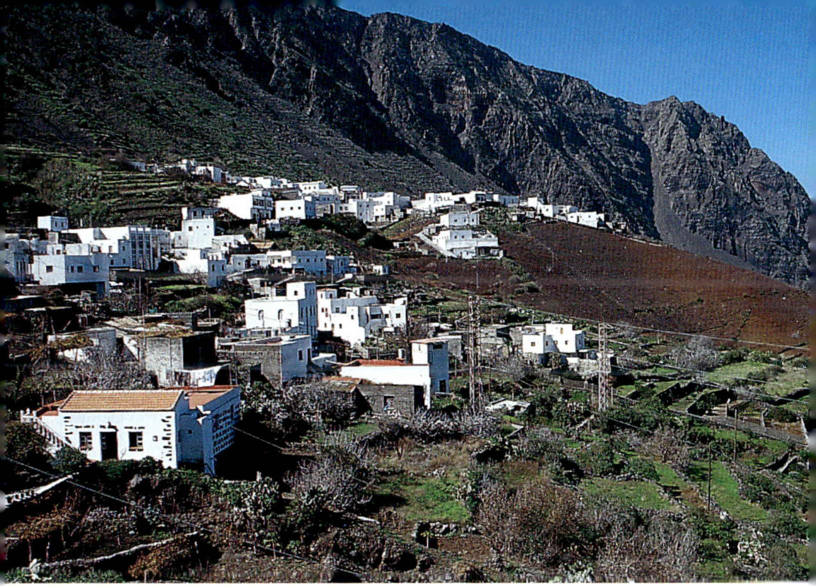

Das hübsche Dorf Sabinosa – im Bild rechts der Felssporn mit dem Mirador de Bascos.

Gegenüber der kleinen Plaza am Scheitelpunkt der Hauptstraße in **Sabinosa** ❶ biegen wir mit *PR EH 1* (*weiß-gelb*) in die bergauf führende Dorfstraße Calle Hoya del Moral ab. Nach wenigen Minuten halten wir uns an der Gabelung rechts (Camino La Dehesa), bald darauf ist der höchste Punkt der Straße erreicht. Hier beginnt der *weiß-gelb* markierte Camino de La Dehesa (*PR EH 9.2*). Der steingepflasterte Weg führt in Serpentinen zwischen Wein- und Ackerterrassen bergan. Schon bald weitet sich der Ausblick auf den Golfo, vor allem aber auf Sabinosa und das kleine Heilbad Pozo de la Salud an der Küste. Je höher wir kommen, desto üppiger wird die Vegetation – stellenweise ist der Weg nun sogar ein wenig verwachsen. Nach etwa einer Stunde tritt der Weg in knapp 700 m Höhe in den urwaldartigen Nebelwald ein. Eine gute Viertelstunde später passieren wir eine kleine Felskanzel rechts des Caminos (Steinbank). Gut 5 Minuten danach ignorieren wir am höchsten Punkt des Weges einen links abzweigenden Weg, 5 Minuten später erreichen wir den Wendeplatz einer Piste am Rand der Hochfläche La Dehesa (**Las Casillas** ❷).

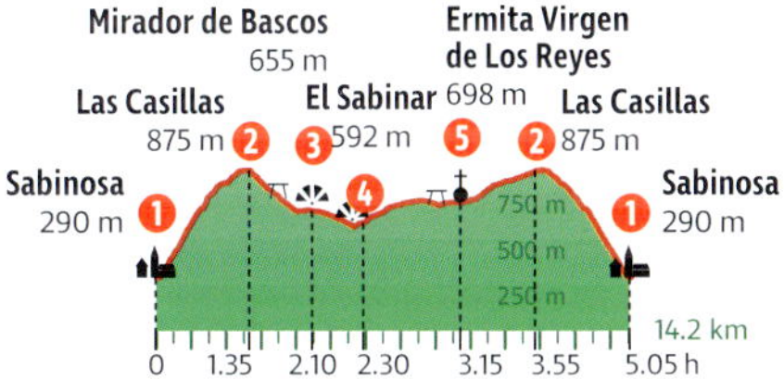

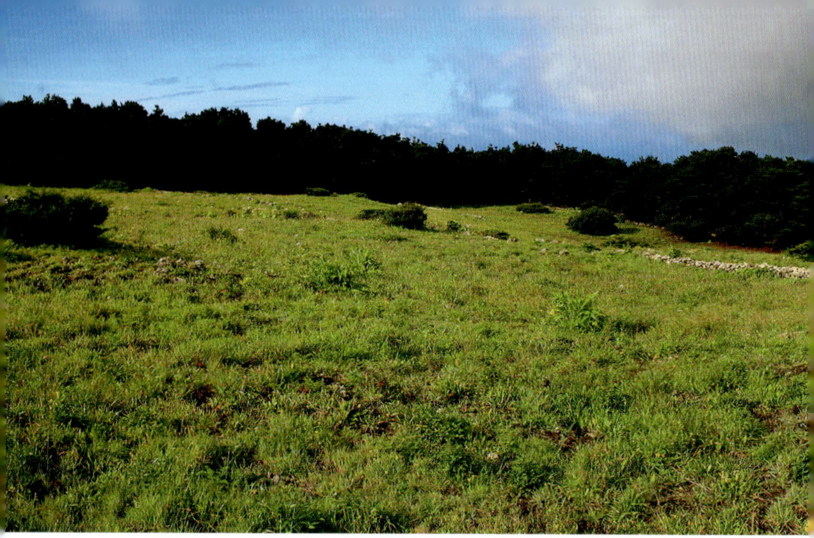

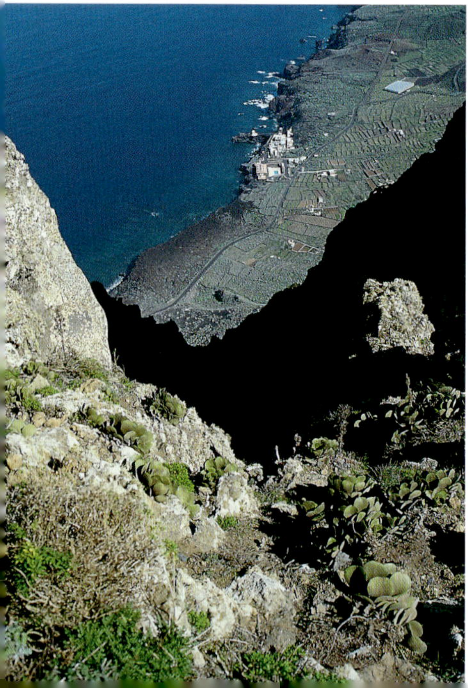

An der Pistengabelung nach 30 m wenden wir uns mit *PR EH 9* scharf rechts dem sandig-gerölligen, bergab führenden Weg zu. Er bringt uns schon nach wenigen Minuten an die Abbruchkante zum Golfo heran. Kurz darauf führt der Camino an einer alten Zisterne vorbei – hier geradeaus weiter steil hinab. 10 Minuten später durchschreiten wir ein Gatter (Viehweide) und lassen die Weidemauern hinter uns – der Weg führt hier rechts am Rand eines Kiefernwäldchens hinab. Knapp 10 Minuten nach der Mauer treffen wir auf eine hangquerende Piste (Wegweiser), die uns rechts

Tiefblick vom Mirador de Bascos nach Pozo de la Salud.

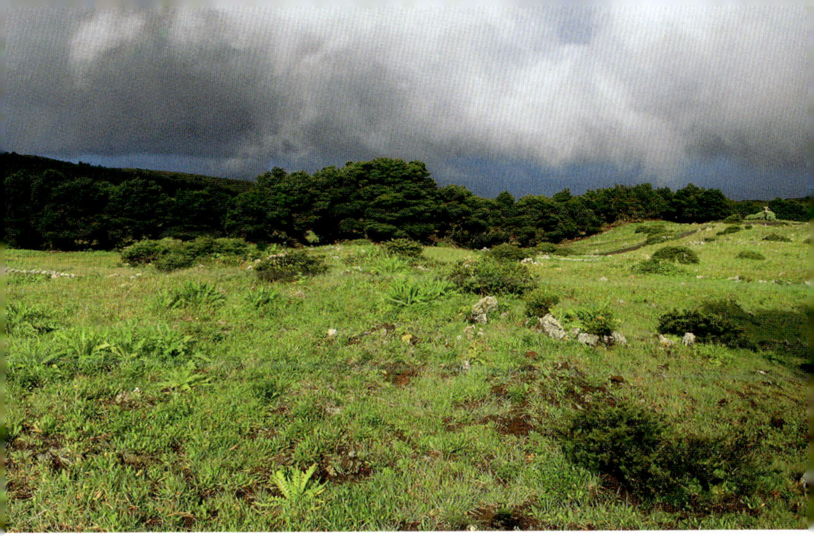

Die Dehesa – einsames Weidehochland – ist nicht immer so grün.

in wenigen Minuten zum (abrutschgefährdeten und daher abgesperrten) **Mirador de Bascos** ❸ bringt.
Vom Parkplatz biegen wir mit *PR EH 9* ab auf einen deutlichen Pfad (Holzpflock am Wegbeginn). Er verläuft leicht links haltend abwärts. Nach wenigen Minuten kreuzt der Pfad einen Fahrweg, nach einer Viertelstunde kommen wir an einem kleinen, von einer Steinmauer abgeschirmten Aussichtsplatz vorbei (rechts des Weges durch Gatter). Unterhalb des Weges können wir nun die windgebeugten Wacholderbüsche des **Sabinar** bewundern. Der Weg steigt nun entlang der Steinmauer an zum Parkplatz am Ende der Sabinar-Piste ❹.
Die Piste mündet nach einer knappen Viertelstunde wieder in die Piste vom Mirador de Bascos – auf dieser nach rechts, immer der Hauptpiste folgend. Nach einer guten halben Stunde passieren wir einen großen Felsblock, den **Piedra del Regidor** (Tafel, 719 m). Wer noch einen Abstecher zur **Ermita Virgen de Los Reyes** ❺ unternehmen will, der sollte scharf rechts dem Fahrweg folgen – er führt um die Montaña de las Cuevas herum, vorbei an der Cueva del Caracol, zur Kapelle (10 Min.; man kann auch der Piste geradeaus 400 m folgen). Wir aber wenden uns beim Felsblock links dem »Camino de la Virgen« zu (Tafel, *PR EH 9/GR 131*). Nach gut 10 Minuten erreichen wir eine Kreuzung. Hier biegen wir mit *PR EH 9* links auf den hangquerenden Fahrweg ab, der uns in 20 Minuten (immer geradeaus) zurück zum Wendeplatz **Las Casillas** ❷ bringt. Von dort auf dem bekannten Weg zurück nach **Sabinosa** ❶.

TOP

↗ 1200 m | ↘ 1200 m | 17.4 km

40 Von Sabinosa über die Dehesa zum Tanganasoga

6.40 h

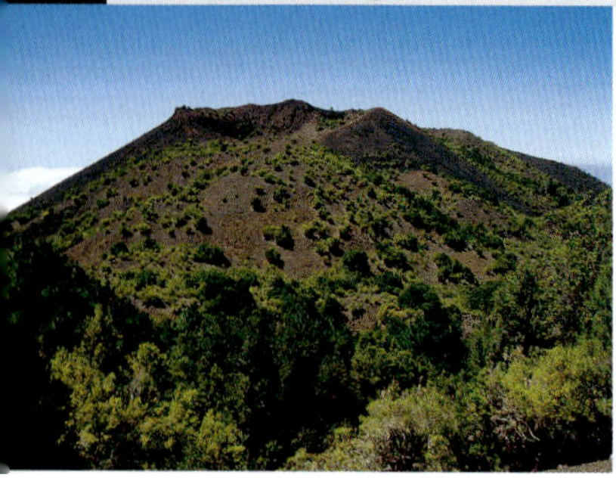

Grandiose, aber lange Rundtour zum größten Vulkan der Insel

Konditionsstarke Bergwanderer werden an dieser Rundtour, die zu den großzügigsten und großartigsten El Hierros zählt, ihre wahre Freude haben. Der Weg führt zunächst durch die Golfo-Steilwand hinauf zur Dehesa und verläuft anschließend am Kamm der Cumbre, mit herrlichen Ausblicken nach beiden Seiten. Vorbei am Tanganasoga, dem größten Vulkan der Insel, zieht der Camino wieder durch den dicht bewaldeten Steilhang hinab nach Sabinosa.

Ausgangspunkt: Plaza del Ingeniero José R. Vallabriga im Ortszentrum von Sabinosa, 290 m (Buslinie 12).
Anforderungen: Anstrengende Rundtour, die dem Bergwanderer aufgrund der Länge und des beträchtlichen Höhenunterschiedes eine gute Kondition abverlangt.
Einkehr: Unterwegs keine Einkehrmöglichkeit, in Sabinosa Bar-Restaurants.
Kombinationsmöglichkeit: Touren 23, 35, 37, 39 und 44.

Der Weg ist zunächst identisch mit jenem von Tour 39. Wir biegen gegenüber der kleinen Plaza am Scheitelpunkt der Hauptstraße in **Sabinosa** ❶ in die bergauf führende Calle Hoya del Moral ab. Nach 5 Minuten ist der höchste Punkt der Straße erreicht – hier geradeaus weiter auf dem *weiß-gelb* markierten Camino de La Dehesa (*PR EH 9.2*). Er führt in Serpentinen zwischen Terrassenfeldern

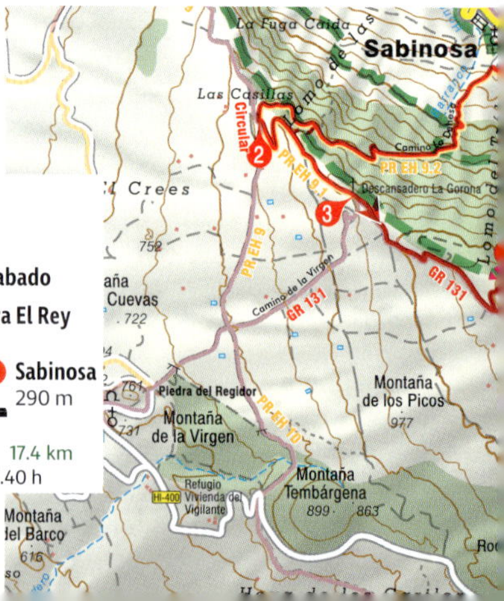

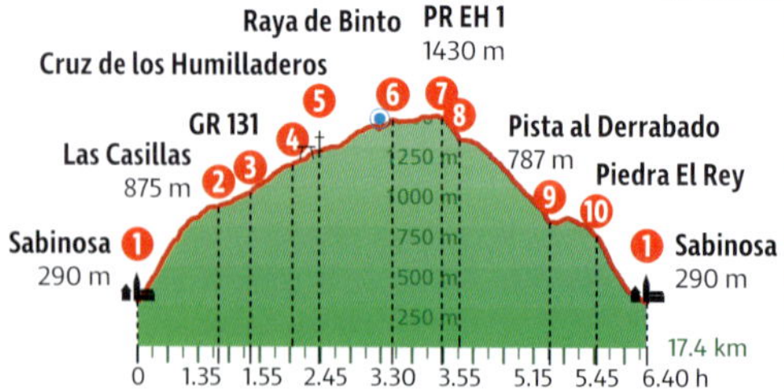

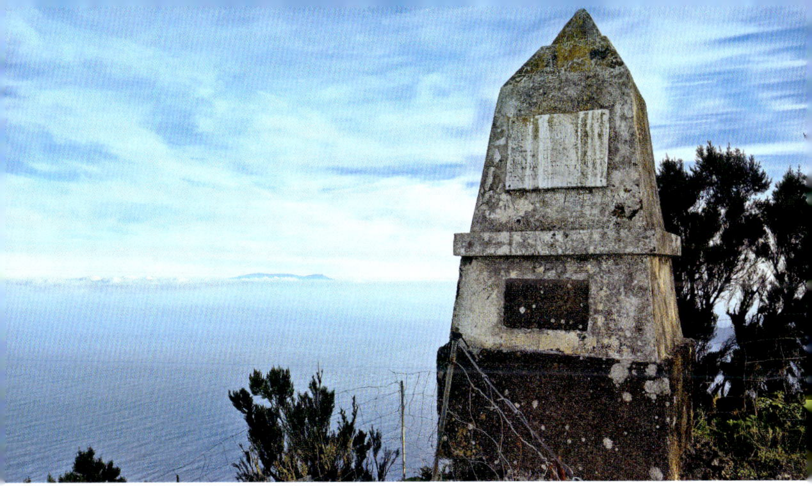

Auf dem Camino de la Virgen passieren wir das Monumento al General Serrador.

bergan und tritt nach einer Gehzeit von einer Stunde in den Nebelwald ein. Eine gute Viertelstunde danach passieren wir eine kleine Felskanzel rechts des Caminos. 5 Minuten später, nach Durchschreiten einer Barrancorinne, gabelt sich der Weg. Man könnte hier links direkt zum Kamm aufsteigen (verwachsen!). Wir aber gehen geradeaus weiter nach **Las Casillas** 2 und halten uns hier an der Pistengabelung links bergan (*PR EH 9.1, weiß-gelb*; an Gabelungen immer der links ansteigenden Piste folgen). Während des gemütlichen Aufstiegs ergeben sich immer wieder herrliche Ausblicke auf den Golfo und über die Dehesa. Nach etwa 20 Minuten passieren wir ei-

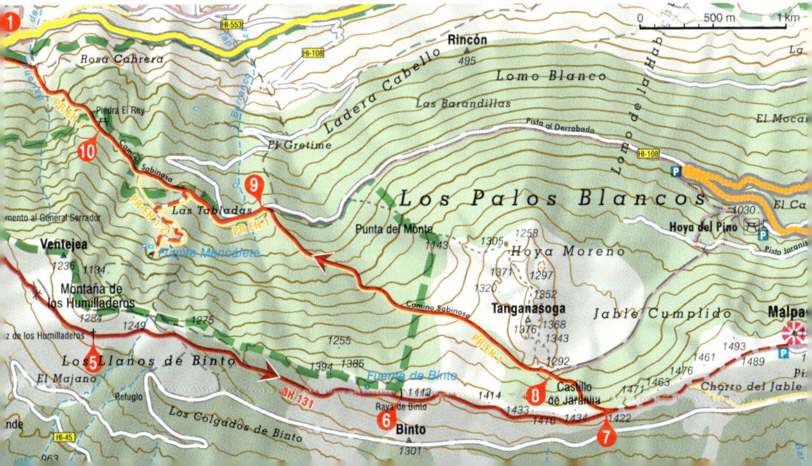

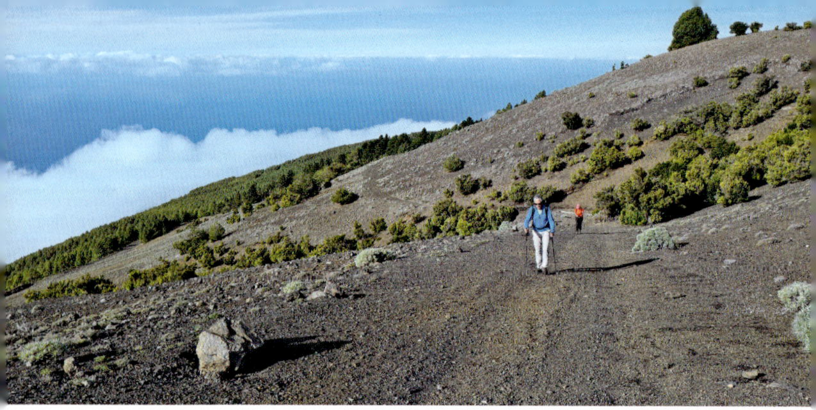

nen Regenmesser und gleich danach einen kleinen Rastplatz mit großartigem Tiefblick nach Sabinosa und Pozo de la Salud. Es handelt sich um keinen gewöhnlichen Rastplatz, denn der Steintisch ist die zweite Station der größten Inselprozession, der Bajada de la Virgen. Unser Weg ist nun identisch mit dem Camino de la Virgen, der an dieser Stelle in die Piste auf dem Kamm einmündet **3** (*GR 131*, *weiß-rot*; →Tour 44; Abstiegsmöglichkeit zur Ermita Virgen de Los Reyes, gut ½ Std.).
Wir folgen nun immer der *weiß-roten* Markierung, die in der Folge zwei Pistenschleifen geradeaus abkürzt. Nach einer halben Stunde, nach der zweiten Schleife, führt die Piste etwa 50 m abseits des **Monumento al General Serrador** **4** vorbei (Gatter am Abzweig), von dem sich nochmals ein fantastischer Blick auf den Golfo ergibt (der Pfad dorthin zweigt etwa auf Höhe des Denkmals durch ein Gatter ab). Die Piste führt weiter gemütlich bergan und hält nun direkt auf den dunklen Vulkankegel der Montaña de los Humilladeros zu. Nach 10 Minuten gehen wir am Linksknick der Piste geradeaus durch das Tor in der Steinmauer weiter und kürzen die Pistenschleife auf einem Fahrweg durch einen Jablehang ab – die Weiden lassen wir nun schlagartig hinter uns. Nach ein paar Minuten treffen wir wieder auf die Piste, einige Minuten später passieren wir das **Cruz de los Humilladeros** **5** (kleiner Steintisch, Wasserstelle; bald darauf Anstiegsmöglichkeit zur Montaña de los Humilladeros, 1284 m). Wir verbleiben auf der geraden, leicht ansteigenden Hauptpiste. Nach 10 Minuten wendet sich die Piste halb rechts zur Pistenstraße Ermita – Cruz de Los Reyes ab, hier geradeaus auf dem Fahrweg weiter. Er kreuzt nach 100 m einen Fahrweg und steigt danach wieder steiler bergan. Nach kurzem Anstieg zieht der Weg geradeaus über einen Jablehang hinüber in einen Kiefernwald, quert einen gerölligen Hang und kommt bald darauf, wieder steiler ansteigend, rechts an der **Fuente de Binto** (Wassersammelbecken) vorüber. 10 Minuten später passieren wir die **Raya de Binto** **6** (Felsblock, Tafel), von der wir einen

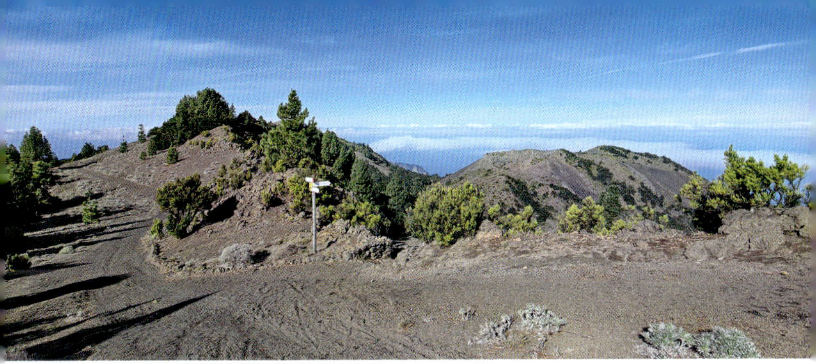

Der Kammweg – bei der Fuente de Binto (links) und am Abzweig zum Tanganasoga (oben).

großartigen Blick vom Faro de Orchilla bis zur Südspitze genießen. Unser Weg verflacht sich nun und verläuft in leichtem Auf und Ab nahe der Kammhöhe. Nach gut 20 Minuten, 100 m nach dem Castillo de Jaranita zur Linken, gelangen wir in einen schwach ausgeprägten Sattel, 1422 m. Hier verabschieden wir uns vom Camino de la Virgen (dieser steigt sogleich steiler an) und biegen links zwischen Steinmauern auf den ausgeschilderten Camino nach Sabinosa ab **7** (*PR EH 1, weiß-gelb*).

Der Wanderweg führt auf der anderen Kammseite gemütlich zwischen Baumleichen (Folgen eines verheerenden Waldbrandes im Jahr 2006) hinab, mit schönem Blick auf den Tanganasoga. Nach einer Viertelstunde erreichen wir eine lichte Senke, die einen Sattel zwischen der Cumbre und dem nördlich vorgelagerten **Tanganasoga** markiert. Hier gabelt sich der Weg **8**: rechts zweigt ein Weg zum Picknickplatz Hoya del Pino ab (→Tour 35), wir gehen geradeaus weiter. Eine Minute später kann man rechts weglos über den Grat den Tanganasoga besteigen (→Tour 35). Bald darauf senkt sich unser Weg wieder leicht ab und lässt allmählich den Kiefernwald hinter sich. Kurz darauf tritt der Camino in den Nebelwald ein. Ein wunderschönes Wegstück: Bartflechten hängen von den Zweigen herab, die Steine

Der Abstieg führt durch Nebelwald.

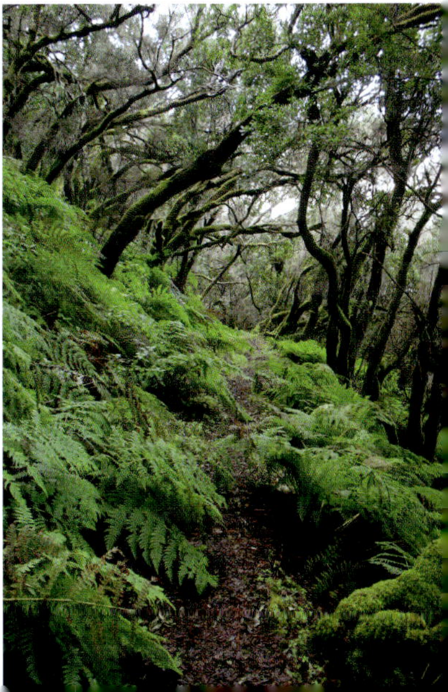

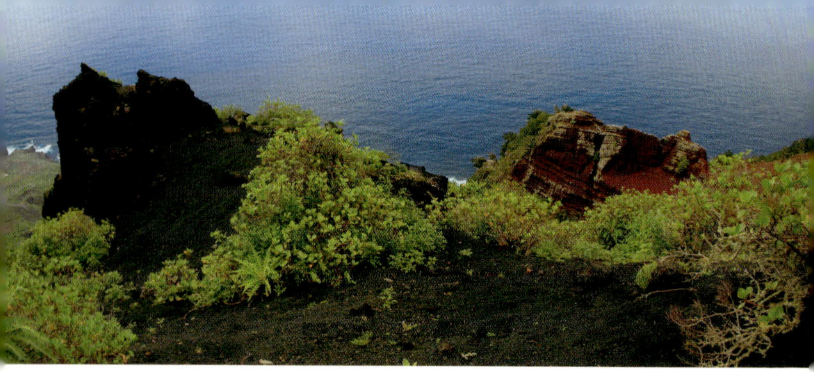

Vielfarbige Erosionslandschaft kurz nach dem Piedra El Rey – rechts mit Tiefblick nach Sabinosa.

und Bäume sind von immergrünen Moospolstern überzogen, später ranken sich Brombeeren in den schmalen, teilweise hohlwegartigen Camino. Nach etwa einer Stunde (ab Sattel am Tanganasoga) verläuft unser Weg neben einer Steinmauer am Rand einer freien terrassierten Fläche. Anschließend führt er im Zickzack über einen Bergrücken zur Pista al Derrabado 9 hinab. Wir wandern nun links auf der Forstpiste weiter und gehen nach wenigen Minuten an der Einmündung einer Asphaltstraße geradeaus (links) weiter in Richtung »Fuente Mencáfete« (Tafel). Die Piste führt sogleich unterhalb eines allein stehenden Hauses (**Las Tabladas**) vorbei.
Nach gut 5 Minuten, gleich nach einer umzäunten Finca rechts der Piste, zweigt halb rechts in den Nebelwald der Camino Sabinosa ab (Tafel). Er führt kurz etwa höhehaltend durch den Hang und senkt sich dann spürbar ab. Vor uns sehen wir nun einen rot-schwarzen Sandhang, dahinter die Punta de La Dehesa. Immer dem geraden, teilweise steingepflasterten Hauptweg folgend, kommen wir etwa 20 Minuten ab der Pistenstraße direkt oberhalb des farbenprächtigen Steilhanges vorbei und passieren einen schönen Rastplatz mit Steinbank neben ein paar großen Felsblöcken (**Piedra El Rey** 10). Von hier ergibt sich, vorbei am Tanganasoga, ein großartiger Blick auf den Golfo. Gleich nach dem Rastplatz wird der Ausblick noch spektakulärer – unter uns tauchen jetzt Sabinosa und Pozo de la Salud auf. In stetem Zickzackkurs geht es nun über einen schmalen, steilen Bergrücken durch schwarzen Lavagrus hinab, links vorbei an bizarren, schwarzroten, stark erodierten Tuffsteingebilden. Weiter unten begleiten Weinreben den Weg, der nach 20 Minuten in einem kurzen Quergang durch den Hang führt, dann in weiteren Schleifen an Weinterrassen vorbei hinabzieht. Gut 5 Minuten später wendet er sich links dem Hang zu und führt zunächst steil, später flacher hinüber nach **Sabinosa**. Kurz vor den ersten Häusern des Ortes geht der Camino bei einem Wasserreservoir in einen Fahrweg über, die zweite Straße (Calle Dehesa) bringt uns rechts zurück zur Plaza 1.

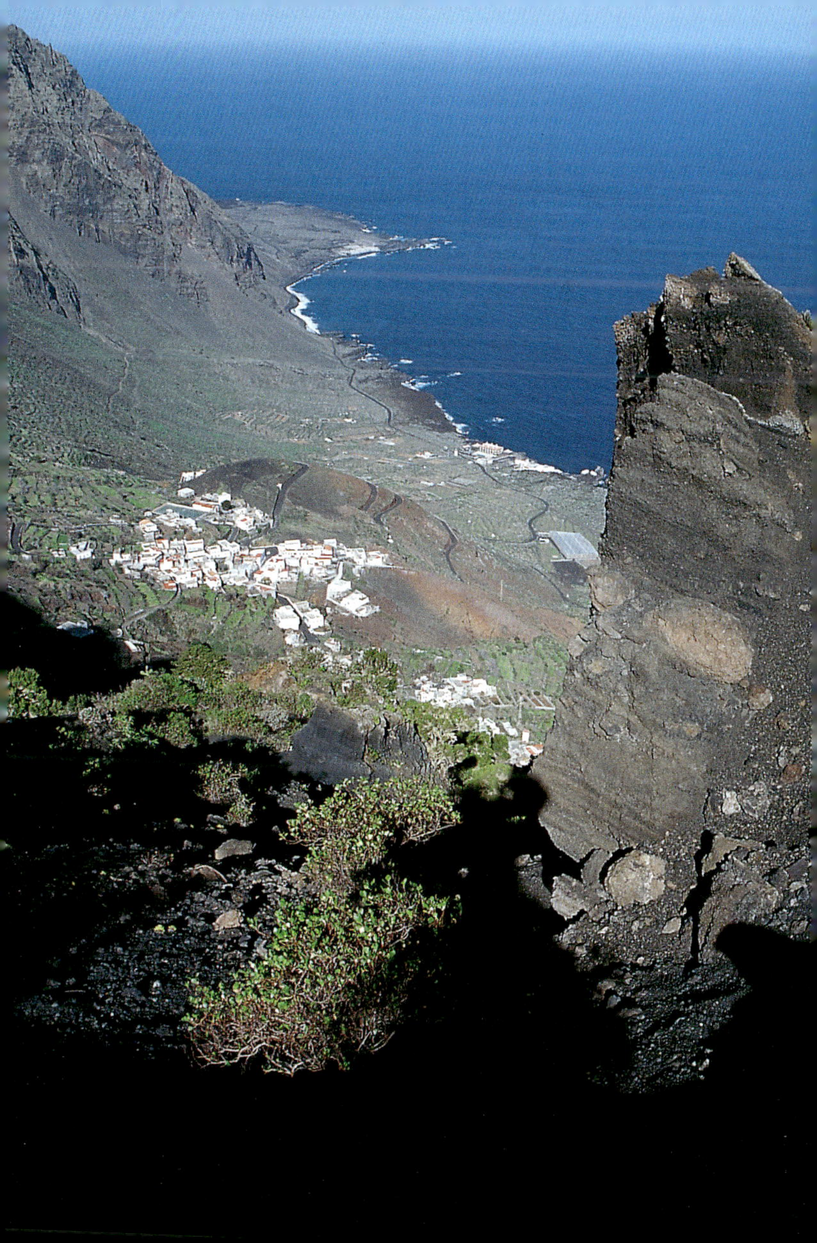

↗ 350 m | ↘ 350 m | 5.7 km

41 Sabinar

2.10 h

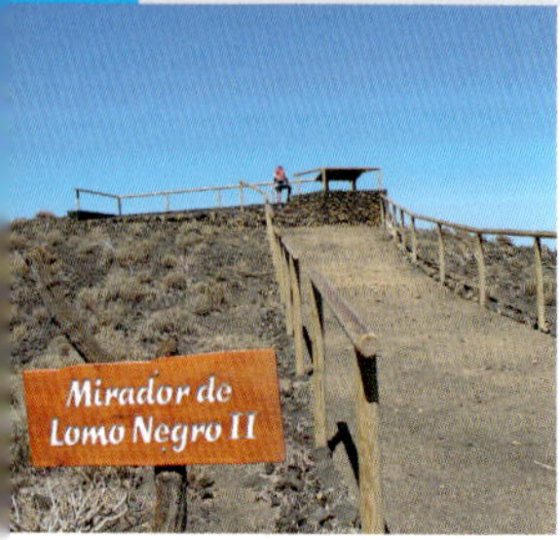

Gemütlicher Aufstieg vom Lomo Negro zum berühmten Wacholderwald

Im Jahr 2011 wurde ein schöner Wanderweg angelegt, auf dem man sich den Sabinar quasi von unten nach oben erwandern kann. Während die von Wind und Wetter geprägten Wacholderbäume im unteren Bereich einen weitgehend vertrockneten und abgestorbenen Eindruck machen, präsentieren sich die Sabinas in den höheren Lagen überwiegend in grünem Gewand.

Ausgangspunkt: Mirador de El Lomo Negro, 248 m, an der HI-500 zwischen Verodal-Abzweig (2,5 km) und Ermita de Los Reyes (7,5 km).
Anforderungen: Leichte, nur streckenweise etwas steile und mühsame Kurzwanderung. Bei Hitze meiden!
Kombinationsmöglichkeit: Tour 39.

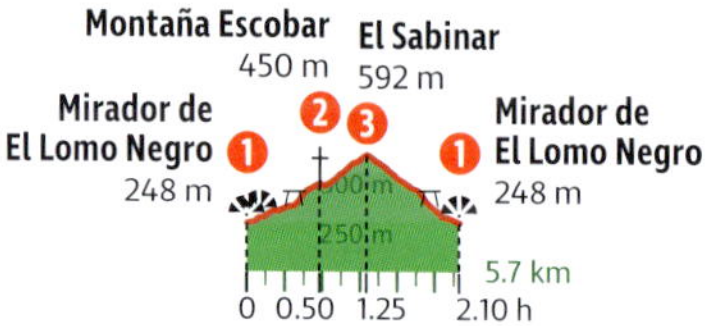

Bevor wir die Tour starten, genießen wir den großartigen Blick vom **Mirador de El Lomo Negro** ❶ über die farbenprächtigen Lavaströme der Küstenebene von Verodal. Der ausgeschilderte, von Steinreihen eingefasste

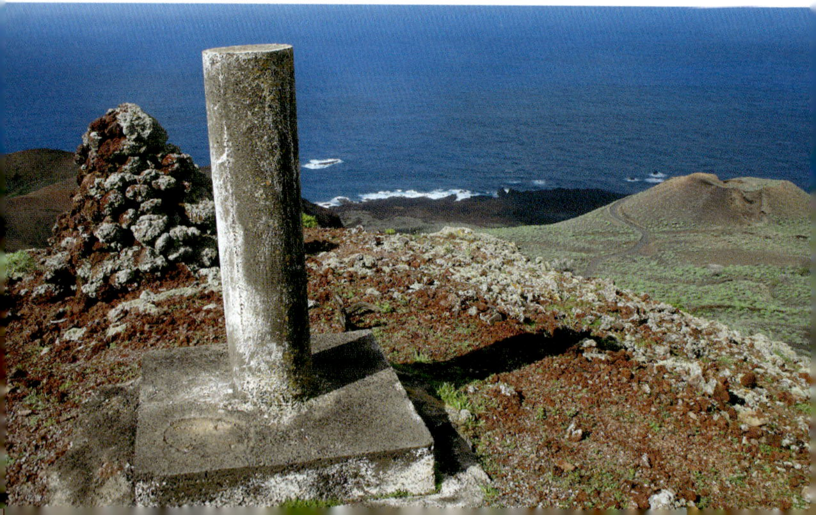

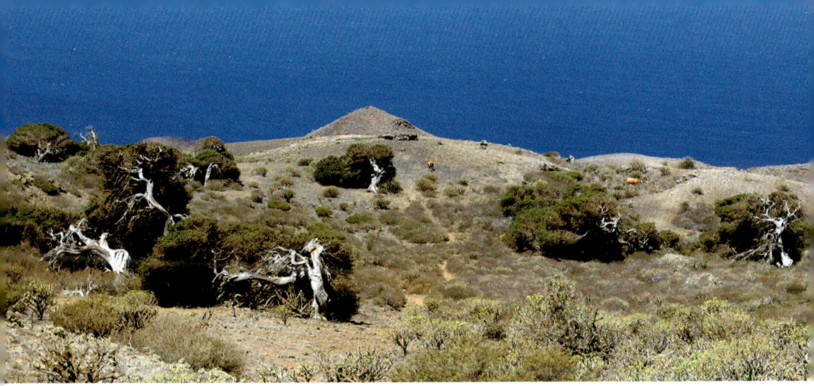

Die Wanderung führt an zahlreichen, fantastisch windgebeugten Sabinas vorbei.

Wanderweg beginnt gegenüber dem Aussichtsplatz und führt hinauf zu einem weiteren Aussichtsplatz (**Mirador de Lomo Negro II**), der uns ebenfalls die vielfarbigen Lavaflächen der Isla Baja zu Füßen legt – und die kargen Hänge am Fuß des Sabinar, durch die unser Weg in der Folge ansteigt. Einige Minuten nach dem Mirador erreichen wir einen Miniaturkrater, den wir links umgehen. Anschließend geht es rechts an einer hohen Steinmauer entlang, vorbei an windgebeugten, zumeist abgestorbenen Wacholderbäumen. Nach wenigen Minuten ignorieren wir ein erstes Gatter. Einige Minuten später führt unser Wanderweg bei einem besonders schönen Sabina-Exemplar durch ein zweites Gatter (rechts könnte man zur Straße absteigen) und steigt – zunehmend steil – durch den Lavagrushang an. Erst weiter oben wendet er sich rechts dem Hang zu, quert eine felsige Barrancorinne und erreicht gleich darauf ein Wacholderwäldchen mit prächtigen Exemplaren (schöner Rastplatz). Bevor Sie links weiter ansteigen, sollten Sie rechts einen aussichtsreichen Abstecher zu der Vermessungssäule auf der **Montaña Escobar** ❷ unternehmen. Auf dem Weiterweg zum **Sabinar**-Parkplatz passieren wir noch eine schwach ausgeprägte Anhöhe, einige Minuten später ist der Parkplatz erreicht ❸. Von hier bietet sich links ein Ausflug in Richtung Mirador de Bascos an, auf dem man den Sabinar quasi von oben betrachten kann.

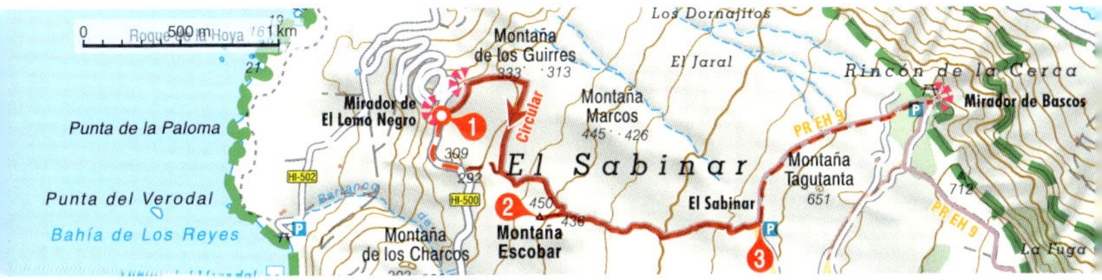

↗ 700 m | ↘ 700 m | 14.2 km

42 Von der Ermita de Los Reyes zum Faro de Orchilla 4.45 h

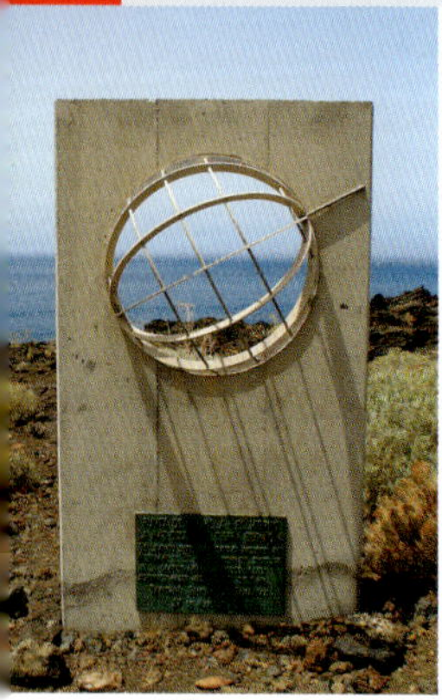

Abstieg zum Leuchtturm am ehemaligen Null-Meridian und zum Orchilla-Anleger

Der Wanderweg von der Ermita de Los Reyes zur Südwestspitze der Insel ist – abgesehen von den herrlichen Ausblicken und den eindrucksvollen Lavalandschaften – absolut kein Highlight. Er verläuft häufig auf Straßen, und auch die Wege sind wenig einladend. Dafür erwarten uns zwei lohnende Ziele – der Leuchtturm mit der großartigen Cueva del Acantilado und der ehemalige Bootsanleger von Orchilla, der bei ruhiger See einer der schönsten Badeplätze der Insel ist. Wer einen knapp halbstündigen Abstecher zum Monumento al Meridiano auf sich nimmt, kann sich zudem rühmen, am westlichsten Punkt der in der Antike bekannten Welt gewesen zu sein.

Ausgangspunkt: Ermita Virgen de Los Reyes, 698 m.
Anforderungen: Anstrengende, mühsame Wanderung auf mäßigen Wegen, teilweise auch auf Pisten und Straßen. Leuchtstarke Taschenlampe nicht vergessen (Cueva del Acantilado)!
Tipp: Mit etwas Glück kann man von der Muelle de Orchilla aus mit bloßem Auge Delfine beobachten – werfen Sie also bei ruhiger See hin und wieder einen Blick hinaus aufs Meer!

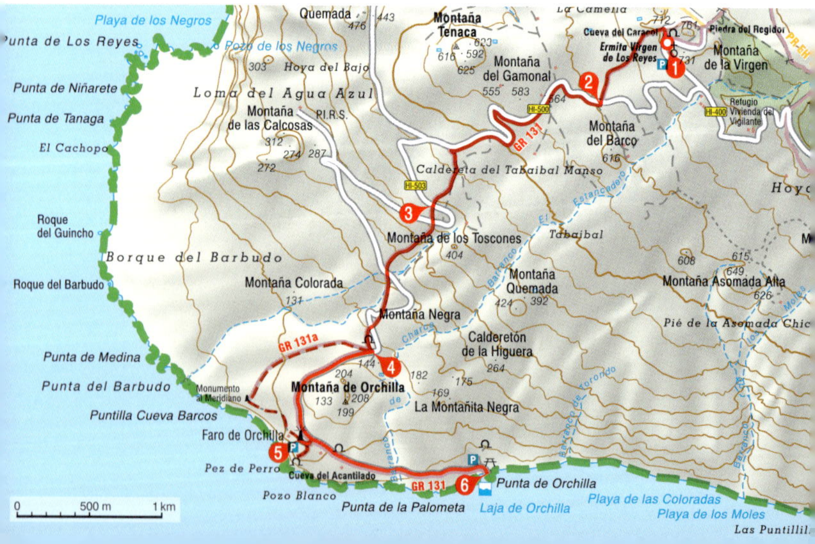

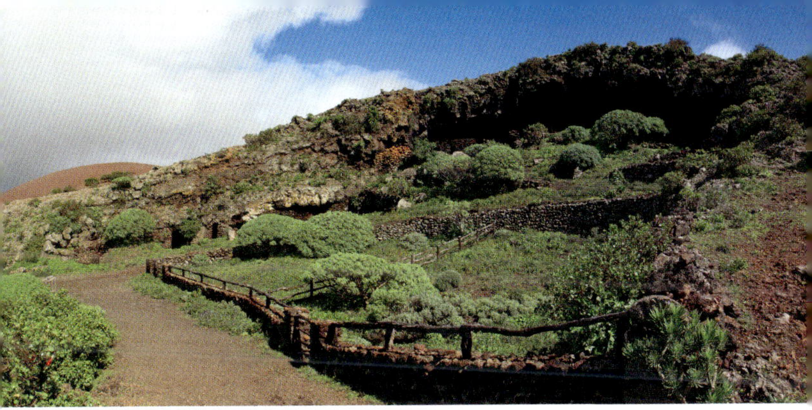

Gleich nach der Cueva del Caracol wendet sich unser Wanderweg links hinab.

Gegenüber dem Westeingang der **Ermita Virgen de Los Reyes** ❶ zweigt von der Straße eine Piste ab (*GR 131, weiß-rot*), die sogleich an der **Cueva del Caracol** vorbeiführt. Die Höhle beherbergte die erste Kapelle der Schutzpatronin der Insel, bevor die heutige Kapelle erbaut wurde. Unmittelbar nach der Höhle wendet sich der markierte Wanderweg nach links, um zwischen Wolfsmilchgewächsen in Richtung Küste hinabzuführen (gut auf Markierung achten, der Pfad ist teilweise sehr undeutlich!). Er vereint sich nach einigen Minuten mit einem Fahrweg, der uns zur Straße **HI-500** ❷ hinabbringt (20 m neben einem Weiderost). Wir folgen der (zum Glück wenig befahrenen) Straße nun etwa 20 Minuten nach rechts, bis der Wanderweg endlich links auf eine Fahrspur abzweigt. Er wendet sich kurzzeitig rechts von dieser ab (Markierungssteine) und mündet nach gut 10 Minuten in die Orchilla-Straße ❸, die wir kurz darauf wieder rechts auf dem Camino verlassen. Er kreuzt die Straße und führt gemütlich, wenn auch etwas geröllig, in Schleifen hinab. Nach etwa 20 Minuten trifft der Weg wieder auf die Straße, überquert mit dieser einen eindrucksvollen Lavabarranco und verlässt sie gleich danach wieder nach rechts. Er kreuzt nochmals die Straße und mündet dann nach 10 Minuten endgültig in diese ein (20 m vor einem Brücklein; knapp 10 m unterhalb ein begehbarer Lavatunnel). Gleich nach der Straßenkurve gabelt sich der Wanderweg ❹: Rechts könnte man einen Abstecher zum Monumento al Meridiano und zum Roque

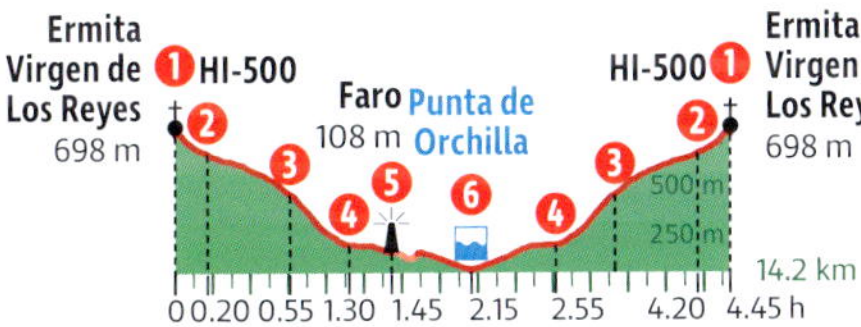

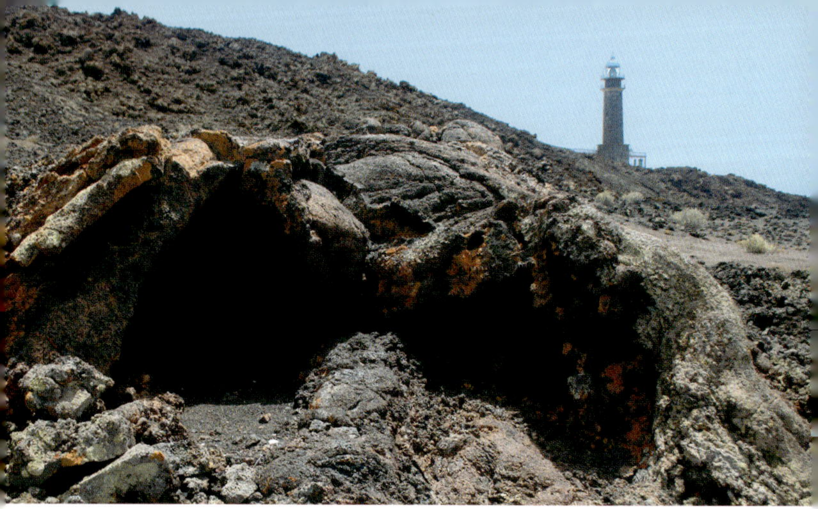

In der Umgebung des Leuchtturms kann man viele Lavatunnel entdecken.

del Barbudo unternehmen (*GR 131a*, 25 Min. bis zum Denkmal, von dort 10 Min. rechts zur Küste, keine Wegverbindung zwischen Denkmal und Leuchtturm!). Wir aber verbleiben mit dem *GR 131* auf der Straße, die uns in einer Viertelstunde zum **Faro de Orchilla** 5 bringt. Vom Parkplatz vor dem Leuchtturm führt links ein Pfad zum Eingang der **Cueva del Acantilado** – durch den Lavatunnel kann man bis zu einem kleinen »Balkon« direkt in der Küstenklippe hinabwandern.

Anschließend wandern wir auf der Straße weiter hinab (nach 5 Min. vorbei an einem begehbaren Tubo mit Sitzbank) zur Küste an der **Punta de Orchilla** 6 (20 Min.) – oberhalb der Anlegeplattform befindet sich ein Picknickplatz.

Laja de Orchilla – an der Anlegeplattform kann man bei ruhiger See herrlich baden.

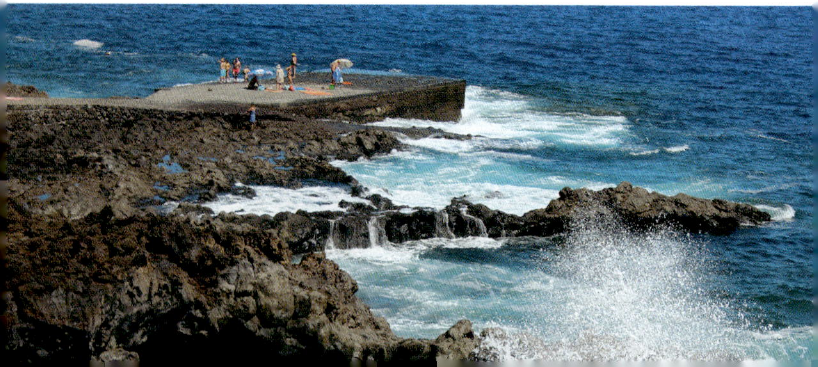

↗ 400 m | ↘ 300 m | 9.3 km

2.55 h

Von der Ermita de Los Reyes zum Besucherzentrum El Julan

43

Großartige Wanderung durch den weiten Steilhang von El Julan

Der Steilhang von El Julan ist eine der großartigsten, archaischsten Landschaften der Kanaren – er bezaubert durch seinen weiten Blick auf den Südwesten der Insel und auf den Ozean und durch seine Abgeschiedenheit. Auf dem Camino de los Pastores (Hirtenpfad) können wir diesen urtümlichen Landstrich in vollen Zügen genießen.

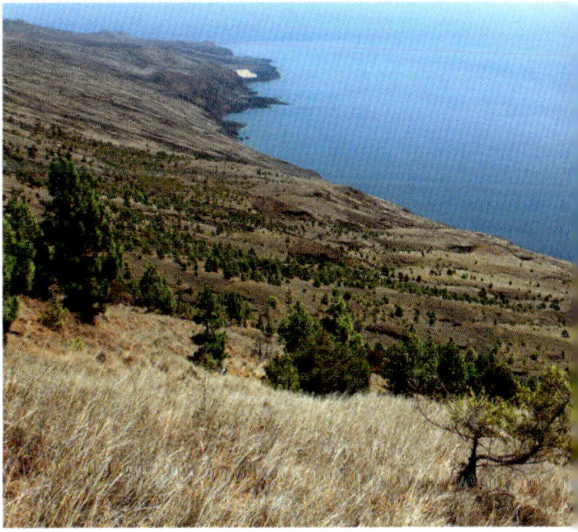

Ausgangspunkt: Ermita Virgen de Los Reyes, 698 m.
Endpunkt: Centro de Visitantes de El Julan, 798 m. Am besten tut man sich mit einem anderen Pkw-Wanderer zusammen und stellt einen Pkw beim Besucherzentrum ab. Mit etwas Glück kann man auch auf der HI-400 (½ Std.) per Anhalter zum Ausgangspunkt zurückkehren.
Anforderungen: Anstrengende Wanderung auf teilweise schlecht erkennbaren/markierten Pfaden; nicht bei Hitze.
Einkehr: Kiosk im Besucherzentrum.
Variante: Wer die Wanderung verkürzen will, kann an der HI-400, z.B. beim Cruce del Tomillar einsteigen/abbrechen (oder bei der Fuente de Rodrigo), evtl. Rückkehr über die wenig befahrene HI-400.

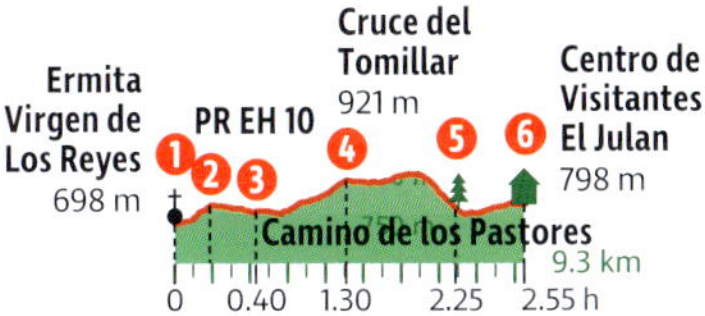

Von der **Ermita Virgen de Los Reyes** ❶ folgen wir noch knapp 10 Minuten der Straße (sie geht bald in eine Piste über). Gegenüber einem großen Felsblock (**Piedra del Regidor**) wenden wir uns mit dem *GR 131* (*weiß-rot*) rechts von der Piste ab und folgen diesem geradeaus, in direkter Linie bergan (an der Gabelung nach 30 m links, kurz darauf links durch das Tor aufwärts). Nach gut 10 Minuten zweigen wir an einer Fahrwegkreuzung rechts auf den Wanderweg *PR EH 10* ❷ (*weiß-gelb*) ab, der unseren weiteren Wanderweg zum Besucherzentrum vorgibt. Er verläuft etwa höhehaltend durch den Hang und mündet nach einer Viertelstunde in die Straße HI-400, die ebenfalls in Richtung Besucherzentrum führt.
Wir folgen der Straße gut 50 m nach links und biegen dann rechts ab auf einen Fahrweg ❸ (Tafel, sogleich durch Gatter). Er verläuft parallel zur Straße leicht absteigend durch den Hang, kurz mit Blick zum Leuchtturm

von Orchilla. Nach gut 5 Minuten kreuzt der Fahrweg oberhalb eines großen Wasserreservoirs zwei Barrancorinnen, gleich danach biegt der markierte Wanderweg links auf einen Pfad ab, der durch den Hang ansteigt, mit Blick zur Montaña de los Humilladeros. Achten Sie in der Folge gut auf die Markierungen, der Pfad ist nicht immer eindeutig! Er quert nach wenigen Minuten eine kleine Barrancorinne (hier rechts halten, sogleich durch ein Gatter) und verläuft danach am Zaun entlang. Bald darauf kommen wir direkt unterhalb der Steinmäuerchen einer Hirtensiedlung vorbei (15 m rechts des Zaunes, unterhalb eines markanten Vulkanschlotes). Kurz danach verläuft der Pfad wieder direkt entlang des Zaunes und trifft bei einem Gatter auf einen Fahrweg, den wir nach 100 m wieder links verlassen, weiter entlang dem Zaun. Bald darauf quert der Wanderweg einen größeren Barranco – hier verabschiedet sich der Zaun von unserer Wanderroute, die weiterhin meist leicht ansteigend durch den Hang verläuft. Neben einer großen Mulde mit einem Höhlenhaus und einer Zisterne treffen wir auf eine Fahrspur, die wir nach wenigen Metern wieder nach links verlassen. Kurz danach treffen wir abermals auf den Fahrweg und passieren ein großes Wasserreservoir. Auf Höhe des Reservoirs geht es geradeaus weiter auf einem Weg, der zu einer Steinmauer hinauf- und rechts an dieser entlangführt. Hier, direkt oberhalb des großen Wasserreservoirs, kann man zum **Cruce del Tomillar** ❹ hinaufsteigen (wenige Meter, dann rechts zum Straßenkreuz, Wasserstelle).
In der Folge verläuft unser Weg stets entlang bzw. etwas unterhalb der Steinmauer an der Waldgrenze, parallel zur Straße HI-400, und bietet herrliche Blicke über den gewaltigen Steilhang zur Südspitze. Er ist häufig weich gebettet auf Kiefernnadeln und durchschreitet nach einer knappen halben Stunde ein Zaungatter und einen kleinen Barranco mit Steinmauern und Höhlen direkt unterhalb der Straße (Fuente de Rodrigo). Fortan verläuft der Pfad meistens leicht absteigend, bald lässt er die Steinmauer links liegen und der Blick auf El Julan öffnet sich. Nach einem Holzpfosten geht es eine sandige Rinne hinab, in der sich ein Aljibe und etwas unter-

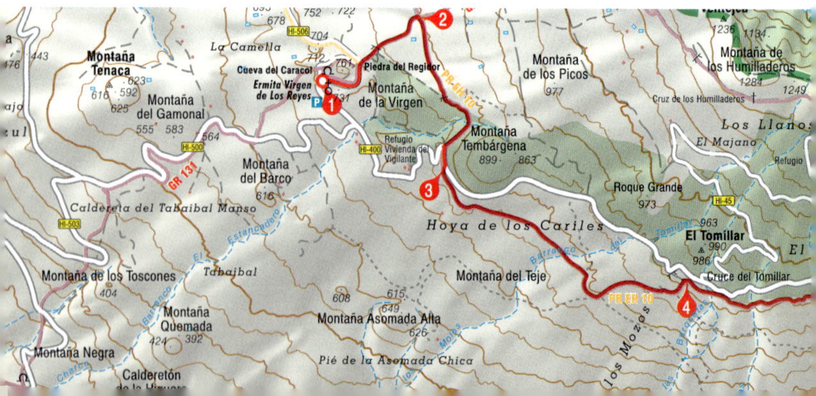

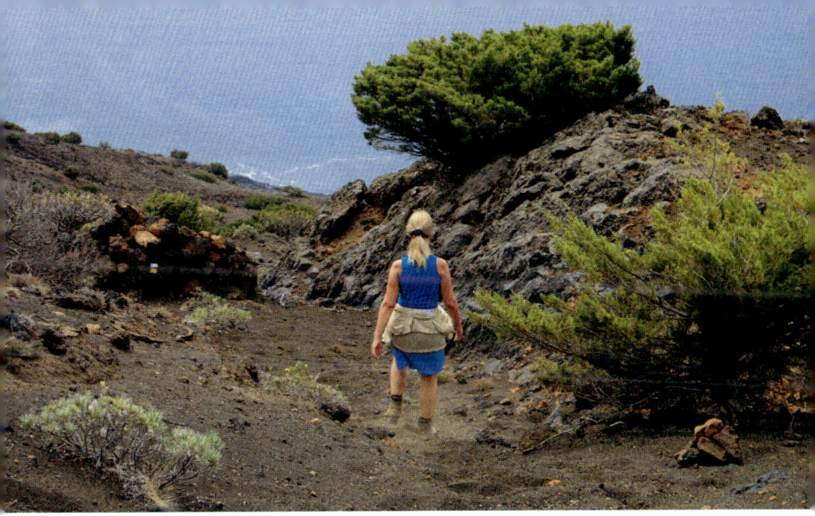

Der Eindruck täuscht: Nur kurz geht es einmal etwas steiler abwärts, ansonsten verläuft der Wanderweg meist gemütlich durch den Hang.

halb ein offenes Wassersammelbecken befinden. Gleich danach geht es wieder links diagonal durch den Hang hinab, an einer größeren, allein stehenden Kiefer vorbei **5** (¼ Std.). Kurz danach queren wir einen prächtigen, mehrfarbigen Lavabarranco. Der Pfad steigt nun wieder etwas an – es öffnet sich der Blick zum Tagoror bei den Letreros – und quert weitere Barrancorinnen. Knapp eine halbe Stunde nach dem Lavabarranco erreichen wir das **Centro de Visitantes** **6**, von dem sich ein großartiger Blick über El Julan bietet. Im Gebäude ist eine sehenswerte Ausstellung zur Bimbache-Kultur untergebracht, daneben befindet sich ein Kiosk. (Die Zufahrtsstraße führt in ½ Std. zur HI-400.)

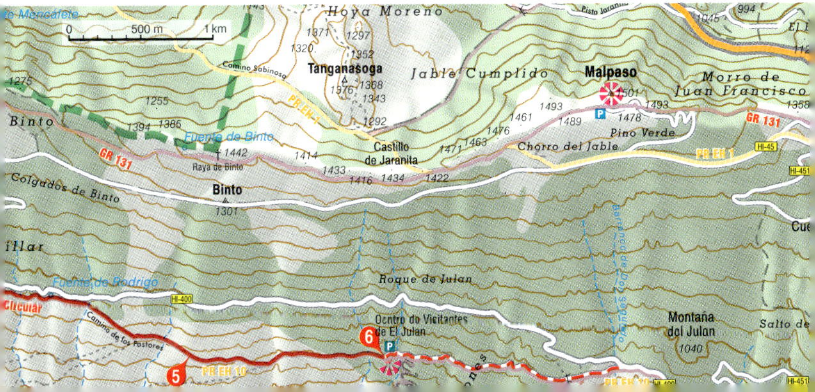

TOP

44

↗ 900 m | ↘ 1000 m | 28.1 km

Camino de la Virgen: Ermita de Los Reyes – Valverde

8.00 h

Inseldurchquerung von West nach Ost auf dem berühmten Pilgerweg

Der Camino de la Virgen, alle vier Jahre Schauplatz einer der berühmtesten Prozessionen der Kanaren, der Bajada de la Virgen de Los Reyes, ist einer der schönsten Wanderwege El Hierros. Der offiziell 28,686 km lange Pilgerweg führt von der Dehesa im Westen über die höchsten Erhebungen bis zur Hauptstadt im Nordosten und vermittelt hervorragende Einblicke in die vielfältigen Landschaftsformen der Insel.

Ausgangspunkt: Ermita Virgen de Los Reyes, 698 m.
Endpunkt: Valverde, 595 m (Buslinien 1–3, 5–7, 9).
Anforderungen: Sehr lange, anstrengende Wanderung auf durchwegs guten Wegen, teilweise auch auf Pisten und Straßen. Weniger konditionsstarken Wanderern wird empfohlen, die Tour in zwei Teiletappen zu begehen.

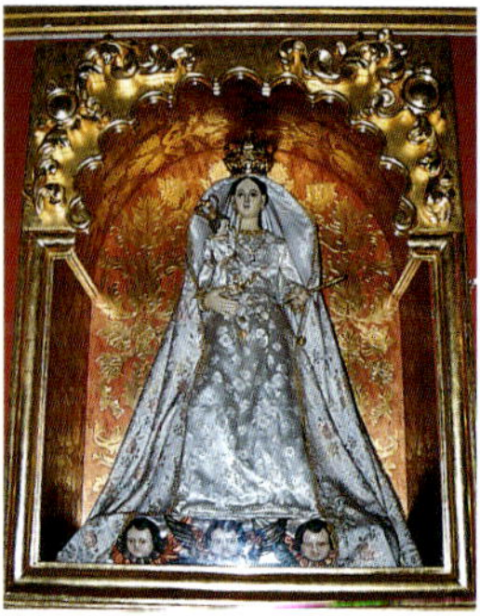

Einkehr: Unterwegs besteht keinerlei Einkehr- und Einkaufsmöglichkeit (nur etwas abseits in San Andrés). Am Endpunkt in Valverde zahlreiche Bars und Restaurants.
Varianten: Der Camino de la Virgen kann mit vielen Touren dieses Buches kombiniert werden.

Von der **Ermita Virgen de Los Reyes** ❶ folgen wir noch knapp 10 Minuten der Straße (sie geht bald in eine Piste über). Gegenüber einem großen Felsblock (**Piedra del Regidor**, 719 m), an dem die Bajada erstmals haltmacht, wendet sich der Camino de la Virgen rechts von der Piste ab (*GR 131, weiß-rot*; Tafel). Der breite, von Steinmauern eingefasste Weg führt nun immer geradeaus, in direkter Linie bergan (an der Gabelung nach 30 m links, kurz darauf links durch das Tor aufwärts; nach 10 Minuten zweigen an einer

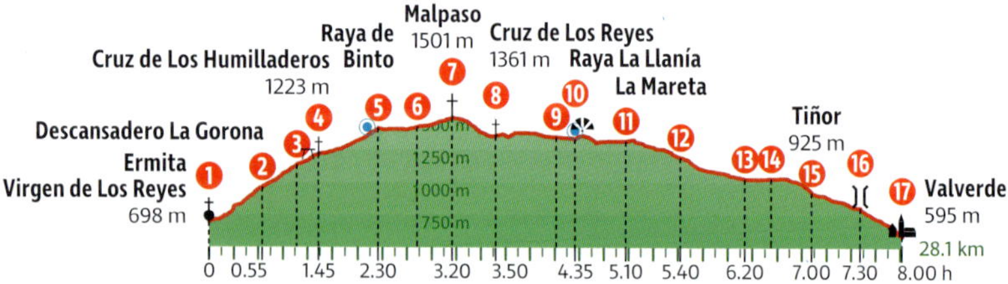

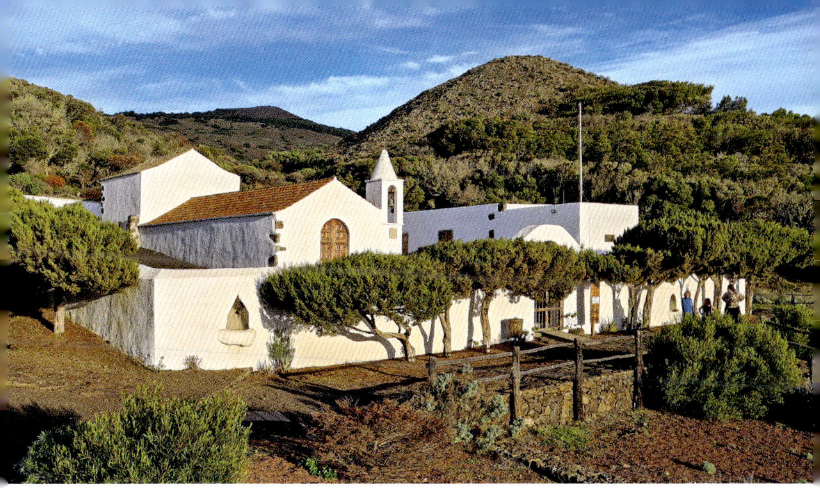

Die Ermita Virgen de Los Reyes, das größte Heiligtum der Insel.

Fahrwegkreuzung links PR EH 9 und rechts PR EH 10 ab). Je höher wir kommen, desto umfassender wird der Ausblick über die weiten Weideflächen der Dehesa, in die zahlreiche Sabinas eingesprengselt sind. Nach etwa einer halben Stunde (ab Piedra del Regidor) schwenkt unser Fahrweg nach links und erreicht bald darauf die Kammhöhe der Cumbre, 955 m, wo wir auf eine quer führende Piste treffen (linker Hand am Rand des Steilabbruchs zum Golfo der Descansadero La Gorona ❷, ein Rastplatz mit Steintisch, die zweite Station der Bajada; links zweigt PR EH 9.1 ab).
Wir folgen nun der Piste rechts bergan. Sie verläuft stets in Kammnähe und verwöhnt uns mit großartigen Ausblicken auf den Golfo und über die Dehesa. Schon bald passieren wir eine einsame Finca. Der Blick reicht nun

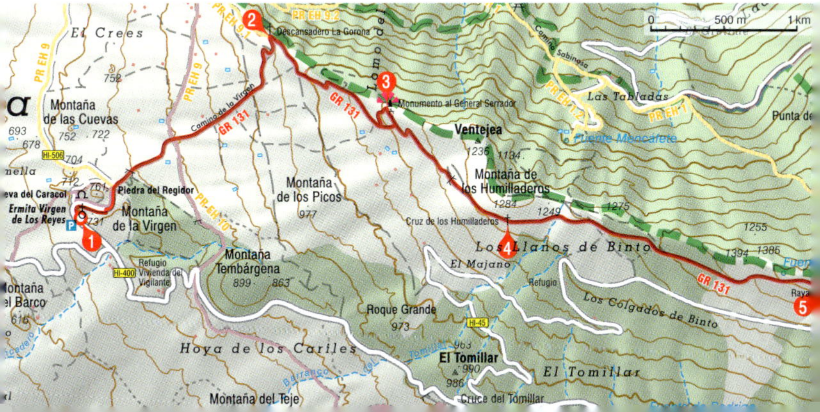

bis hinab zum Faro de Orchilla, auch die Ermita Virgen de Los Reyes können wir jetzt ausmachen. Nach einer weiten Schleife kommt unsere Piste wieder nahe an den Steilabbruch zum Golfo heran und führt etwa 50 m abseits des **Monumento al General Serrador** 3 vorbei. Der Gedenkstein auf der Kammhöhe kann bequem über einen Pfad erreicht werden, der etwa auf Höhe des Denkmals durch ein Gatter abzweigt – lassen Sie sich in keinem Fall den fantastischen Blick von dort auf den Golfo mit Sabinosa und über die Cumbre hinweg bis zur Punta de La Dehesa entgehen!
Nach dem Abstecher setzen wir unseren gemütlichen Anstieg auf der Piste fort, die nun direkt auf den dunklen Vulkankegel der Montaña de los Humilladeros zuführt und sich deutlich vom Kamm entfernt. Etwa 10 Minuten nach dem Denkmal kürzen wir eine Pistenschleife geradeaus durch das Tor in der Steinmauer ab. Nach ein paar Minuten treffen wir wieder auf die Piste. Weite, steil nach El Julan abfallende Sand- und Geröllhänge dominieren nun das Landschaftsbild, unter uns sehen wir die Pistenstraße Ermita Virgen de Los Reyes – Cruz de Los Reyes. 10 Minuten nach dem Tor passieren wir das Holzkreuz des **Cruz de los Humilladeros** 4 (kleiner Steintisch, Wasserstelle). Bald darauf könnte man links auf einem undeutlichen Pfad einen Abstecher auf die Montaña de los Humilladeros, 1284 m (knapp 10 Min.), unternehmen. Wir verbleiben in der Folge stets auf der geraden, leicht ansteigenden Hauptpiste. Erst nach 10 Minuten, wenn sich die Piste halb rechts zur Pistenstraße Ermita – Cruz de Los Reyes abwendet, gehen wir geradeaus auf dem Fahrweg weiter (100 m danach an Fahrwegkreuzung ebenfalls geradeaus). Unser Weg überquert eine Hochfläche, anschließend steigt er zwischen Baumheidebüschen bergan. Nach kurzem Anstieg zieht er geradeaus über einen Jablehang hinüber in einen Kiefernwald. Wir lassen diesen rasch hinter uns, queren einen gerölligen Hang und kommen bald darauf, wieder steiler ansteigend, rechts an der **Fuente de Binto** (Wassersammelbecken) vorüber. Einige Minuten später erreichen wir die **Raya de Binto** 5 (Felsblock, Tafel), von der wir einen großartigen Blick

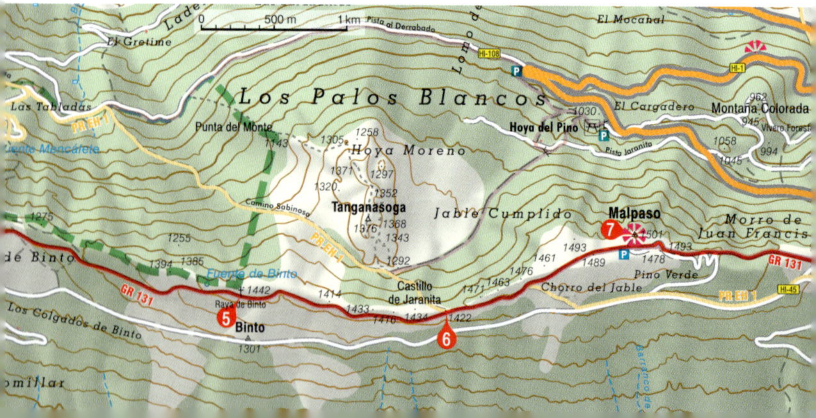

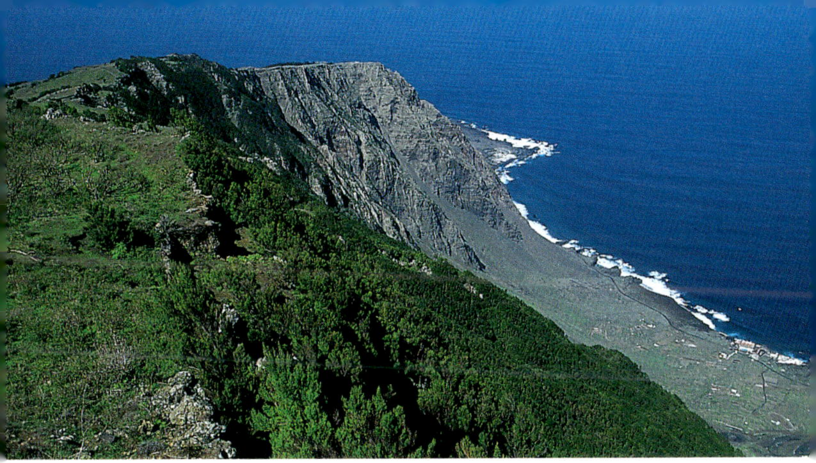

Vom Monumento al General Serrador ergibt sich ein fantastischer Ausblick auf das westliche Golftal.

über El Julan, vom Faro de Orchilla im Westen bis zur Südspitze, genießen. Unser Weg verflacht sich nun und verläuft in leichtem Auf und Ab nahe der Kammhöhe. Linker Hand spitzt der Tanganasoga, der größte Vulkan El Hierros, hervor. Nach gut 20 Minuten gelangen wir in einen schwach ausgeprägten Sattel, 1422 m, in dem links zwischen Steinmauern der Wanderweg PR EH 1 nach Sabinosa abzweigt **6** (→Tour 40). Der Camino de la Virgen verbleibt weiter in Kammnähe und steigt gleich nach dem Wegabzweig steiler an. Nach gut 5 Minuten zweigt rechts ein Fahrweg mit PR EH 1 ab – wir gehen geradeaus weiter auf eine weite, sandige Hochfläche zu, über die der Weg (Markierungssteine) sanft hinaufführt zum Gipfel des **Malpaso** **7**, 1501 m, auf dem ein Funkmast und eine Messstation stehen.

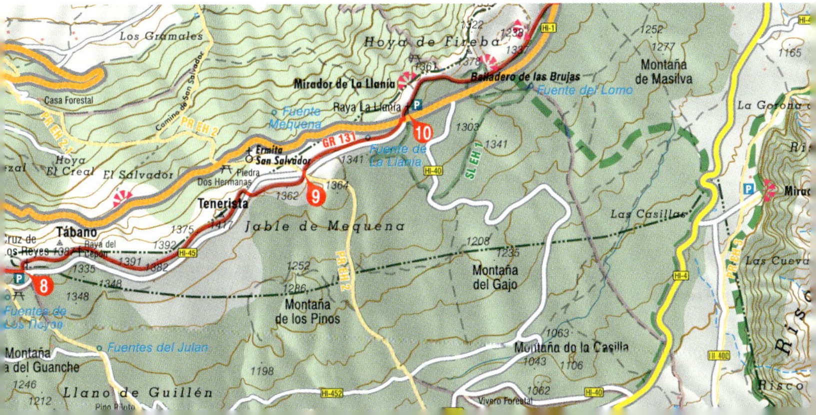

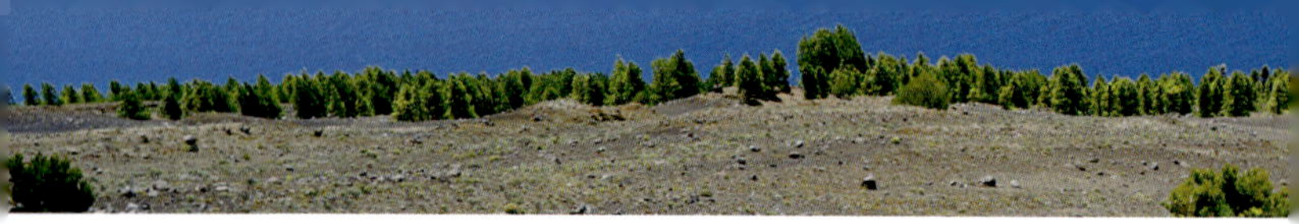

Genießen Sie den fantastischen Rundblick über die Insel, insbesondere auf den Golfo, und auf die Nachbarinseln, bevor Sie den Abstieg zum Cruz de Los Reyes in Angriff nehmen. Wir folgen zunächst der abwärtsführenden Piste hinüber zur nächsten kleinen Erhebung. Dort biegen wir links auf einen Fahrweg ab, der in Kammnähe hinabführt und unten in eine Piste einmündet. Auf dieser erreichen wir kurz darauf, vorbei an der abstrakten Skulptur des Homenaje al Campesino Canario, das **Cruz de Los Reyes** 8. Beim Holzkreuz mit kleinem Altar findet die Mittagsmesse der Bajada de la Virgen de Los Reyes statt – dann verwandelt sich das Gelände in einen riesigen Festplatz.

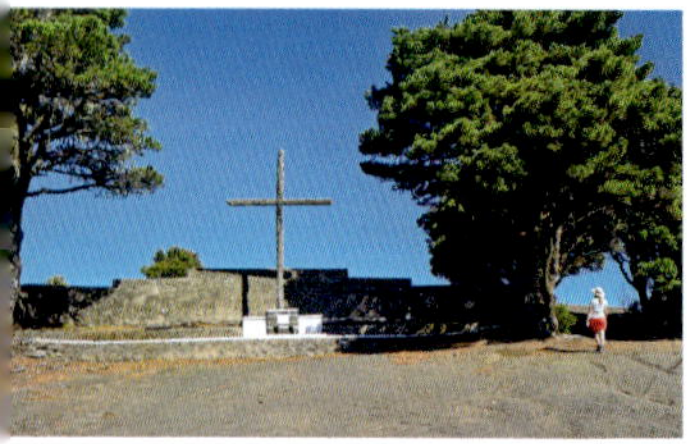

Der Weiterweg zur Raya La Llanía verläuft stets entlang der Höhenstraße – wer also einen bequemen Weg bevorzugt, kann auch der wenig befahrenen Straße folgen. Der eigentliche Camino de la Virgen führt hinter dem Kreuz über Jablefelder weiter. Nach einigen Minuten passieren wir die **Raya del Cépon**. Nach kurzem Anstieg hält der Weg auf den **Tenerista**, 1417 m, zu – der kleine Vulkankegel, auf dessen Haupt eine Vermessungssäule steht, wird nach rechts umgangen (danach zweigt scharf links ein Pfad auf den großartigen Aussichtsgipfel ab). Kurz darauf kreuzt der Camino die Höhenstraße (an dieser nach 100 m die Piedra Dos Hermanas). Er verläuft nun für einige Minuten über einen Jablerücken und trifft an einer gemauerten Wegkreuzung wieder auf die Straße 9 (hier kreuzt PR EH 2: links zur Ermita de San Salvador, →Tour 32, rechts nach Taibique, →Tour 24). Die dunklen Lavagrushänge des Jable de Mequena unterhalb der Straße dienen übrigens Gleitschirmfliegern als Startplatz für den Flug hinab in den Golfo. Fortan ist es am günstigsten, wenn man der Straße folgt. Nach gut 10 Minuten erreichen wir so an der Einmündung der Höhenstraße in die Inselhauptstraße die **Raya La Llanía** 10 (schräg gegenüber an der Hauptstraße die Fuente de La Llania, Wasserstelle).

Der offizielle Camino de la Virgen setzt sich hier rechts entlang der Hauptstraße fort – wir aber steigen gegenüber auf dem Camino durch den Nebelwald auf (Tafel »Mirador La Llania«). Nach 5 Minuten erreichen wir den **Mirador de La Llanía**, einen großartigen Aussichtsbalkon, der uns praktisch das gesamte Golftal zu Füßen legt. Vom Mirador gehen wir wieder einige Meter zurück und halten uns am Wegweiser links in Richtung »Mirador de Fireba«. Der Camino verläuft zunächst in angenehmem Quergang durch den Nebelwald, um sich nach einigen Minuten rechts zur Haupt-

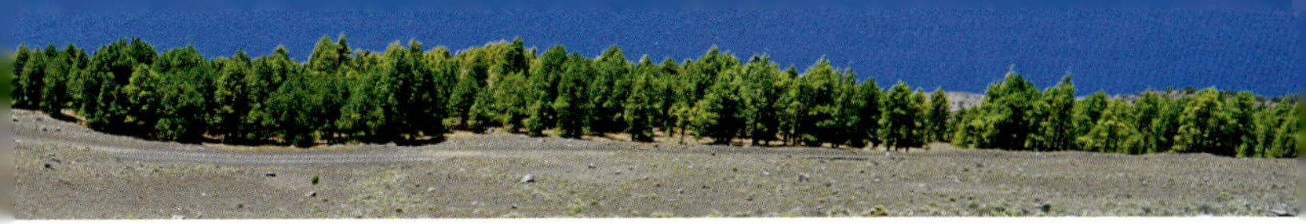

straße hinabzuwenden. Unten angekommen, überqueren wir den ebenen, sandigen »Hexentanzplatz« links der Straße und gehen parallel zu den Leitungsmasten weiter. Schon bald können wir links einen Blick in die riesige Kratermulde der **Hoya de Fireba** werfen, in die vom östlichen Kraterrand auch ein Pfad hinabführt. Nach gut 10 Minuten, gleich nach der Hoya de Fireba, kreuzen wir beim Kilometerstein 23 die Hauptstraße. Parallel zur Hauptstraße nimmt uns ein Fahrweg auf, der durch eine idyllische Wiesenlandschaft mit eingestreuten Kiefern leitet. Er führt nach wenigen Minuten an der **Raya de La Mareta** ⓫ vorüber, die links in der Straßenkurve liegt. Wir verbleiben auf dem Fahrweg rechts der Straße, der sich bei der folgenden Straßenkurve wieder mit dem Camino de la Virgen vereint. Der Weg entfernt sich nun allmählich etwas von der Hauptstraße und senkt sich am Fuß des Asomadas, 1372 m (Vermessungssäule), sanft hinab in die von weiten, grünen Wiesenmatten geprägte Meseta de Nisdafe. In der Folge verbleiben wir stets auf dem geraden Weg. Er hält direkt auf den beigebraunen Vulkankegel des Timbarombo, 1327 m, zu und zieht links an seinem Fuß vorbei. Etwa eine halbe Stunde ab La Mareta erreichen wir auf dem schönen, breiten Camino – nun mit herrlichem Blick auf San Andrés sowie zu den Nachbarinseln La Gomera, Teneriffa und La Palma – die **Raya Cruz del Niño** ⓬. Gleich danach kreuzt der Camino die Hauptstraße. Gut 5 Minuten später überquert er abermals die Hauptstraße, bald darauf erreichen wir die ebene Hochfläche von Nisdafe. Der Camino geht nun in eine Piste über, die nach knapp 10 Minuten ein drittes Mal die Hauptstraße kreuzt. Gegenüber setzt sich ein Fahrweg fort, der zwischen Weideflächen hindurchführt. Er verläuft immer geradeaus, auf einen großen Kiefernwald

Die Meseta de Nisdafe mit San Andrés.

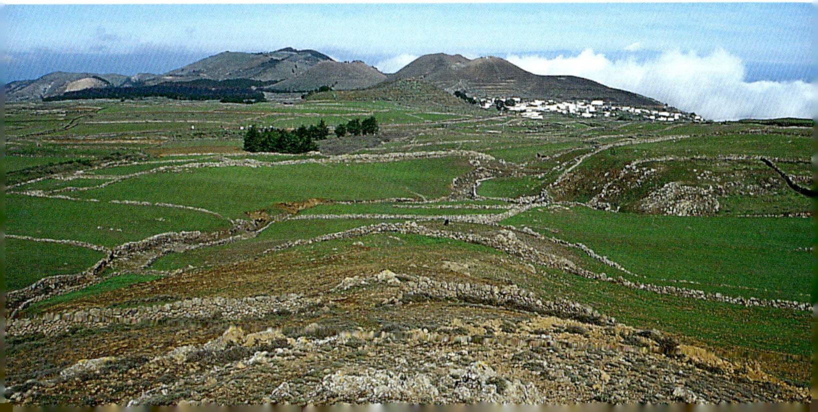

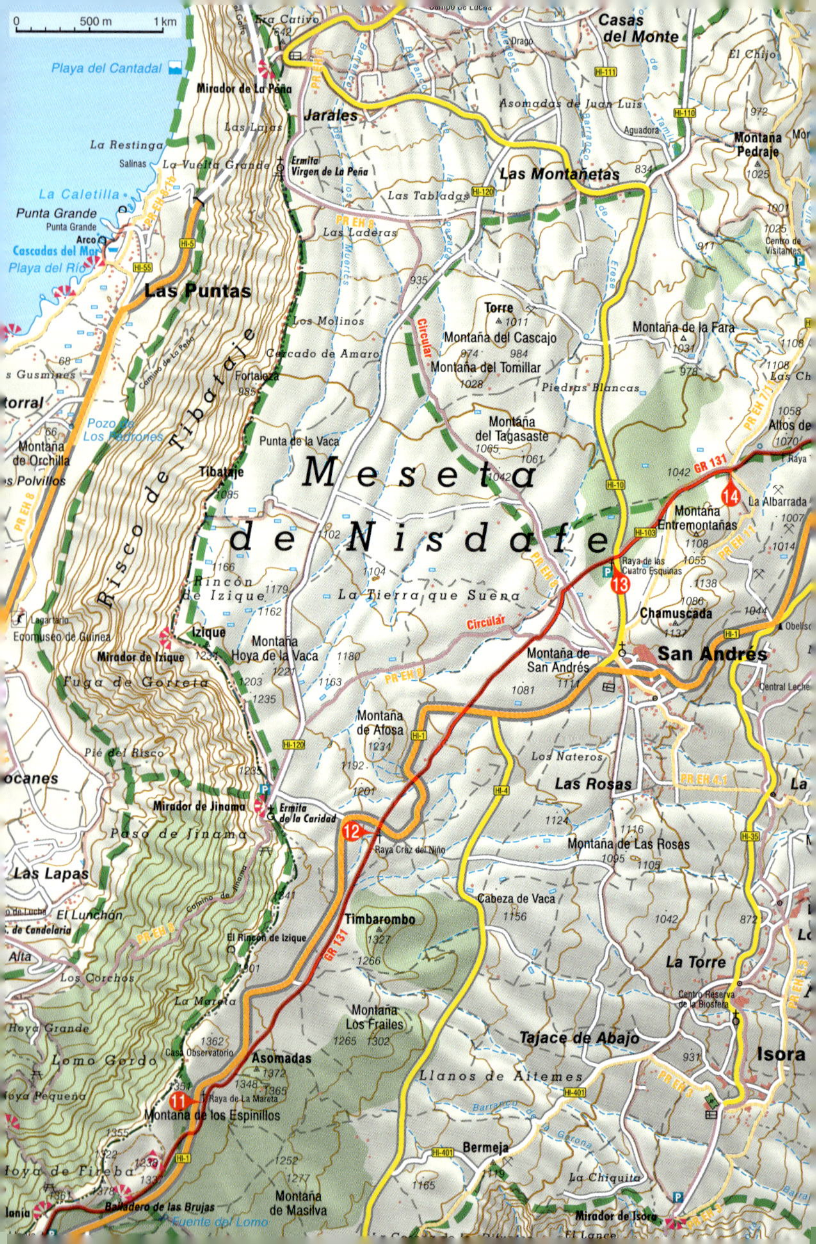

0
500 m
1 km
Playa del Cantadal
Era Cativo
Mirador de La Peña
Jarales
Las Lajas
La Restinga
Salinas
La Vuelta Grande
Ermita Virgen de La Peña
La Caletilla
Punta Grande
Arco
Cascadas del Mar
Playa del Río
Las Puntas
Casas del Monte
El Chijo
Drago
Asomadas de Juan Luis
Aguadora
Montaña Pedraje
Las Montañetas
Las Tabladas
Las Laderas
Centro de Visitantes
Torre
Montaña de la Fara
Los Molinos
Cascado de Amaro
Montaña del Cascajo
Montaña del Tomillar
Circular
Piedras Blancas
Fortaleza
Risco de Tibataje
Pozo de Los Padrones
Montaña de Orchilla
Punta de la Vaca
Montaña del Tagasaste
Altos de
Tibataje
Meseta de Nisdafe
GR 131
La Albarrada
Montaña Entremontañas
Raya de las Cuatro Esquinas
Rincón de Izique
La Tierra que Suena
Chamuscada
Lagartario
Ecomuseo de Guinea
Izique
Mirador de Izique
Montaña Hoya de la Vaca
Montaña de San Andrés
San Andrés
Fuga de Gorreta
Montaña de Afosa
Los Nateros
Pié del Risco
Las Rosas
Mirador de Jinama
Ermita de la Caridad
Paso de Jinama
Raya Cruz del Niño
Montaña de Las Rosas
Las Lapas
Camino de Jinama
Cabeza de Vaca
El Lunchón
Timbarombo
El Rincón de Izique
Los Corchos
La Torre
La Mareta
Centro Reserva de la Biosfera
Hoya Grande
Montaña Los Frailes
Lomo Gordo
Casa Observatorio
Asomadas
Tajace de Abajo
Isora
Raya de La Mareta
Montaña de los Espinillos
Llanos de Aitemes
Bermeja
Hoya de Fireba
La Chiquita
Balladero de las Brujas
Fuente del Lomo
Montaña de Masilva
Mirador de Isora

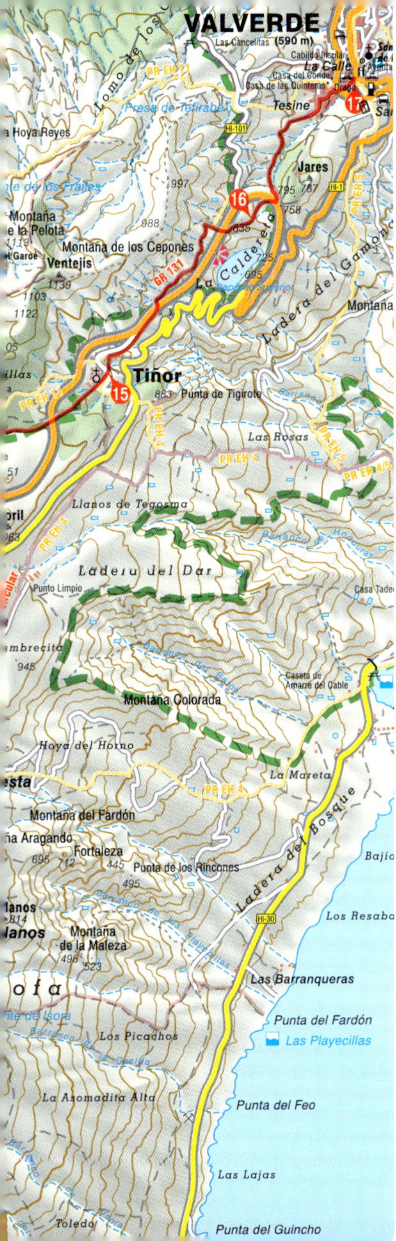

zu, und kreuzt dabei zwei Pisten mit dem Wanderweg PR EH 8. Nach 20 Minuten kreuzen wir bei der **Raya de las Cuatro Esquinas** ⓭ (Wasserstelle) die Straße San Andrés – Mirador de La Peña.

Auf der anderen Straßenseite setzt sich eine Piste durch den Kiefernwald fort. Wir folgen dieser immer geradeaus – die Piste verlässt nach einigen Minuten wieder den Wald – und erreichen nach einer Viertelstunde eine große Pistenkreuzung ⓮. Halb links aufwärts zweigt eine asphaltierte Piste zum Árbol Garoé ab, rechts könnte man einen kurzen Abstecher zu den Resten des Dorfes La Albarrada einschieben. Wir verbleiben auf dem geraden Fahrweg. Er führt eben in ein Tal hinein und steigt nach gut 5 Minuten, vorbei an der **Raya Tejegüete**, kurz zu einer Anhöhe an, um anschließend wieder gemütlich talabwärts zu ziehen. Nach gut 5 Minuten kreuzen wir die Hauptstraße. Bald darauf geht der Camino in eine Pflasterstraße über, die neben der Kapelle in die Dorfstraße von **Tiñor** ⓯ einmündet.

An der Kreuzung nach der Kapelle gehen wir geradeaus den Pflasterweg (Camino Central Tiñor) hinab, durchqueren das Tal und folgen auf der anderen Seite der Dorfstraße, die bald darauf in die Hauptstraße einmündet. Unmittelbar vor der Einmündung setzt sich rechts unterhalb der Hauptstraße der Camino de la Virgen fort. Er wechselt schon nach wenigen Minuten hinüber auf die linke Straßenseite und führt nun in großartiger Manier durch den Hang oberhalb der Hauptstraße, mit schönem Blick hinab in die wei-

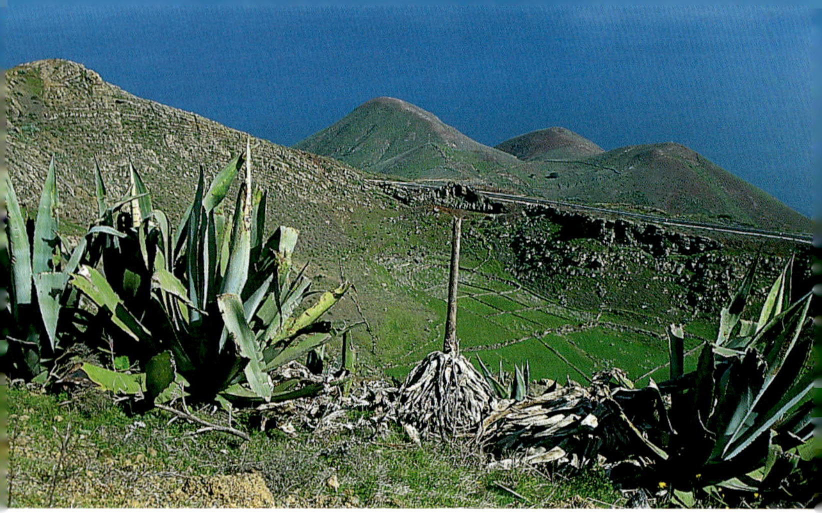

Zwischen Tiñor und Valverde ergeben sich schöne Blicke auf die Caldereta, die heute das obere Wasserbecken des Wind-Wasser-Kraftwerks Gorona del Viento beherbergt.

te Kratermulde der Caldereta. Nach etwa 10 Minuten gabelt sich der jetzt hohlwegartige Camino – wir nehmen den rechten Weg und steigen hinab zur Hauptstraße. Hier könnte man links entlang der Straße hinabwandern, wir aber überqueren die Straße und folgen dem Camino, der links haltend durch den Hang oberhalb der Caldereta führt, in der das obere Wasserbecken des Wind-Wasser-Kraftwerks Gorona del Viento angelegt wurde. Er durchschreitet nach wenigen Minuten eine Felsscharte 16, von der

Tiñor ist der einzige Ort, den der Camino de la Virgen berührt.

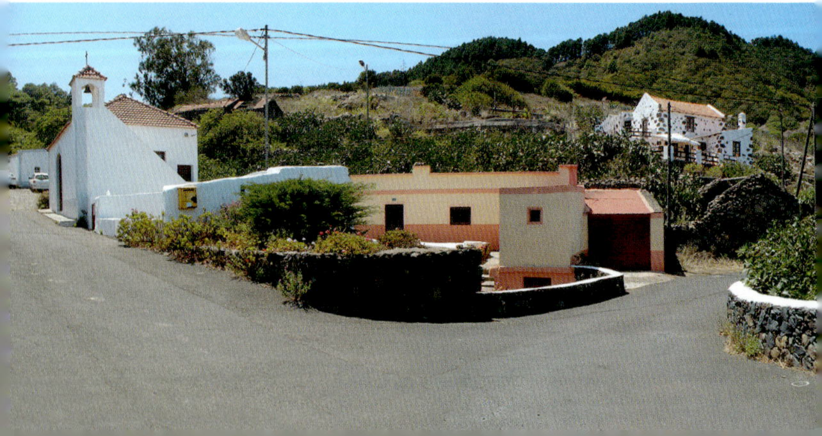

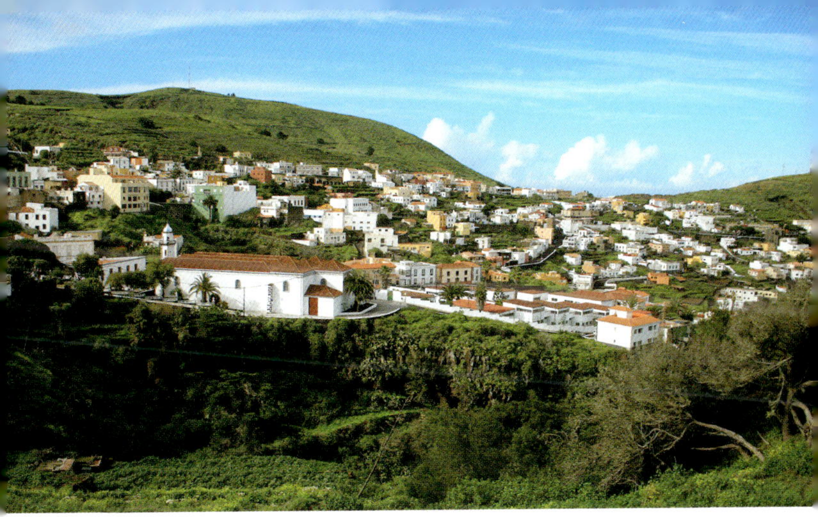

In der Inselhauptstadt Valverde endet der Pilgerweg.

sich erstmals Valverde zeigt. Anschließend senkt sich der Weg wieder zur Hauptstraße hinab. Wir überqueren diese und wenden uns gegenüber dem breiten, von der kleinen Asphaltstraße abzweigenden Pflasterweg zu. Er führt gemütlich auf der linken Talseite hinab und trifft nach gut 10 Minuten auf die ersten Häuser von Valverdes Ortsteil Tesine. Hier geht der Camino in eine Asphaltstraße über. Nach 150 m biegen wir rechts in die steile Calle Fernández Armas ab, unterqueren die obere Hauptstraße rechts durch den kleinen Tunnel (anschließend an Gabelung halb rechts) und erreichen bald darauf das Ortszentrum von **Valverde** 17 bei der Bar Los Reyes.

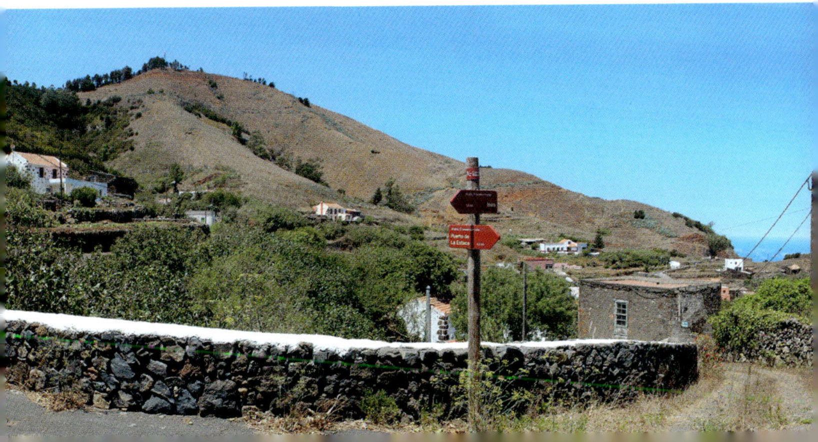

STICHWORTVERZEICHNIS

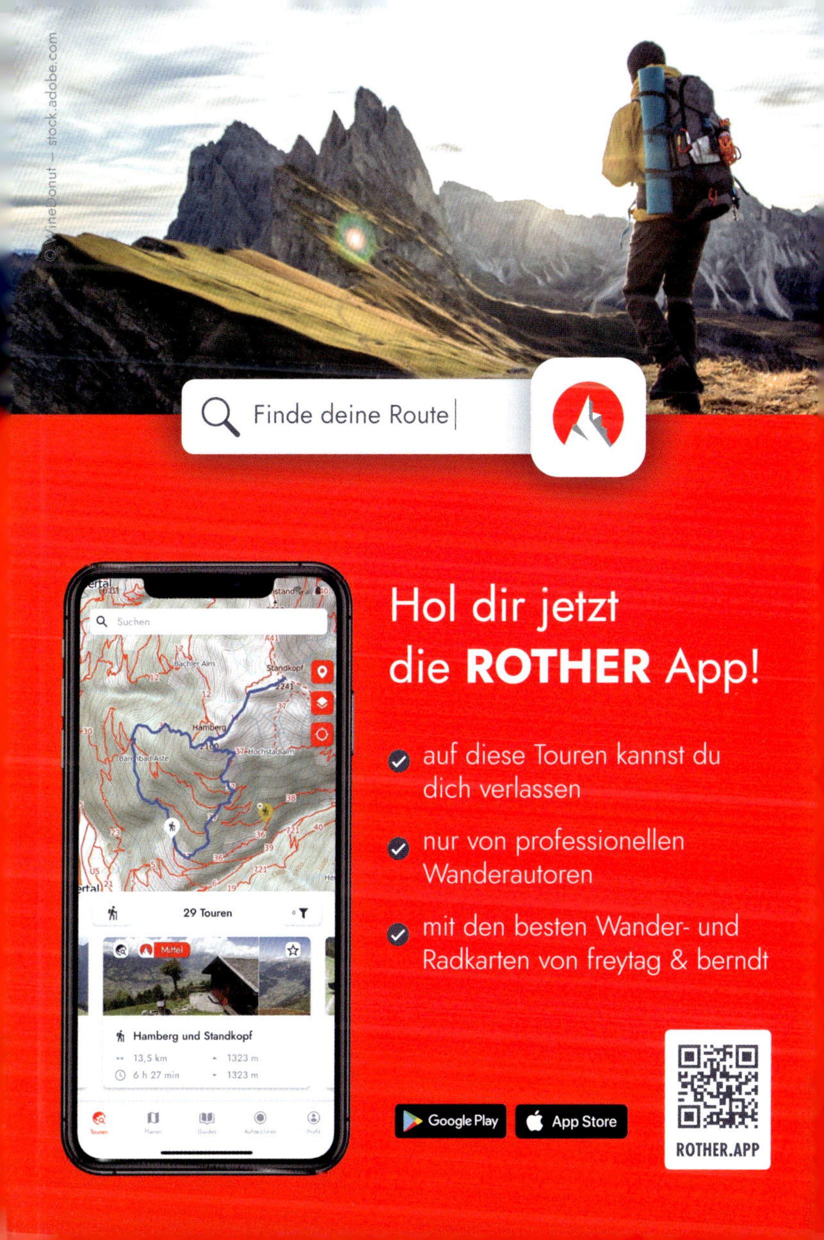
© WineDonut — stock.adobe.com
Finde deine Route
Suchen
Hamberg
Standkopf
Hochstadlalm
Bachler Alm
29 Touren
Mittel
Hamberg und Standkopf
13,5 km
1323 m
6 h 27 min
1323 m
Hol dir jetzt
die ROTHER App!
auf diese Touren kannst du dich verlassen
nur von professionellen Wanderautoren
mit den besten Wander- und Radkarten von freytag & berndt
Google Play
App Store
ROTHER.APP

Noch mehr Wanderglück ...

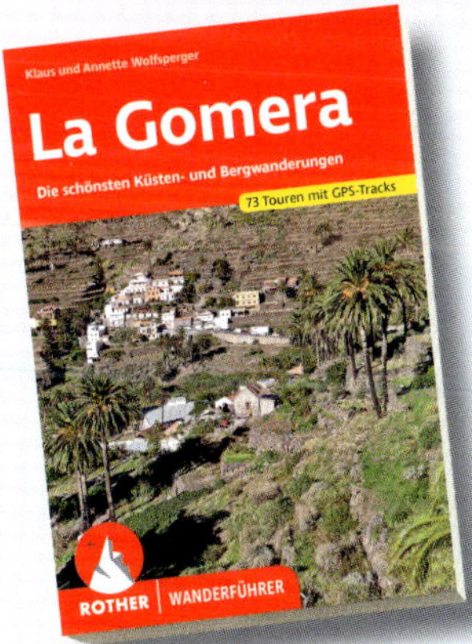

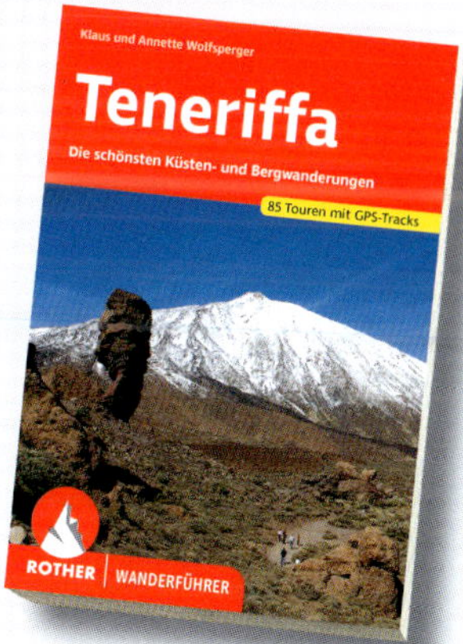

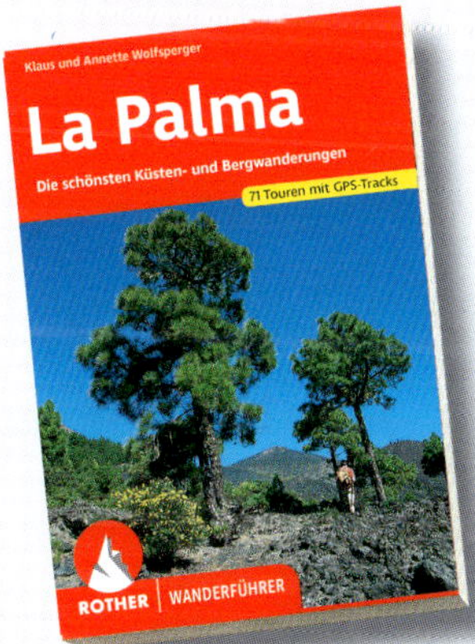

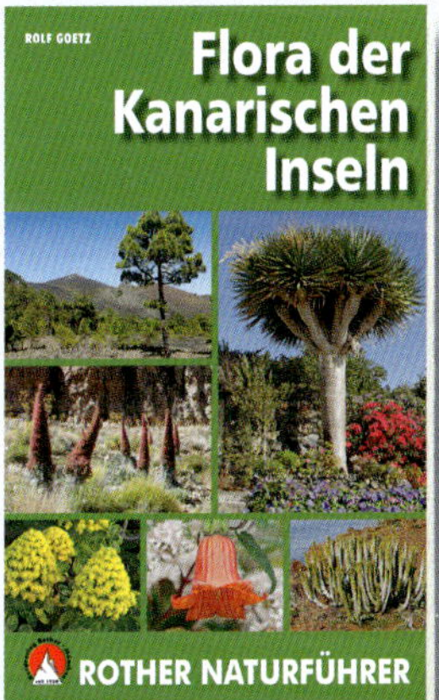

ROTHER | WWW.ROTHER.DE

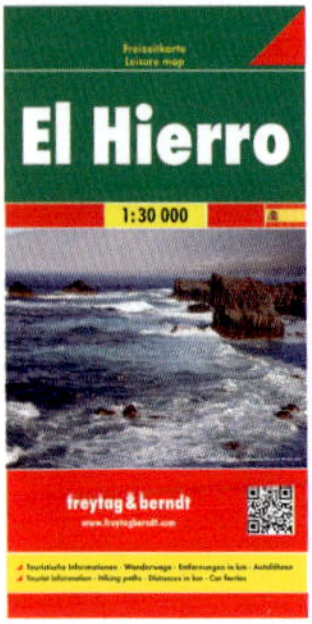

Zu diesem Wanderführer empfehlen wir die Auto- und Wanderkarte El Hierro (Maßstab 1:30.000) von Freytag & Berndt

Umschlagbild: Aufstieg über die Cumbre zum Malpaso.

Bild im Innentitel: Blick vom Mirador de Jinama auf den Golfo.

Bild Seite 38: Blick vom Camino de Sabinosa auf Sabinosa und Pozo de la Salud.

Alle 210 Fotos von den Autoren.

Kartografie:
44 Wanderkärtchen im Maßstab 1:50.000 und Übersichtskarten im Maßstab 1:150.000 und 1:250.000 gezeichnet von © Klaus Wolfsperger, Deisenhofen bei München

Die Ausarbeitung aller in diesem Führer beschriebenen Wanderungen erfolgte nach bestem Wissen und Gewissen der Autoren. Die Benützung dieses Führers geschieht auf eigenes Risiko. Soweit gesetzlich zulässig, wird eine Haftung für etwaige Unfälle und Schäden jeder Art aus keinem Rechtsgrund übernommen.

6., vollständig überarbeitete Auflage 2023

ISBN 978-3-7633-4666-0

FSC
www.fsc.org
MIX
Papier aus verantwortungsvollen Quellen
FSC® C021956

Wir freuen uns über jeden Korrekturhinweis zu diesem Wanderführer!
Bitte per E-Mail an: leserzuschrift@rother.de

ROTHER BERGVERLAG · Keltenring 17 · D-82041 Oberhaching
Tel. +49 89 608669-0 · www.rother.de